Les Acadiens
et leur(s) langue(s) :

quand le français est minoritaire

Les Acadiens
et leur(s) langue(s) :

quand le français est minoritaire

Actes du colloque
sous la direction de
Lise Dubois et Annette Boudreau

Centre de recherche en linguistique appliquée
Université de Moncton

2e édition
revue et corrigée

L'éditeur désire remercier la Direction des arts du Nouveau-Brunswick et le Conseil des Arts du Canada pour leur contribution à la réalisation de ce livre.

Données de catalogage avant publication (Canada)

Colloque Les Acadiens et leur(s) langue(s) : quand le français est minoritaire (1994 : Moncton, N.-B.)
  Actes du Colloque Les Acadiens et leur(s) langue(s) --quand le français est minoritaire

2e éd. rev. et corr.
Organisé par le Centre de recherche en linguistique appliquée de l'Université de Moncton et tenu du 19 au 21 août 1994.
Comprend des références bibliographiques.
ISBN 2-7600-0336-1

  1. Acadien (Parler)--Congrès. 2. Français (Langue)--Provinces Maritimes--Congrès. 3. Provinces maritimes--Langues--Congrès. 4. Minorités linguistiques--Provinces maritimes--Congrès. 5. Minorités linguistiques--Congrès. I. Boudreau, Annette II. Dubois, Lise, 1951- III. Université de Moncton. Centre de recherche en linguistique appliquée. IV. Titre.

PC3645.M37C64 1994b   447'.9715   C97-900498-5

Comité d'organisation du colloque : Annette Boudreau, Lise Dubois, Thérèse Léveillée, Serge Martin et Catherine Phlipponneau.

Rédaction des Actes : Annette Boudreau et Lise Dubois

Éditique : Thérèse Léveillée

Révision : Marie-Claude Desrosiers et Janine Gallant

Mise en pages : Jovette Cyr

Conception de la couverture : Claude Guy Gallant

© CRLA, 1996
  Université de Moncton
  Moncton (N.-B.)
  E1A 3E9

Les Éditions d'Acadie
C.P. 885
Moncton (N.-B.)
E1C 8N8

Dépôt légal :
Bibliothèque nationale du Canada
Bibliothèque nationale du Québec

ISBN 2-7600-0336-1, Éditions d'Acadie

Tous droits de traduction et d'adaptation, en totalité ou en partie, réservés pour tous les pays. La reproduction d'un extrait quelconque de ce livre par quelque procédé que ce soit est interdite sans l'autorisation de l'auteur et de l'éditeur, conformément aux dispositions de la *Loi sur le droit d'auteur*.

Table des matières

Présentation 13

Les Acadiens et leur(s) langue(s) : quand le français est minoritaire

Jean-Michel CHARPENTIER
Les variétés dialectales françaises et leur influence
sur les parlers acadiens : le problème des archaïsmes
et des dialectalismes (mots dialectaux) 15

Pierre M. GÉRIN
Pour la sauvegarde du français dans les écoles acadiennes,
Pascal Poirier et l'Alliance française (1889-1932) 29

Charles CASTONGUAY
Évolution de l'anglicisation des francophones au
Nouveau-Brunswick, 1971-1991 47

Wladyslaw CICHOCKI
Observations préliminaires sur le rythme
en français acadien 63

Gisèle CHEVALIER
L'emploi des formes du futur dans le parler acadien du
sud-est du Nouveau-Brunswick 75

Louise BEAULIEU
« *Qui se ressemble s'assemble* » *et à s'assembler on finit
par se ressembler* : une analyse sociolinguistique de la
variable *si / si que* en français acadien du nord-est du
Nouveau-Brunswick 91

Pierre GÉRIN
Le franco-acadien *endimanché* 113

Louise PÉRONNET
Nouvelles variétés de français parlé en Acadie du
Nouveau-Brunswick 121

Annette BOUDREAU
Les mots des jeunes Acadiens et Acadiennes du
Nouveau-Brunswick 137

Paul WIJNANDS
Le lexique identitaire de l'acadianité dans les
différentes régions de l'Acadie 157

Gabrielle SAINT-YVES
La prise en compte de l'Acadie dans les nouveaux
dictionnaires québécois 175

Claude POIRIER
L'apport du *Dictionnaire du français québécois* à
la description du français acadien 189

Patricia BALCOM
La structure d'argument des verbes en anglais chez
les Acadiennes et les Acadiens : divergente ou semblable
à celles des anglophones ? 207

Catherine BODIN
Les archaïsmes lexicaux et phonologiques en français
cadien de la Louisiane 225

Robert A. PAPEN et Kevin J. ROTTET
Le français cadjin du bassin Lafourche : sa situation
sociolinguistique et son système pronominal 233

Robert N. RIOUX
L'enseignement du français aux étudiants franco-
américains ou les étudiants franco-américains
devant leur(s) langue(s) 253

Natalie MELANSON, Denise DESHAIES et Claude POIRIER
Problématique de l'emprunt et de l'alternance lexicale
chez les francophones de Sudbury, Ontario 267

Nazam HALAOUI
Dynamique de l'utilisation du français en Afrique noire 281

Fatima-Zahra BELYAZID
Le maintien du français « langue minoritaire » à
l'aide de la technologie : le cas de la langue écrite .... .301

Souad BELYAZID
Existe-t-il une place pour le français en LSP ?
Le cas de l'orthodontie 315

Remerciements

Le colloque *Les Acadiens et leur(s) langue(s) : quand le français est minoritaire* a pu être organisé grâce à la vision et la perspicacité de l'ancienne directrice du Centre de recherche en linguistique appliquée, Mme Catherine Phlipponneau, qui a su saisir l'occasion du Congrès mondial acadien pour susciter une discussion sur la langue des Acadiennes et Acadiens. Nous remercions également le personnel du CRLA, Thérèse Léveillée et Serge Martin, qui ont pris part à l'organisation de ce colloque.

Nous désirons remercier les intervenantes et intervenants, les personnes qui ont animé les tables rondes ainsi que l'ensemble des participantes et participants qui ont assuré le succès de ce colloque.

Présentation

C'est dans l'effervescence du Congrès mondial acadien, qui réunissait dans la région du grand Moncton plus de 3 000 personnes pour discuter de l'avenir de l'Acadie sous toutes ses coutures, que le Centre de recherche en linguistique appliquée de l'Université de Moncton tenait un colloque dont l'objet principal était la langue, élément clé dans l'expression des identités acadiennes. Intitulé *Les Acadiens et leur(s) langue(s) : quand le français est minoritaire*, ce colloque avait d'ambitieuses visées : la genèse du franco-acadien, ses spécificités, ses tendances actuelles ; le statut du français en terres acadiennes et son aménagement ; les rapports des locutrices et locuteurs avec leur langue maternelle, et bien d'autres aspects encore. L'enjeu était de taille, et à en juger par les nombreux sujets qui y ont été présentés et débattus, le défi a été relevé.

Nous sommes heureuses d'offrir dans ces actes le texte des communications présentées qui rejoignent non seulement les principales préoccupations linguistiques des Acadiennes et Acadiens où qu'ils soient, en Acadie ou dans la diaspora acadienne, mais aussi la problématique du français comme langue minoritaire dans d'autres régions du globe.

Lise Dubois
Annette Boudreau

Les variétés dialectales françaises et leur influence sur les parlers acadiens : le problème des archaïsmes et des dialectalismes (mots dialectaux)

Jean-Michel Charpentier
C.N.R.S., Paris

Introduction

Bien qu'étant pleinement conscient de me répéter grandement dans cet article, je vais insister à nouveau sur les convergences et les divergences d'analyse entre les deux côtés de l'Atlantique concernant la genèse de l'acadien. Une première partie, très générale, sera un rappel des données sur lesquelles les chercheurs européens et nord-américains s'accordent. Il convient d'insister sur la quasi impossiblité pour tout individu d'aborder avec une égale compétence les parlers francophones d'Amérique du Nord et ceux du vieux continent. Pour cela, il faudrait se réincarner : être à la fois natif de France, fils d'Acadie et aussi du Québec. Personne ne pouvant remplir toutes ces conditions, chacun, au risque de « s'éraler », de s'« effourcher », de s'« écartchiller » ou encore de « s'éjarer » essaie d'avoir tant bien que mal des données sur ces différents terrains et de leur appliquer une terminologie avec une validité transocéa-nienne. Or, c'est dans ce dernier domaine que confusions, malentendus et quiproquos abondent et presque toujours à l'insu de la plupart des scientifiques qui, de toute bonne foi, utilisent une terminologie qu'ils croient partagée par tout un chacun. Ce sont ces difficultés à trouver des instruments d'analyse transnationaux neutres que nous aborderons dans notre seconde partie.

1. Le domaine acadien : données empiriques et problématique

Ma collègue, Simoni Aurembou, au Congrès de Cognac sur « Les français de France et d'Amérique » en 1990, affirmait : « On ne trouve que ce que l'on cherche ». Cela est si vrai que, en Acadie, on trouve toujours plus que ce que l'on cherche : la situation sociolinguistique est tellement variée qu'il y a toujours un contre-exemple qui ne peut entrer dans les schémas pré-établis et méthodiquement vérifiés. Le problème de la genèse de l'acadien en est l'illustration parfaite. Pendant longtemps, certains ont cherché à montrer que l'acadien n'était rien d'autre que du « français », d'autres ont prétendu qu'il s'agissait d'un « français particulier » ponctué de régionalismes de France et d'innovations purement acadiennes. Néanmoins, tous semblent bien avoir en partie raison.

Quelles étaient les données linguistiques, psychologiques, sociales qui poussaient à de telles hypothèses ? Présupposés théoriques auxquels certains ont adapté, transformé une terminologie générale (archaïsmes, dialectes) à des fins partisanes.

1.1 Le(s) parler(s) acadien(s) : constatations empiriques

Devant l'absence totale de documents écrits venant de l'ancienne Acadie, le chercheur (ethnologue, historien, linguiste) ne peut faire appel qu'à son bon sens et à des données connexes. Tout le monde s'accorde cependant pour reconnaître que l'acadien appartient au monde francophone, qu'il est de plus globalement apparenté à la langue d'oïl. Il présente une unité certaine mais aussi des variétés régionales identifiables par tout un chacun (variétés dans lesquelles on trouve beaucoup de marques des vieux parlers régionaux de France).

L'acadien n'est ni du québécois ni le français de France actuel.

Selon le recensement de 1671, en Acadie, sur les 59 chefs de famille et les trois célibataires présents, 49 étaient laboureurs. Sans trop de risques, on peut donc affirmer que les aînés, venus de France, étaient originaires de la campagne. Avancer que les premiers enfants nés en Acadie ont d'abord appris à parler de la bouche de leur mère semble tout aussi vraisemblable pour une société d'origine européenne (ce qui n'empêche pas d'acquérir par la suite du vocabulaire lié à des techniques plus spécifiquement masculines de la bouche de leur père, éventuel locuteur d'un autre dialecte d'oïl). Il convient donc de chercher à connaître quelle langue parlaient les premières femmes et les premiers couples cités dans les quelques rares documents de l'époque.

Fort de ces données, dans quelle(s) direction(s) doit-on chercher ?

1° Vérifier si l'acadien est le français du XVIIᵉ siècle. Alors comment expliquer que le québécois, son contemporain, n'apparaisse pas identique ? Parler du français du XVIIᵉ siècle laisse supposer une unité de la langue. Or, en fait, les laboureurs précités avaient fort peu de chances de parler la langue du Roi, dans un pays où les deux tiers de la population utilisaient les parlers de leur province. On peut certes envisager des individus bilingues, bilinguisme facilité par la proximité linguistique des différents parlers d'oïl, mais alors comment expliquer que, il y a un siècle et même cinquante ans, pour des individus vivant particulièrement isolés à la campagne, la seule langue connue et utilisée était encore le dialecte régional, la compétence en français se limitant à une compréhension partielle ? Personne n'a jamais fait référence à un recul de l'instruction ou à une régression de la langue nationale en France entre le début du XVIIᵉ siècle et la fin du XIXᵉ.

2° Vérifier si la langue principale des premiers colons n'était pas un dialecte d'oïl, très proche du francien ou encore un parler « frontalier » apparenté à ceux de plusieurs provinces. Cette dernière hypothèse expliquerait le fonds commun acadien, unité linguistique probablement relative, que le « Grand Dérangement » aurait de toute façon détruit. La prédominance du français était de fait assurée à terme : il était le seul à être écrit, le seul à être compris par le plus grand nombre (ne serait-ce qu'imparfaitement), en particulier par les nouveaux immigrants, entre 1642 et 1671 ; aussi jouissait-il seul d'un prestige certain.

1.2 Les variétés dialectales

Dans le titre, il est question **de variétés dialectales** ; car, à part les dialectologues, bien peu d'individus sont conscients de la diversité de la situation française des siècles passés. Si l'on prend pour exemple la Saintonge, d'où sont originaires un certain nombre de colons, l'unité linguistique est assez grande. Par contre, le Poitou, province de départ de nombreux colons selon G. Massignon, connaissait de nombreuses aires dialectales, pas moins de 21 pour le Haut-Poitou. Cela correspondait à des « Pays » avec une microculture et des caractéristiques propres : civraisien, loudunais, mirebalais, thouarsais, etc. Ce sont les « Vieux Pays » dont parlaient les anciens Acadiens pour désigner la France, qui restait une entité trop grande et par là vague et abstraite.

Même si l'on prend pour hypothèse l'origine poitevine de ces premiers colons, encore faut-il savoir à quel dialecte poitevin l'on va s'intéresser ; bien peu de ces parlers locaux ont été décrits.

En dehors de la comédie *Les Amours de Colas*, publiée à Loudun en 1691, aucun texte, aucune étude, autres que fragmentaires, n'ont été faits sur l'ancien parler de cette région. Or, pour des raisons historiques, ce « Pays » fut un carrefour durant huit siècles entre le Poitou, l'Anjou et la Touraine ; le parler local y est beaucoup plus proche des parlers d'oïl comme l'angevin, le tourangeau et le berrichon que de la plupart des autres parlers du centre et du sud du Haut-Poitou tels la Gâtine, le civraisien, le Mellois, etc. Ces parlers, très nettement distincts du français, eux, ont été décrits et ont servi de support à une littérature patoisante relativement riche. Ce sont donc eux que l'on trouve presque toujours cités, pris comme exemples d'un parler poitevin supposé unique. L'on fait aussi souvent appel aux parlers du Bas-Poitou (à peu de chose près, aire couvrant l'actuel département de la Vendée). Ces derniers parlers, eux aussi éloignés géographiquement et linguistiquement des parlers d'oïl de la basse vallée de la Loire, ont fait l'objet de thèses (La Chaussée, Rézeau, Swenson, etc.). C'est donc à partir de ces travaux faisant référence à d'autres réalités que l'on va critiquer Massignon et ainsi minimiser, voire nier (faute de mieux et en toute bonne foi) le rôle du noyau initial qu'elle avait mis en avant.

1.3   L'apport des parlers régionaux

Afin de vérifier l'apport des parlers régionaux et en particulier celui du Haut-Poitou, on est obligé de choisir des exemples où le poitevin et les autres dialectes diffèrent du français ; on va privilégier le lexique, car il représente la culture à un moment de son histoire. Des domaines sémantiques comme les parties du corps, les activités domestiques, les maladies, etc., existaient au XVIIe siècle tout comme aujourd'hui. Par une approche ethnolinguistique simple, on écartera presque tout ce qui est en rapport avec le temps, la nature, la mer, etc., trop différents en Acadie et même parfois inexistants au Poitou.

Nos enquêtes nous ont révélé que le lexique est plus facile à obtenir que les autres composantes de la langue, car les locuteurs l'ont conservé consciemment, alors que, bien souvent sous la pression de la norme, ils ont perdu insensiblement la phonétique (cela est vrai particulièrement en France).

Dans l'Acadie du début, sans large communauté constituée, la phonétique des parents avait peu de chances de survivre chez leurs petits-enfants, car les mariages des filles avec des hommes parlant d'autres dialectes ne pouvaient être que très fréquents ; le dialecte de leur épouse ou leur français régional était alors prononcé comme une langue seconde par les époux.

1.4 Le lexique acadien et ses composantes : les tentatives d'analyse

1.4.1 Les tenants de l'acadien (ancienne) langue française

À leur tête, on trouve Pascal Poirier. Ce militant de la cause acadienne s'était donné pour mission de redonner confiance à son peuple et, pour ce faire, de lui inculquer fierté en sa langue. Il s'est évertué à montrer que son « parler franco-acadien » est du français et du meilleur selon lui. Dans son ouvrage dédié à l'analyse de cette langue *Le parler franco-acadien et ses origines*, il occulte volontairement tout rapport avec d'éventuels dialectes. Il n'hésite pas à laisser croire à une vision unitaire de la situation sociolinguistique de la France du XVIIe siècle : « Les mots ne constituent pas tout le vocabulaire d'une langue : il y a les locutions, les manières de dire. La presque totalité de celles qui suivent sont françaises, en tout cas on les entend en France. »

Fort adroitement, il admet qu'il puisse y avoir des apports autres que « français » dans l'acadien, mais tous viennent de France et, par là, pour le locuteur ignorant la situation française passée, cela ne peut être que du « français » (de dialectes point). Cependant, il ne présente pas son parler franco-acadien comme un maillon dans l'évolution de la langue française (comme le fera plus tard Antonine Maillet) ; il est **le français**. « La langue que nous parlons est celle-là même que nos pères ont apportée de France, lorsqu'ils sont venus, dans la première moitié du XVIIe siècle, s'établir à Port-Royal » (*Causerie memramcookienne*, p. 38-41).

Pour lui, ce n'est pas l'acadien qui a changé, c'est le français de France (remarque largement vraie si l'on considère le rôle de l'Académie). « Finalement, les grands écrivains du XVIIe siècle, le siècle où fut fondé Port-Royal d'Acadie, en firent une langue policée claire, harmonieuse, pleine de soleil, la langue que nous parlons. L'aïeule de madame la Marquise était une vivandière, d'aucuns disent une harengère. »

Pascal Poirier aborde ici les niveaux de langue. Pour lui, l'acadien est la langue du petit peuple ; aujourd'hui, on parlerait d'un sociolecte. Après avoir expliqué les divergences entre le franco-acadien et le français de France par des différences d'évolution, il tend à montrer que c'est l'écrit qui a policé le français des « Vieux Pays » (son analyse est là encore largement exacte). En présentant l'acadien comme stable face au français de France, en affirmant qu'il s'agit de la langue parlée en France à l'arrivée des premiers colons, il fait naître le mythe de l'acadien « langue chargée d'archaïsmes (du français) », mais lui n'emploie jamais ce terme. De plus, il n'utilise que très rarement le mot « dialecte », même si comme le précise Gérin (1993 : xxxv) : « Il faut cependant préciser que Poirier montre bien que le parler acadien a subi des influences dialectales diverses : l'auteur effectue des rapprochements surtout lexicographiques avec des dialectes français très locaux. »

Cependant, la présentation des faits par Poirier est presque toujours volontairement ambiguë, par exemple, lorsqu'il parle de la langue de l'Anjou, de la Touraine, du Berry, etc.

> Notre langage a ceci de particulier qu'il n'a pas changé, qu'il n'a même pas varié, depuis Razilly et d'Aulnay ; et ceci encore que le parler dialectal des Tourangeaux et des Berrichons, d'où le nôtre est sorti, est réputé le meilleur de toute la France (Gérin 1993 : 1).

Il s'agit là d'une des rares fois où Poirier parle explicitement de « dialecte », mais c'est pour spécifier que ceux du Berry et de Touraine sont **le français** et le meilleur. Ignorait-il que la langue de la Cour de Paris, parlée très tôt en Touraine où les rois chassaient, y côtoyait le dialecte local parlé par le petit peuple ? Chez Poirier, la stratégie politique prime toujours, et chaque lecteur, suivant sa culture linguistique, va trouver ce qu'il cherche ; l'acadien moyen, la preuve que son parler est du bon français, l'érudit, toutes les composantes du lexique de la langue.

L'influence de Poirier a été déterminante. Il a persuadé des générations d'Acadiens que leur parler n'était pas un « patois » (tout en précisant que cela en était un mais que cela était celui de France, qu'il ne s'agit pas d'un dialecte mais que c'est celui de Touraine et du Berry), qu'il s'agit donc du « français de France », à l'état pur, lorsque les premiers colons sont partis.

1.4.2 G. Massignon et l'origine complexe du lexique acadien

Travaillant aussi principalement sur le lexique, Geneviève Massignon, linguiste française, n'avait pas les mêmes préoccupations glotto-politiques que Poirier ; ils ont décrit les mêmes choses mais ne leur ont pas donné la même priorité. Pour Poirier, les termes « patois » et « dialectes » ne pouvaient que renforcer le peu de confiance des Acadiens dans leur langue ; pour Massignon, il ne s'agissait là que de simples instruments terminologiques. Dans la dernière partie de sa thèse, le paragraphe 3 du chapitre I s'intitule « régionalismes », et ce chapitre a pour titre « *Les parlers d'Acadie comparés aux parlers de France* ». Ces intitulés vont à l'encontre des efforts de Poirier laissant supposer la France du XVIIe siècle comme linguistiquement unie et les parlers acadiens comme les représentants contemporains du français d'alors.

Les historiens (nombreux en Acadie) et beaucoup d'intellectuels acadiens vont se ranger aux côtés de Poirier (Chiasson, d'Entremont). Ce dernier reproche à Massignon de tirer, dans sa partie généalogique, des leçons de l'histoire, sans avoir de sources, de documents précis, oubliant qu'il s'agit avant tout d'un travail linguistique. On semble ignorer là que l'étude de la langue peut aussi permettre de mieux connaître l'histoire d'une société. Pour les historiens, l'écriture subtilement orientée de P. Poirier les amène à conclure que tout ce qui n'est pas « français standard » dans l'acadien est « archaïsmes », terme qui est bien sûr des plus parlants à des spécialistes du passé. Même des linguistes épousent parfois une position similaire lorsqu'ils veulent décrire la genèse du français en Acadie. Citant Massignon, Péronnet (1993 : 110-111) omet de faire allusion aux « régionalismes », aux « dialectalismes » ou mots dialectaux ou encore aux « patois », qui pourtant tiennent une large place dans l'œuvre majeure de la linguiste française, et ne retient que les archaïsmes, les emprunts aux langues amérindiennes ou encore l'extension de sens de termes français. Or, on ne saurait comprendre la parenté linguistique entre les deux côtés de l'Atlantique par la seule notion d'« archaïsmes », puisqu'il s'agit là d'une considération purement diachronique (se rapportant au temps et non à l'espace). Ce sont les mots d'essence dialectale qui peuvent permettre de connaître l'origine géographique de l'acadien (ou de tout autre parler issu du royaume de France, autrefois largement plurilingue).

2. Les divergences terminologiques, l'inadéquation des usages tant européens que nord-américains à décrire des situations propres à chacun des deux continents

2.1 La notion d'« archaïsme » et ses diverses acceptions

Bien que connue de tout un chacun, peut-être est-il bon de rappeler la définition la plus courante de ce terme. Définition « générale » (Petit Larousse). **Archaïsme** : (gr. *arkhaios* ancien, désuet). Mot, construction qui n'est plus en usage.

Cette définition est celle d'un dictionnaire descriptif de la langue française en usage en France au XXe siècle. Elle est sans nul doute valable pour tout citoyen français, mais à moins de considérer que le seul français est celui de Paris, – chose inacceptable pour tout linguiste sérieux –, cette définition est largement inadéquate dans le reste du monde francophone. En effet, la notion d'« archaïsme » n'est opérante qu'au sein d'une communauté donnée : **dispendieux, velimeux, épeurant, présentement**, etc., sont ressentis comme vieux par un Français parisien, il n'en sera certainement pas de même pour un Québécois. De même, **de soir, asteur, charcois, coquemar** seront le plus souvent jugés archaïques en France, mais certainement pas par un vieil Acadien des Maritimes. En France même, l'unanimité ne se fera pas sur le caractère archaïsant de certains de ces termes : **asteur, de soir** et surtout **charcois** ne seront pas ressentis comme vieux en Poitou-Saintonge, dans le Berry où ils restent d'usage courant, mais comme des termes propres à la région, voire partie intégrante du patois local.

La notion d'archaïsme n'a donc de sens que si elle est envisagée dans le temps en un lieu unique ; ce terme ne saurait être utilisé comme instrument de comparaison entre deux domaines linguistiques (p. ex. : France/Québec, France/Acadie). Le français de France a ses archaïsmes, le québécois également, l'acadien aussi : certains termes présentés comme vieux par Poirier sont entrés aujourd'hui en désuétude à tout jamais en Acadie. Ce que le père A. Chiasson appelle « archaïsmes acadiens » n'a souvent rien d'archaïque (bien que venant très anciennement de France), puisque, aujourd'hui encore, largement en usage en Acadie ; ainsi **dévirer, gravail, pochée, virouner, tricoler**, etc., termes inconnus en québécois et en français de France mais connus en poitevin, sont-ils tout simplement en Amérique du Nord des « acadianismes » (concept renvoyant au lieu, à l'espace).

Massignon qui connaissait très bien le diasystème linguistique français a fort bien dissocié les dimensions de temps et d'espace, distinction qui fait très souvent défaut en Acadie où, est-il bon de le rappeler, tout ce qui n'est pas français standard est qualifié d'« archaïsme ».

> En dehors des termes purement français (qu'ils soient archaïques ou simplement vieillis, ou populaires, ou encore nautiques), on rencontre en Acadie un grand nombre de termes se retrouvant dans les divers dialectes ou patois de France. (Massignon 1962 : 736)

Rézeau, prenant comme exemple l'ouest de la France (entre Loire et Gironde), présente un rapport similaire entre « archaïsmes » et « patois ». Parlant des mots régionaux, il précise : « Souvent, il s'agit de survivances des dialectes poitevins et saintongeais du Moyen-âge et de la Renaissance qui végètent aujourd'hui à l'état de patois » (Rézeau 1984 : 11-12).

Ainsi cite-t-il **fresaie**, qui dès le XIIIe siècle avait un caractère régional, mais aussi **misotte, rollon** qui remontent au XIVe siècle et XVe siècle, **égail, bouillard, dorne, écrapoutir, migaillère**, etc., existant dans l'ouest de la France (Poitou-Saintonge) depuis le XVIe siècle. Ces termes, que j'ai choisis parce que connus aujourd'hui en Acadie, sont dans le domaine acadien des « acadianismes ». Ils existaient bien dans le royaume de France, au départ des colons acadiens mais uniquement dans certaines provinces et étaient ignorés de Paris. Certains, entrés en désuétude, sont donc des archaïsmes du poitevin-saintongeais et ne sont en rien des archaïsmes du français. D'autres, encore pleinement en usage, font partie intégrante des patois locaux, voire du français régional (dans ces derniers cas, la dimension géographique l'emporte sur la chronologie).

Mais Rézeau précise en outre : « On constate aussi qu'un nombre appréciable de traits réputés régionaux aujourd'hui sont des survivances de l'ancienne langue d'oïl (ancien et moyen français) : **cince, dail, drapeau, métive, mulon**, etc. » (Rézeau 1984 : 12).

Là, il s'agit bien d'archaïsmes français **du français**, puisqu'ils ont existé dans la langue générale (notamment à Paris) et ont survécu dans certaines provinces. Ces exemples montrent que l'acadien est bien composé **aussi partiellement** d'« archaïsmes du français ».

L'identification des « archaïsmes du français » n'est pas chose aisée ; les principaux dictionnaires de la langue française des XVe, XVIe et XVIIe siècles (Godefroy, Huguet) furent faits a posteriori, à partir d'œuvres littéraires, et certains termes ne sont devenus « français » que parce qu'ils ont été écrits par un auteur réputé français. Ainsi, Poirier prend-il pour français des termes dialectaux berrichons que George Sand met dans la bouche de ses paysans. Il existe bien quelques dictionnaires rédigés aux époques considérées, comme ceux de Cotgrave et de Palgrave ; mais il s'agissait de dictionnaires bilingues qui, de ce fait, avaient peu de chances d'approcher de l'exhaustivité. Souvent, la rareté des preuves littéraires rend l'identification du terme difficile. Ainsi trouve-t-on dans le Godefroy des termes comme **dorne** trouvé chez d'Aubigné et du Fouilloux (natifs du Poitou et de Saintonge) ou **ponne** aux archives à Poitiers. Si ces termes étaient et restent connus en Poitou, rien n'indique qu'ils ne l'étaient pas ailleurs.

2.2 La genèse de l'acadien : les difficultés dues à l'imbrication des axes diachronique et géographique

L'ancienne langue d'oïl, composée de l'ancien et du moyen français, s'efface devant le français moderne vers 1610 (Giraud 1963 : 13). Nul ne devra donc s'étonner si une bonne part des acadianismes provient de cette langue et assez peu de la langue classique. Le moyen français était encore connu et parlé au moment du départ des premiers colons, mais ces archaïsmes français ont pu être introduits soit en tant qu'éléments de la langue du Roi, soit par l'intermédiaire de parlers dialectaux dans lesquels des éléments de moyen français s'étaient, comme on l'a vu, infiltrés et maintenus. Pour comprendre la genèse de l'acadien, la dimension diachronique (notion d'archaïsme) est tout à fait insuffisante ; elle doit être associée impérativement à la dimension géographique : où les acadianismes étaient-ils en usage en France et dans quelle communauté acadienne les trouve-t-on aujourd'hui ? Deux concepts ramènent à l'espace et servent dans la terminologie scientifique : les « régionalismes » et les « dialectalismes ». Là encore, ces termes qui semblent pourtant très explicites sont source d'incompréhension et d'erreur.

2.3 Les régionalismes (de France)

Pour Massignon, « régionalismes » et « dialectalismes » semblaient synonymes puisqu'elle intitulait son paragraphe 3 de la page 736 « Régionalismes » et qu'elle y inclut le passage où elle parle des termes se trouvant dans les divers **dialectes** ou **patois** de France. Or, depuis ces écrits, surtout à la suite des études sur les « français régionaux » (malgré des siècles de standardisation, le français n'est toujours pas uniforme), on tend à distinguer « régionalismes » et « dialectalismes ». Selon Rézeau (1984), les régionalismes de l'Ouest comprennent les « archaïsmes » (français), le « substrat dialectal », des « termes français du XIXe et du XXe siècles » et des « emprunts ». Très clairement ici, les « régionalismes » ne correspondent pas aux « dialectalismes », ils les englobent. Un terme dialectal peut être un « régionalisme » s'il est attesté dans plusieurs aires dialectales (p. ex. : Anjou, Poitou, Touraine, etc.). Dans ce cas, les locuteurs, ignorant l'étymologie du mot, peuvent le considérer comme du français régional tels : **aigail, cince, pigouille**, etc. Un dialectalisme en usage dans une région assez grande couvrant plusieurs anciennes provinces perd sa connotation dialectale et tend à être considéré comme faisant partie de la langue générale. En fait, « région » et « régionalisme » sont des termes beaucoup trop flous pour être vraiment utiles dans la localisation de faits linguistiques remontant à plusieurs siècles, à l'époque où le Royaume ne connaissait que des « Pays » et des « Provinces ». Rézeau était pleinement conscient de l'imprécision du titre de son ouvrage, *Dictionnaire des régionalismes de l'Ouest*, car il a tenu à ajouter en couverture « entre Loire et Gironde », chacun comprenant alors qu'il s'agit des dialectes du Poitou (Haut et Bas), de l'Aunis, de la Saintonge et de l'Angoumois, mais ni du pays gallot (Bretagne) ni de l'Anjou. Si l'« Ouest » en France est une notion très floue, sans valeur pour toute localisation d'un phénomène linguistique ou culturel, – et cela en dépit de l'existence d'un *Atlas linguistique de l'Ouest* qui couvre le domaine précisé par Rézeau –, que dire du « Centre-Ouest », notion souvent avancée aujourd'hui dans les études les plus sérieuses en Amérique du Nord. Personne en France ne s'accorde sur l'extension de ce supposé domaine, qui n'a jamais eu d'existence historique, culturelle ni même administrative. La « région » en France recouvre diverses réalités : l'armée de terre a ses régions, la marine les siennes, l'aviation également et, depuis 1960, il existe en plus des régions administratives, économiques et sociales correspondant plus ou moins à des réalités modernes (l'une d'entre elles était appelée jusqu'à très récemment « Région Centre »). Les protestations véhémentes et continues de ses habitants ont fait que, fin 1994, le Conseil d'État a accepté de changer le nom de cette région en « Centre-Vallée de la Loire », car une majorité de Français pensaient que cette région « Centre » était située bien plus au Sud dans le massif montagneux appelé « Massif Central ». Il me semble indispensable que les chercheurs des deux côtés de l'Atlantique s'en tiennent aux seules entités linguistico-culturelles ayant réellement existées (Provinces, Pays et Paroisses) et d'où sont partis les premiers Acadiens, afin de situer les faits qu'ils avancent dans des contextes unanimement connus ou identifiables. Ni les « régions », ni les « départements » (qui transgressent volontairement les frontières culturelles anciennes afin de les détruire) et encore moins les points cardinaux, ne peuvent servir à localiser les composantes linguistiques passées en Amérique du Nord. Le seul terme qu'il convient d'associer à la notion d'« archaïsme » est « dialectalisme ».

2.4 Les dialectalismes

Ils renvoient à la fois à l'axe diachronique et à une aire géographique. Ce sont eux qui vont permettre de localiser les anciennes aires d'emploi des « acadianismes », donc les points de départ des émigrants pour la future Acadie. Ce peut être des archaïsmes du français, cas le moins intéressant, car cela prouve uniquement que le fait linguistique était en usage dans la Province dont on prend le parler en considération (p. ex. : **émoyer** (s') : Aunis, Bas-Gatinais, Berry, Poitou, Saintonge ; **cobi** : Anjou, Berry, Poitou, Touraine). Les dialectalismes les plus intéressants sont ceux qui proviennent des anciens dialectes, car ils n'étaient en usage que dans quelques provinces, parfois même dans une seule province ou dans une partie de celle-ci ; parfois ils étaient liés à un « Pays », voire à quelques paroisses ; ce sont bien sûr ces derniers exemples qui sont les plus parlants pour connaître la genèse des parlers acadiens. Le fait que le **go** et le **butterau** ne soient attestés que dans la province de l'Anjou et dans le « Pays » loudunais, que **découanner** (les drapeaux), le **musse** (veau), le mot **mottelon** (grumeaux), etc. ne se rencontrent précisément que dans ce pays du Loudunais atteste que les assertions de G. Massignon étaient fondées (au moins partiellement), car **abrok** (ennui), **bœuf de garde** (taureau) et **toucheron** attestés en Saintonge seulement montrent que cette province a joué elle aussi un rôle très important dans la création de l'ancienne Acadie.

Conclusion

Si les anciens Acadiens avaient parlé le seul français du XVIIe siècle, les écarts entre l'« acadien » et le français moderne devraient se limiter à des « archaïsmes du français ». Or les acadianismes se composent également de termes d'origine dialectale dont on peut souvent situer l'origine. Ces termes se retrouvent, plus ou moins bien représentés, dans la majorité des communautés acadiennes contemporaines, ce qui prouve qu'ils étaient en usage avant le « Grand Dérangement ».

Si l'on ne peut expliquer la genèse des parlers acadiens par la seule notion d'archaïsme, « archaïsme » et « dialectalisme » ne sont pas pour autant antithétiques, car ils ne s'excluent pas l'un l'autre et ne sont pas non plus synonymes et par là interchangeables. Ils réfèrent à des réalités différentes et, de ce fait, doivent être associés pour que le chercheur ait des chances d'approcher de solutions vraisemblables.

Bibliographie

ANONYME (1882), *Les Amours de Colas*, Réimpression ; Niort : L. Favre.

CHIASSON, A. (1992), « Les archaïsmes acadiens », *Les Trois Pignons*, vol. IX, n°1, 2, 3, 4, Chéticamp, Nouvelle-Écosse.

GÉRIN, P. M. (1993), « Introduction », *Le Glossaire acadien*, de Pascal Poirier, Moncton : Éditions d'Acadie et Centre d'études acadiennes, Université de Moncton.

LA CHAUSSÉE, F. (1966), *Les parlers du Centre-Ouest de la Vendée*, Paris : d'Artrey.

MAILLET, A. (1980), *Rabelais et les traditions populaires en Acadie*, Québec : Les Presses de l'Université Laval.

MASSIGNON, G. (1962), *Les parlers français d'Acadie*, Paris : Klincksieck, 2 vol.

POIRIER, P. (1990), *Causerie memramcookienne*, Édition critique par Pierre M. Gérin, Moncton : Chaire d'études acadiennes.

RÉZEAU, P. (1984), *Dictionnaire des régionalismes de l'Ouest : entre Loire et Gironde*, Les Sables d'Olonne, Le cercle d'or.

SWENSON, L.-O. (1959), *Les parlers du marais vendéen*, Göteborg, 2 vol.

Pour la sauvegarde du français dans les écoles acadiennes, Pascal Poirier et l'Alliance française (1889-1932)

Pierre M. Gérin
Département d'études françaises
Université de Moncton

Introduction

Créée en 1883 dans le but de favoriser la diffusion du français hors de France, indépendamment de toute préoccupation religieuse ou politique, l'Alliance française s'est très tôt intéressée à l'Acadie. Plusieurs centaines de pièces d'archives et d'articles de journaux, conservés au Centre d'études acadiennes de l'Université de Moncton, permettent de s'interroger sur les relations qui se sont créées entre cette association et l'Acadie, ou plutôt entre elle et les Acadiens, et sur leur déroulement. Cette masse de documents est exceptionnelle, compte tenu de l'incendie du Parlement, à Ottawa, qui se produisit en 1916, dans lequel Pascal Poirier perdit toutes ses archives personnelles et sa bibliothèque. Elle permet au chercheur de procéder à une reconstitution de l'évolution de ces relations et de recréer le contexte socio-historique dans lequel elles eurent lieu.

Comment l'Alliance française a-t-elle pu s'intéresser à l'Acadie ? Quels étaient les principaux acteurs acadiens et français ? À quelle date et jusqu'à quand se sont entretenus ces rapports ? Quelle forme d'aide l'Alliance française a-t-elle fournie ? Comment celle-ci a-t-elle été perçue et utilisée ? Quels en sont les principaux effets ? Quels sont les obstacles qui se sont présentés ? Voilà quelques questions auxquelles je tenterai de répondre.

L'histoire de ces relations passe par quatre phases : la naissance d'une entente (1889-1893), une action personnelle relativement diffuse (1893-1914), une action linguistique collective (1914-1927), la fin d'une entente (1928-1932).

1. La naissance d'une entente (1889-1893)

Deux hommes, un Acadien et un Français, Pascal Poirier et

Émile Salone, sont à l'origine de ce rapprochement, qui eut lieu en 1889. Il s'agit respectivement du premier sénateur acadien, en poste à Ottawa, écrivain polygraphe, ardent défenseur de la cause nationale[1], et d'un historien érudit, professeur de carrière ayant des relations. Mais très tôt s'ajoutent au tandem initial d'autres personnes. Ce sont, en France, Rameau de Saint-Père, le célèbre historien français qui écrivit sur l'Acadie, l'abbé Biron, ancien directeur du Collège Saint-Louis retourné en France, Pierre Foncin, secrétaire général de l'Alliance française à Paris, G. Allais, professeur à la Faculté des Lettres de l'Université de Rennes et membre du Comité rennais de l'Alliance française. Ce sont, en Acadie, le juge Pierre-Armand Landry, confident de la première heure, et Valentin Landry, éditeur-propriétaire-fondateur de *l'Évangéline*, qui a soutenu P. Poirier dès les premiers combats.

Ce dernier décrit, dans plusieurs textes, les débuts des relations qu'il a entretenues avec l'Alliance française. Dans une lettre à Rameau de Saint-Père, datée du 5 novembre 1889, il confie être membre de l'Alliance française et précise les circonstances de la rencontre d'É. Salone[2]. Les intentions premières de P. Poirier sont claires ; sa connaissance de la situation linguistique des Acadiens et de leurs besoins en matière linguistique est telle qu'il peut formuler une ébauche de programme qu'il présente à son correspondant, lui demandant d'appuyer sa demande auprès de l'Alliance. Par le truchement de l'imprimé qui exploite la langue écrite commune, grâce à l'obtention de livres destinés à être distribués aux enfants et à la collaboration de correspondants de presse, P. Poirier cherche à favoriser la connaissance du français et son utilisation à l'intérieur de la cellule familiale. Il identifie une carence importante dans la vie culturelle des Acadiens qui a des répercussions sur la diffusion de la langue française et sur son apprentissage en Acadie. De cette première réflexion se dégage surtout la constatation, par P. Poirier, qu'il était possible par une action appropriée d'accroître la vitalité du français en Acadie.

Alors que ses projets faisaient l'objet d'un examen, le Sénateur commença à se montrer plus hésitant, au point où il exprima à Rameau de Saint-Père son inquiétude quant à l'esprit des membres dirigeants de l'Alliance française[3], dans une lettre datée du 28 août 1890. En fait, les scrupules qui l'animaient étaient partiellement provoqués et entretenus par son correspondant. Il les tut à ses amis, ne rendit rien public, et, avant d'accepter l'aide financière, s'enquit directement auprès des dirigeants mêmes de l'Alliance française, en affirmant ses principes[4]. La réponse convainquit P. Poirier, qui dès lors accepta l'aide proposée.

2. Une action personnelle relativement diffuse (1893-1914)

Une des premières tâches qu'entreprit P. Poirier en tant qu'intermédiaire de l'Alliance française, car c'est bien ainsi qu'il se voyait[5], fut de se livrer à un combat, pour défendre sa propre réputation et celle de l'Alliance, contre deux journaux religieux québécois qui menaient une campagne de dénigrement de l'association, *la Vérité*[6] de Québec et *l'Oiseau-Mouche* de Chicoutimi. L'écrivain québécois Louis Fréchette, collaborateur à *la Patrie*, et membre de l'Alliance, s'en prit violemment aux auteurs des articles mensongers[7]. P. Poirier, pris à partie, dut entrer dans la bataille le 28 octobre 1893[8]. V. Landry reproduisit, dans *l'Évangéline*, un article de L. Fréchette[9], des extraits de l'article de *la Vérité* qui avait mis le feu aux poudres[10], un article de P. Poirier signé par lui[11], un autre rédigé par lui mais non signé[12] et d'autres enfin dont on peut lui attribuer la paternité[13]. Les journaux religieux se fondèrent sur une condamnation faite par l'évêque de l'île Maurice, Mgr Meurin, et prétendument confirmée et sanctionnée par la Congrégation de la Propagande. Ils critiquèrent la composition de l'association et dénoncèrent ses visées antireligieuses. Les défenseurs de l'Alliance française répondirent en demandant des preuves et en invoquant le grand nombre de dignitaires religieux dans l'organisation, notamment le cardinal Lavigerie et l'archevêque de Bordeaux, Mgr Guilbert. Ils se servirent aussi des exemples du curé Labelle, honoré par l'Alliance française à Paris en 1890, et de l'appartenance à l'association de l'abbé Biron.

L'action de P. Poirier est, à ses débuts du moins, relativement diffuse. Dans un article écrit le 28 octobre 1893, P. Poirier reconnut publiquement recevoir une aide de l'association et mentionna la liberté d'utilisation dont il bénéficiait ainsi que la seule condition assortie à la subvention : « qu'ils [c.-à-d. les subsides] ne fussent pas distraits de leur objet : qui était l'enseignement du français[14] ». Cet objectif principal, P. Poirier le fit sien. Il concordait avec un de ses principaux intérêts, l'éducation. D'ailleurs, le Sénateur a été membre de la « commission d'éducation » de plusieurs conventions nationales ; il a aussi écrit des articles sur l'enseignement des sciences et sur celui du français[15]. Il savait que l'avenir de la langue française en Acadie dépendait du nombre de jeunes locuteurs acadiens et de l'utilisation qu'ils faisaient de leur langue maternelle. Il savait aussi que l'enseignement du français constituait un moyen de résistance efficace contre l'assimilation à la langue de la majorité et, partant, contre la perte de l'identité culturelle, alors que les pouvoirs politiques provinciaux imposaient l'enseignement de l'anglais aux élèves acadiens en limitant celui du français[16].

Voulant agir rapidement et efficacement, se trouvant très souvent hors de l'Acadie, à Ottawa, et ignorant la durée de cette aide, P. Poirier utilisa la subvention pour améliorer l'enseignement du français, en donnant la priorité à une région très déficiente, le Cap-Breton (N.-É.) :

> Grâce aux générosités de l'Alliance française, nous allons pouvoir enrayer le mouvement d'anglicisation parmi nos Franco-Acadiens du Cap-Breton. Nous avons distribué, cette année, sous forme de primes d'encouragement, aux maîtres et maîtresses d'école qui enseignent le français au Cap-Breton, la somme de quatre cents dollars, répartie entre vingt-quatre instituteurs. Ceux (et celles-ci) ont enseigné le français à 1 196 écoliers. L'année dernière, pour achat de livres d'école français et primes, nous avons distribué quatre cents deux dollars. C'est l'Alliance française qui a tout payé nos subventions au Cap-Breton.
>
> L'effet produit est excellent. Que notre population demeure définitivement française cela semble désormais assuré... pourvu que nous puissions lui continuer nos encouragements[17].

Cet extrait d'une lettre écrite à Rameau de Saint-Père le 9 janvier 1895 contient des renseignements intéressants. Il permet de faire remonter le premier versement de l'aide à l'année 1893 et d'observer qu'il s'élevait à 402 $. Le versement de primes à des instituteurs, en 1894, est attesté par une déclaration du directeur de poste de Shédiac, faite le 27 décembre 1894, selon laquelle P. Poirier a envoyé, depuis le 1er septembre de cette année-là, 390 $ à 24 enseignants du Cap-Breton[18]. Le 15 décembre 1895, dans un bilan qu'il a sans doute expédié à la direction de l'Alliance française[19], le Sénateur note qu'il a reçu de l'association la somme de 2 000 francs, soit 384,77 $, qu'il a redistribuée à des instituteurs du Cap-Breton, le 31 août 1895, au moyen de mandats : au total, 31 instituteurs enseignant à 1 426 élèves ont reçu des primes dont le montant total s'élève à 385,08 $ et 11 dictionnaires Larousse. Une pièce d'archive particulièrement instructive est bien un bilan de l'aide fournie par l'Alliance française, établi par le Juge P.-A. Landry : entre 1903 et 1909, l'association a versé 2 350,84 $[20].

Parallèlement à l'activité déployée par É. Salone et P. Poirier, l'abbé R. Biron, devenu membre de l'Alliance française, à Paris, cherchait à intéresser l'association à l'Acadie[21]. L'Alliance apporta son soutien à *l'Évangéline*, sous la forme d'une subvention de 100 $, accordée le 8 juillet 1895. Cela se passait en pleine querelle avec *la Vérité*, qui dénonça cette aide et la critiqua. P. Poirier prit la défense du journal acadien, dans un article anonyme[22]. Le journal de Québec passa de nouveau à l'offensive, le 17 septembre 1895, en condamnant l'attitude de *l'Évangéline*. *La Vérité* s'en prit ensuite aux livres offerts par l'association ; la querelle cessa peu après.

En 1900, se produisit un échange épistolaire entre G. Allais, professeur à l'Université de Rennes et membre du Comité rennais de l'Alliance française, et P. Poirier. Dans une lettre au Sénateur datée du 15 juin 1900, G. Allais aborde un point sur lequel les deux correspondants avaient déjà échangé leurs vues, l'intérêt du Comité rennais pour les écoles acadiennes et son désir de les aider[23]. Le comité régional intégra à son programme d'action cet objectif. Dans un court article non signé, publié le 12 juillet 1900 sous le titre « L'Alliance française à Rennes », *l'Évangéline* informe ses lecteurs du choix du Comité rennais[24].

Alors que les donateurs s'étaient concertés, P. Poirier, « récipiendaire-intermédiaire », a adopté une ligne de conduite personnelle fondée sur ses connaissances de la réalité d'alors et tenant compte de ses possibilités d'action. L'assistance financière se continuant, P. Poirier étendit son rayonnement et varia son action, comme le montre cet extrait d'une déclaration faite en mars 1914 :

> Avec les fonds reçus, nous avons d'abord distribué des primes d'encouragement aux maîtres et maîtresses qui enseignent le français dans les écoles publiques, surtout au Cap-Breton, où notre langue était le plus menacée ; puis nous avons, une année, consacré tous nos fonds accumulés, dix mille francs environ, à aider nos instituteurs et institutrices à obtenir des brevets supérieurs d'enseignement à l'École normale du Nouveau-Brunswick ; nous défrayons [...] le congrès scolaire des maîtres et maîtresses d'écoles aca-diennes, à l'Île-du-Prince-Édouard qui se réunissent chaque année [...] ; nous avons quelque peu contribué à

l'organisation d'une association semblable des maîtres et maîtresses d'écoles acadiennnes du Nouveau-Brunswick, [...], qui eux aussi se réunissent annuellement en congrès scolaire ; nous espérons que la Nouvelle-Écosse aura bientôt, [...], une société semblable[25].

On remarque, toutefois, que, sans doute par souci de rentabilité, P. Poirier préféra pallier les carences du système scolaire en visant ceux qui enseignent aux élèves, les instituteurs, qui assurent le passage de la langue à la nouvelle génération. En outre, cette action individuelle exploite l'idée qu'il est préjudiciable pour les Acadiens de rendre publique l'aide dont ils sont bénéficiaires, d'où le danger que présenterait la création d'une section de l'Alliance française en Acadie, celle-ci pouvant toutefois être envisagée à un stade ultérieur. P. Poirier craignait beaucoup une réaction négative de la part de la majorité anglophone. Ce furent des propos dans ce sens qu'il tint à V. Landry, le 2 février 1905[26]. Pourtant, entraîné dans le combat qui l'opposa à *la Vérité*, le Sénateur avait dû rendre publique l'aide que l'Alliance française apportait. Il avait été soutenu par V. Landry qui lui donnait un moyen de riposter rapidement et de changer l'image médiatique de cette association. En effet, *l'Évangéline* a publié des communiqués et donné de nombreuses nouvelles de l'association, mettant bien en valeur son caractère universel : il est question, par exemple, d'une grande séance donnée dans le Pavillon de l'Alliance française, lors de l'Exposition universelle de Paris en 1900[27], mais c'est surtout le dynamisme de la branche américaine qui ressort[28].

L'action individuelle de P. Poirier s'oppose donc, dans une certaine mesure, au mode de fonctionnement officiel d'un organisme non gouvernemental culturel, à la recherche d'expansion par la création de filiales et par l'adhésion de nouveaux membres.

3. Une action linguistique collective (1914-1927)

Depuis sa réflexion de 1889, jusqu'en 1893, puis jusqu'en 1914, on remarque une évolution dans l'action « remédiatrice » de P. Poirier : au début très localisée et unifiée, elle se diversifie progressivement aux niveaux des moyens et des lieux d'action.

Devant les progrès observés, il lui fallait adopter une stratégie globale, créer une gamme de moyens d'action, se joindre une équipe d'auxiliaires, mettre au point un projet collectif. C'est ainsi qu'il conçut, alors même qu'il était président de la Société nationale l'Assomption, ligue créée pour la défense des intérêts collectifs, le projet de créer une société indépendante, la Société acadienne de colonisation, d'agriculture et de rapatriement. Il organisa une campagne de souscription en faveur de cette société, à laquelle répondirent de nombreuses personnes. Elle fut incorporée en 1914. On remarque, dans la raison sociale, une référence à des éléments importants de l'idéologie nationaliste qui prévalait alors, la colonisation et l'encouragement à l'agriculture, sentis comme des moyens efficaces de lutter contre l'anglicisation et l'émigration vers les États-Unis. L'éducation, et en particulier l'enseignement dans les écoles primaires, est vue par P. Poirier comme un moyen adéquat d'exercer son action et de diffuser cette idéologie dont il était un ardent promoteur. Le CEA détient un dossier[29] qui revêt une importance primordiale dans cette étude : classé dans le fonds de la Société nationale l'Assomption, il réunit 221 pièces d'archives diverses de la Société acadienne de colonisation, écrites entre 1915 et 1932. Il constitue, pour ces années, la principale source de renseignements, les journaux acadiens étant alors plutôt avares d'informations sur l'Alliance française.

Au fonctionnement de la nouvelle société participèrent, comme président, le Sénateur P. Poirier, comme trésorier, le Dr F. A. Richard, et comme secrétaire, l'inspecteur des écoles, Charles D. Hébert. Ces personnes occupaient les mêmes fonctions qu'elles avaient alors à la Société nationale l'Assomption. À ces dernières s'ajoutèrent Mgr Marcel-François Richard et l'abbé J. J. V. Gaudet.

La Société acadienne de colonisation a consacré l'essentiel de ses activités à l'amélioration de l'enseignement du français chez les Acadiens, qui habitaient alors pour la plupart en milieu rural. Un nouveau moyen d'action, qui visait les élèves et qui permettait d'élever le degré de scolarisation des membres de la communauté, avait été trouvé : il s'agissait de la création de bourses scolaires destinées aux élèves désireux de continuer leurs études. À cette branche qui fonctionnait de manière autonome s'ajoutait un ensemble de moyens financé directement à partir des subsides de l'Alliance française. De cet ensemble relève la création d'un système de prêts d'honneur pour venir en aide aux futurs enseignants qui s'inscrivaient à l'École normale de Fredericton (N.-B.). D'après cette nouvelle disposition, le futur enseignant pouvait être défrayé de ses études conduisant à l'obtention d'un brevet d'enseignement de première ou de deuxième classe. Les fonds de l'Alliance française servaient aussi à continuer de financer les congrès pédagogiques des enseignants acadiens de l'Île-du-Prince-Édouard. D'ailleurs, une grande partie des archives de la Société acadienne de colonisation est constituée de lettres que s'écrivirent mutuellement P. Poirier, le Dr F. A. Richard et l'intervenant local, J.-H. Blanchard, inspecteur d'école, fondateur d'une association professionnelle provinciale et organisateur des congrès annuels. Au fil des années, l'aide s'accrût et passa de 50 $ à 75 $. Le président s'exprima, à plusieurs reprises, de façon très positive, quant à cet aspect de l'action de la Société.

Ce fut au trésorier que le président demanda, le 21 novembre 1924, des renseignements afin de préparer un rapport pour l'Alliance française, dans le but d'obtenir un renouvellement de la subvention[30]. Le médecin fournit, peu après, un bilan sommaire de l'action exercée avec l'aide de l'Alliance française[31], pour les années allant de 1915 à 1924 : la subvention a servi essentiellement à payer des avances à 19 élèves de l'École normale du Nouveau-Brunswick et à rembourser les frais de transport des enseignants de l'Île-du-Prince-Édouard, qui participaient aux congrès pédagogiques. On ne voit nulle part dans le dossier de mentions d'action en Nouvelle-Écosse comme l'attribution de primes aux enseignants de français du Cap-Breton, lors de la période précédente. La Société acadienne de colonisation a permis de concevoir et d'exercer une action collective qui a été relocalisée et dont les moyens ont été redéfinis, tout en conservant l'objectif initial, l'amélioration de l'enseignement du français.

Il est permis de penser que l'Alliance française n'accorda aucun subside au cours de la Première Guerre mondiale. D'ailleurs, un dossier de lettres conservé au CEA[32] atteste qu'un comité spécial de l'Alliance française s'était formé en 1915, à Halifax. François J. Comeau recueillit des donations qu'il achemina à Paris. Des états de compte de la Société acadienne de colonisation, établis par le trésorier, pour une période allant du 4 juin 1914 au 8 septembre 1923, sont intéressants[33]. Il est probable que, de 1919 à 1923, l'Alliance française a versé 1 978,08 $, ces subsides constituant presque les deux tiers des recettes de la Société, 2 996,99 $. Dans une lettre datée du 29 septembre 1926[34], le Dr F. A. Richard indique le solde du compte, exprimant une crainte devant l'importance du montant, 715,15 $. P. Poirier répondit au médecin, le 9 octobre suivant, en livrant son opinion sur l'utilisation de la subvention :

> Je crois que nous faisons bien de faire circuler ce montant ou une grande partie de ce montant, en venant en aide aux

élèves de l'École normale. Qu'en pensez-vous ? [...] Si vous le pouvez, étendez votre action.

Quant aux gens de l'Île St-Jean, je suis d'avis que nous continuions de défrayer leurs congrès scolaires[35].

Cette lettre pourrait exprimer une certaine crainte que traduit l'encouragement à dépenser utilement l'argent. Un postscriptum est plus inquiétant, P. Poirier reconnaissant l'importance de la somme et préparant la fin de la Société :

> Savez-vous que c'est une petite fortune, 755,15 $, que vous avez en réserve pour la colonisation. J'espère toujours – sénile espoir – que l'occasion se présentera de l'employer utilement. Si je viens à mourir, et cela, du meshui ne tardera guère, vous ferez bien d'en faire rapport et retour à la Société l'Assomption (nationale)[36].

Loin de telles inquiétudes, les dirigeants de l'Alliance, qui ont grandement apprécié les services que P. Poirier avait rendus à la langue française, ont voulu exprimer publiquement leur reconnaissance en lui accordant une médaille en 1927.

4. La fin d'une entente (1928-1932)

La Société acadienne de colonisation réduisit ses activités à partir de 1928. On ne trouve plus de pièces de correspondance écrites après cette date entre des membres de la Société et des dirigeants du Siège central de l'Alliance française, pas plus qu'entre des membres de la Société et des dirigeants du Comité rennais de l'Alliance. On pourrait expliquer le ralentissement des activités de la Société et la cessation de toute correspondance avec l'extérieur par l'état de santé du Sénateur qui se détériorait.

Deux événements eurent des répercussions sur ces relations et, par conséquent, sur l'action de la Société. Le premier fut la création, en décembre 1929, d'une section de l'Alliance française à Halifax (N.-É.). On sait que l'Alliance française, qui était déjà installée et organisée au Canada, cherchait à s'étendre dans les provinces Maritimes, et que P. Poirier s'était opposé à toute expansion officielle d'un organisme de ce genre en Acadie. Le journal *l'Évangéline*, qui s'était tu après avoir combattu pour l'Alliance française et donné fréquemment de ses nouvelles, publia de nombreux articles sur l'association, des communiqués, des comptes rendus des réunions et des extraits d'allocutions. Dans un long article paru le 6 février 1930, *l'Évangéline* annonça, sans donner une date précise, la création de la section d'Halifax[37]. Un compte rendu d'une réunion ultérieure nous permet de faire remonter l'événement au mois de décembre précédent[38]. Le bureau de direction de la section est composé des professeurs Gautheron et Mercer à la présidence et à la vice-présidence et de M. Samson à la trésorerie. Les réunions, assez fréquentes, ont pour but de diffuser des connaissances linguistiques, littéraires et artistiques.

Cette section a un objectif différent de celui qu'avaient défini P. Poirier et le Comité rennais, et sur lequel ils s'étaient entendu. En effet, le premier article de la constitution de la section d'Halifax se lit ainsi :

L'Alliance a pour but :

1. De maintenir des relations amicales entre les races françaises et anglaises dans cette ville et ce pays.

2. De faire connaître la France, sa langue, sa littérature, et d'une façon générale toutes les manifestations de la vie intellectuelle française[39].

L'objectif didactique centré sur la France correspond bien à l'objectif général de l'association, celui de la diffusion du français et de la culture française à l'étranger. Il répond aux attentes de personnes qui cherchent à améliorer leur expression parlée et à développer leur culture d'après un modèle hexagonal ; il répond aux besoins de personnes qui désirent parfaire leurs moyens d'expression dans une langue seconde et qui ont le regard plus orienté vers les « vieux pays », auréolés d'un prestige culturel, que vers les communautés francophones toutes proches, la majorité se désintéressant de la spécificité culturelle et linguistique de la minorité. On comprend mieux la remarque de l'auteur anonyme d'un article paru dans *l'Évangéline*, le 20 février 1930, d'après qui la section d'Halifax est « composée en grande majorité d'Anglais qui désirent s'assimiler la culture française[40] ».

Le coup fatal fut porté deux ans plus tard. Parce que la situation financière de *l'Évangéline* était critique, le rédacteur du journal, Alfred Roy, saisit la Société nationale l'Assomption du problème. Bien que l'argent détenu par la Société acadienne de colonisation fût inutilisé, l'Assomption ne pouvait prendre possession de la caisse d'une autre société, totalement indépendante d'elle administrativement et financièrement. C'est ce qu'exprima A. Roy dans une lettre au Dr F. A. Richard, datée du 16 mai 1932[41]. Cependant, pressé par les créanciers, le journaliste ne put s'accommoder du moyen adopté par le conseil et décida de rejoindre tous les membres du bureau de direction de la Société acadienne de colonisation par correspondance. Il joignit à sa demande une formule d'autorisation et proposa, en cas de refus, un échange de services. Les membres du bureau de direction répondirent positivement. P. Poirier toutefois le fit plus tard. Le journaliste et le Sénateur se connaissaient bien. Depuis 1927, A. Roy assurait la publication, dans *l'Évangéline*, de la principale œuvre de P. Poirier, le *Glossaire acadien*[42]. En mai 1932, la parution des feuilletons devenait irrégulière. La publication dans *l'Évangéline* cessa le 4 mai 1933 à l'article *recueil*, peu de temps avant la mort de l'auteur. Il faut aussi noter que P. Poirier n'ignorait pas les problèmes de la presse en Acadie et qu'il s'était porté à la défense des journaux qu'il considérait comme un moyen d'éducation populaire très important[43]. Le 29 mai 1932, il envoya une lettre au rédacteur de *l'Évangéline*, qu'il joignit à la formule de consentement, refusant tout marché. Elle contient une sorte d'évaluation morale de la situation :

> Comme l'argent prélevé reste sans emploi, et qu'il avait été donné dans un but patriotique, je crois que les souscripteurs consentiraient à le mettre au service de *l'Évangéline*. [...]
>
> S'il existait, en Acadie, une société en exercice de colonisation, je ne crois pas que nous aurions le droit de faire ce que vous proposez. Il n'en existe pas. Nous nous trouvons à peu près devant un cas d'*escheat*. Dans un pareil cas, l'État intervient, et dispose de l'argent. La Société Nationale de l'Assomption, peut, il me semble, dans le cas présent, prendre, en ce qui nous concerne, le rôle de l'État[44].

Pour sa part, le Dr F. A. Richard donna son consentement le 2 juin 1932 et, dans une lettre jointe à la formule, rendit hommage au travail du Sénateur[45].

Ainsi, deux événements indépendants agrandirent le fossé qui venait de séparer l'Acadie et l'Alliance française.

Conclusion

L'action de P. Poirier en vue de la sauvegarde du français dans les écoles acadiennes, qu'il a menée individuellement et par le truchement de la Société acadienne de colonisation, est assurément fort originale. Elle témoigne de l'effort d'une minorité dominée, territorialement dispersée et dénuée de pouvoir politique, pour passer à la contre-offensive en cherchant à accroître la force culturelle de sa langue par l'éducation et principalement par l'enseignement de la langue maternelle et par l'information. Elle a été soutenue par l'idéologie nationaliste qui prévalait alors, qui était partagée par les chefs de file acadiens, laïcs et religieux, et qui accordait une grande importance à l'éducation considérée comme une garante de la perpétuation de la langue et de la foi, comme la sauvegarde de la collectivité. Elle a résulté de la prise de contact avec un État-Nation qui partage la même langue et d'un rapprochement très intéressant avec une capitale régionale de ce pays.

Ce travail à l'amélioration de l'enseignement du français dans les écoles acadiennes, qui réunit des deux côtés de l'Atlantique de nombreuses personnes ayant en partage la même langue maternelle, plusieurs décennies avant que la notion de francophonie ne se répandît et que l'on ne parlât de jumelage de villes, constitue un nouveau chapitre à ajouter à l'histoire de l'Acadie et à celle de sa langue.

Notes

1. Voir à ce sujet, la « Chronologie » biographique de Pascal Poirier établie par P. Gérin, dans : POIRIER, P. (1993), *Glossaire acadien*, Moncton : Centre d'études acadiennes et Éditions d'Acadie, p. liii-lxii.

2. Lettre de P. Poirier à Rameau de Saint-Père, 5 novembre 1889, CEA, 12 f., fonds Rameau de Saint-Père, 2.1-28.

3. Lettre de P. Poirier à Rameau de Saint-Père, 28 août 1890, 4 f., CEA, fonds Rameau de Saint-Père, 2.1-29.

4. P. Poirier rapporte les principaux éléments de sa lettre de demande de renseignements et la teneur de la réponse dans une déclaration publique : « L'Alliance française et les écoles acadiennes L'honorable sénateur Poirier fait une importante déclaration au Château, hier soir », *l'Évangéline*, 11 mars 1914, p. 3, col. 1-4.

5. P. Poirier décrit ainsi son rôle à V. Landry : « J'ai été l'intermédiaire... », dans : Lettre de P. Poirier à Valentin Landry, 2 février 1905, 4 f., CEA, fonds Valentin Landry, 7.1-15.

6. Voir plus particulièrement l'éditorial de la livraison du 11 janvier 1894 de *l'Évangéline*, intitulé « Mgr Lavigerie et l'Alliance française », p. 2, col. 2, qui contient de longs extraits d'un article de *la Vérité* de Québec sans autres références, lui-même probablement publié en septembre 1893. Voir aussi les articles suivants : Anonyme, « À propos de l'Alliance française », *la Vérité*, 17 septembre 1895, p. 3 ; Anonyme, « Les livres de l'Alliance française », *la Vérité*, 2 novembre 1895. Ces articles ont été réunis par P. Poirier dans un dossier qui contient de nombreuses autres coupures de journaux, CEA, fonds Pascal Poirier, 6.2-3.

7. Parmi ses articles, il faut noter : FRÉCHETTE, Louis, « L'Alliance française », *la Patrie*, 25 novembre 1893, p. 1, col. 1-3 ; « Encore l'Alliance française », *la Patrie*, 13 janvier 1894, p. 1, col. 3-5 ; « Un démenti », *la Patrie*, 9 décembre 1894, p. 1, col. 3-5.

8. POIRIER, P., « L'Alliance française et les Acadiens français », (extrait du *Canada*), *l'Évangéline*, 9 novembre 1893, p. 2, col. 2 et 3 (Le texte est daté du 28 octobre 1893).

9. FRÉCHETTE, Louis, « L'Alliance française », *l'Évangéline*, 30 novembre 1893, p. 1, col. 3-4 (article paru antérieurement dans *la Patrie*, 25 novembre 1893, p. 1, col. 1-3).

10. L'éditorial de la livraison du 11 janvier 1894 de *l'Évangéline*, intitulé « Mgr Lavigerie et l'Alliance française », p. 2, col. 2, contient de longs extraits d'un article de *la Vérité* de Québec sans autres références.

11. POIRIER, P., « L'Alliance française et les Acadiens français ».

12. Tel est le cas de l'article intitulé « L'Alliance française », publié sans nom d'auteur, dans *l'Évangéline*, le 29 août 1895 (p. 2, col. 1 et 2). Il a été reproduit intégralement dans *le Temps* d'Ottawa : ANONYME, « L'Alliance française », *le Temps*, [la mention « septembre 1895 » est ajoutée à la main par P. Poirier, au-dessus d'une coupure conservée par lui dans un dossier (fonds Pascal Poirier 6.2-3)]. Le manuscrit de ce texte, sans titre, sans date, 10 f., est bien de P. Poirier (CEA, fonds Valentin Landry, 7.2-9).

13. P. Poirier pourrait être l'auteur de l'introduction de l'éditorial intitulé « Mgr Lavigerie et l'Alliance française », et celui qui a choisi les extraits les plus frappants de l'article de *la Vérité*. Il a probablement écrit l'article suivant : ANONYME, « *La Vérité* versus l'Alliance française », *l'Évangéline*, 26 septembre 1895, p. 2, col. 1-3.

14. POIRIER, P., « L'Alliance française et les Acadiens français », p. 2, col. 2-3.

15. On peut citer les articles suivants de POIRIER, P. : « De l'enseignement des sciences naturelles dans nos collèges », *le Moniteur acadien*, 26 juin 1888 [reproduit dans l'*Album-souvenir des noces d'argent de la Société Saint-Jean-Baptiste du Collège Saint-Joseph, Memramcook, N.-B., 1893-1894*, (s.l.n.é., 1894), p. 143-158] ; « Discours de l'honorable M. Pascal Poirier, président de la section scientifique » [prononcé le 26 juin 1912], *Premier Congrès de la langue française au Canada*, Québec, Imprimerie de l'Action sociale, 1913, p. 277-282 ; « L'enseignement français au Canada », *l'Évangéline*, 4 janvier 1906, p. 2, col. 2-3.

16. Les conditions dans lesquelles se faisait l'enseignement du français en Acadie étaient particulièrement dures, car ce dernier était relié à la question des écoles acadiennes, c'est-à-dire à celle de l'enseignement dans la langue maternelle. Dans chacune des provinces Maritimes, on promulgua une loi qui créa des écoles publiques neutres et anglaises : en 1864, en Nouvelle-Écosse ; en 1871, au Nouveau-Brunswick (avec une taxe scolaire en sus) ; en 1877, à l'Île-du-Prince-Édouard. Quoique désastreux, les effets ne furent pas identiques partout. Pour plus de renseignements, voir : GÉRIN, Pierre et GÉRIN, Pierre M. (1982), *Marichette. Lettres acadiennes*

1895-1898, Sherbrooke : Éd. Naaman, p. 46-50 ; GÉRIN, Pierre (1990), « Introduction », POIRIER, Pascal, *Causerie memramcookienne*, Moncton : Chaire d'études acadiennes, p. 17-19 ; COUTURIER-LEBLANC, Gilberte, GODIN, Alcide et RENAUD, Aldéo, (1993), « L'enseignement français dans les Maritimes, 1604-1992 » ; DAIGLE, Jean (édit.), *L'Acadie des Maritimes*, Moncton : Chaire d'études acadiennes, p. 543-585.

17. Lettre de P. Poirier à Rameau de Saint-Père, 9 janvier 1895, 12 f., CEA, fonds Rameau de Saint-Père, 2.1-33.

18. Déclaration de J. V. Bourque, 27 décembre 1894, 1 f., CEA, fonds Pascal Poirier, 6.3-1.

19. POIRIER, P., « Écoles françaises du Cap-Breton Bilan de l'année 1895 », 15 décembre 1895, 3 f., CEA, fonds Pascal Poirier, 6.3-1.

20. LANDRY, Pierre-Armand, « État de comptes des argents de l'Alliance française » avec un billet au Dr F. A. Richard, 27 avril 1914, 1 f., CEA, fonds Société nationale l'Assomption, 24.11-4.

21. Lettre du Père Raymond Biron à P. Poirier, 1er septembre 1899, 4 f., CEA, fonds Pascal Poirier, 6.1-4.

22. ANONYME [P. Poirier], « *La Vérité* versus l'Alliance française », p. 2, col. 1-3.

23. Lettre de G. Allais à Pascal Poirier, 15 juin 1900, 5 f., CEA, fonds Pascal Poirier, 6.1-6.

24. ANONYME, « L'Alliance française à Rennes », *l'Évangéline*, 12 juillet 1900, p. 2, col. 5.

25. POIRIER, P., « L'Alliance française et les écoles acadiennes L'honorable sénateur Poirier fait une importante déclaration au Château, hier soir », p. 3, col. 1-4.

26. Lettre de P. Poirier à V. Landry, 2 février 1905, 4 f., CEA, fonds Valentin Landry, 7.1-15.

27. ANONYME, « Les amis de l'Alliance française », *l'Évangéline*, 26 juillet 1900, p. 2, col. 3 (reproduction d'un article paru dans *le Temps* de Paris, 1er juillet 1900).

28. On peut citer, comme exemples, les articles suivants : ANONYME, « L'Alliance française célèbre à New York le centenaire de Victor

Hugo », *l'Évangéline*, 27 février 1902, p. 2, col. 3 ; ANONYME, « L'œuvre de l'Alliance française aux États-Unis », *l'Évangéline*, 11 septembre 1902, p. 2, col. 1.

29. CEA, fonds Société nationale l'Assomption, 24.11-4, 221 f.

30. Lettre de P. Poirier au Dr F. A. Richard, 21 novembre 1924, CEA, fonds Société nationale l'Assomption, 24.11-4, f. 169-170.

31. Lettre du Dr F. A. Richard à P. Poirier, s. d. [novembre 1924], CEA, fonds Société nationale l'Assomption, 24.11-4, f. 171-172.

32. CEA, fonds François J. Comeau, 12.4-5.

33. RICHARD, Dr F. A., « Livre de caisse. Argents reçus et déboursés au compte de la Bourse scolaire », 4 juin 1914-8 septembre 1923, CEA, fonds Pascal Poirier, 6.11 (archives non classées).

34. Lettre du Dr F. A. Richard à P. Poirier, 29 septembre 1926, CEA, fonds Société nationale l'Assomption, 24.11-4, f. 177-178.

35. Lettre de P. Poirier au Dr F. A. Richard, 9 octobre 1926, CEA, fonds Société nationale l'Assomption, 24.11-4, f. 188-189.

36. *Ibid.*

37. ANONYME, « On fonde une section de l'Alliance française à Halifax », *l'Évangéline*, 6 février 1930, p. 11, col. 3-7, p. 12, col. 4-5.

38. ANONYME, « Alliance française Section d'Halifax », *l'Évangéline*, 22 mai 1930, p. 11, col. 3-4.

39. *Ibid.*

40. ANONYME, « Troisième réunion de l'Alliance française à Halifax », *l'Évangéline*, 20 février 1930, p. 5, col. 3-4.

41. Lettre d'Alfred Roy au Dr F. A. Richard, 16 mai 1932, CEA, fonds Société nationale l'Assomption, 24.11-4, f. 209-211.

42. Voir à ce sujet l'étude de GÉRIN, Pierre M. (1993), « Le *Glossaire acadien* ou le roman d'un parler régional », POIRIER, P., *Glossaire acadien*, Moncton : Centre d'études acadiennes et Éditions d'Acadie, p. xix-xxii.

43. Dans un dialogue fictif publié en 1885-1886, P. Poirier fit tenir à un personnage, Pierrichon, des propos qui se rapprochent beaucoup de ceux des leaders acadiens de l'époque qui se préoccupaient de l'indifférence des leurs à l'égard des journaux. Voir : POIRIER, P., *Causerie memramcookienne*, p. 79-80.

44. Lettre de P. Poirier à A. Roy, 29 mai 1932, CEA, fonds Société nationale l'Assomption, 24.11-4, f. 219-220.

45. Lettre du Dr F. A. Richard à A. Roy, 2 juin 1932, CEA, fonds Société nationale l'Assomption, 24.11-4, f. 212.

Évolution de l'anglicisation des francophones au Nouveau-Brunswick, 1971-1991

Charles Castonguay
Université d'Ottawa

Introduction

Voilà maintenant vingt ans que les recensements canadiens recueillent des informations à la fois sur la **langue maternelle** des individus et sur la langue qu'ils parlent le plus souvent à la maison ou, plus brièvement, leur **langue d'usage**. D'emblée, il est tentant de suivre au moyen de ces données l'évolution de l'**anglicisation individuelle** des francophones du Nouveau-Brunswick depuis 1971.

Cependant, des changements majeurs apportés au questionnaire du recensement de 1991 ont compromis la comparabilité des données qui nous intéressent (Castonguay 1995). Par conséquent, afin de mieux saisir le mouvement global du phénomène d'assimilation, nous nous pencherons également sur l'évolution de deux autres indicateurs, l'exogamie et la reproduction linguistique intergénérationnelle.

Parmi les populations francophones provinciales où l'anglicisation individuelle est relativement faible, comme au Nouveau-Brunswick, l'**exogamie**, c'est-à-dire la formation d'un couple linguistiquement mixte, figure le plus souvent comme cause de l'anglicisation du conjoint francophone (Castonguay 1979). À son tour, l'usage de l'anglais comme langue commune par les partenaires d'un couple mixte préfigure généralement la transmission de l'anglais comme langue maternelle à leurs enfants éventuels. Conjugué à la fécondité, elle-même sensible aux forces d'accultu-ration, ce phénomène de transmission linguistique intergénérationnelle détermine la **reproduction linguistique** de la population francophone définie selon la langue maternelle.

En l'absence d'un apport important de nouveaux locuteurs par voie d'immigration, le taux de reproduction linguistique des francophones du Nouveau-Brunswick est le principal déterminant de leur avenir démographique. Aussi débuterons-nous par un regard sur la transformation la plus remarquable de la population à l'étude, soit l'effondrement de son taux de reproduction.

1. La reproduction linguistique compromise

La rupture entre le passé et le présent en matière de reproduction linguistique est si marquée chez la population francophone que son effet transcende entièrement le problème de comparabilité des données de 1991 avec celles des recensements antérieurs. Le rapport technique de Statistique Canada sur la langue maternelle (1993) indique qu'à cause des changements apportés au questionnaire de 1991, les données intégrales sur la langue maternelle, recueillies au moyen du questionnaire abrégé destiné à 80 pour cent de la population, sont « plus facilement comparables » à celles des recensements antérieurs. En revanche, les données-échantillon, qui proviennent du questionnaire détaillé comprenant les questions sur la langue d'usage et sur les aptitudes linguistiques, « ne sont pas directement comparables » aux résultats précédents. On avertit que « ce point est particulièrement important pour les analyses mettant en jeu l'utilisation conjuguée des données sur la langue maternelle et d'autres données démolinguistiques » – donc pour celle de l'assimilation individuelle, qui met en jeu la langue maternelle et la langue d'usage – sans donner toutefois la moindre indication quant à l'ampleur de la rupture de comparabilité ni quant à sa résolution éventuelle.

Qu'à cela ne tienne, en ce qui regarde le taux de reproduction linguistique de la population francophone, les deux bases de données aboutissent, à quelques poussières près, au même résultat.

De façon générale, le taux de reproduction indique dans quelle mesure un groupe linguistique renouvelle son effectif d'une génération à l'autre. Le remplacement est assuré lorsque le taux est supérieur ou égal à 1,00, en deçà de quoi il est plus ou moins compromis.

Nous estimerons le **taux de reproduction linguistique** des francophones en divisant le nombre d'enfants de langue maternelle française âgés de 0 à 9 ans par le nombre d'adultes de langue maternelle française âgés de 25 à 34 ans, ce dernier étant haussé de 2 pour cent pour compenser modérément l'effet de la mortalité précoce. L'écart moyen entre ces deux groupes d'âges est de 25 ans, à peu près l'espace d'une génération.

Qu'on utilise les données intégrales ou les données-échantillon, le résultat est identique : en 1991, les francophones du Nouveau-Brunswick ne se reproduisent qu'à raison de 70 pour cent. Comparé à leur comportement passé, c'est le monde à l'envers. En effet, à partir de 1961, le taux de reproduction a chuté avec une rapidité foudroyante[1] :

1961	1971	1981	1991
2,54	1,75	0,88	0,70

Le remplacement des générations se trouve compromis dès la fin des années 1970.

Certes, cette nouvelle situation est attribuable en partie à l'assimilation linguistique d'une fraction des parents francophones et à la transmission intergénérationnelle de l'anglais comme langue maternelle à leurs enfants. Mais elle s'explique surtout par l'effondrement de la fécondité francophone. Celle-ci a suivi, avec quelques années de retard seulement, la chute de la fécondité des francophones du Québec et elle semble faire écho à la même révolution culturelle, soit à l'estompement de l'identité canadienne-française ou acadienne traditionnelle, en particulier à l'abandon des canons de l'Église catholique en matière de procréation, en faveur des valeurs de la société de consommation nord-américaine. Tout autant que l'assimilation linguistique, cette évolution de la fécondité témoigne d'un phénomène global d'acculturation.

2. L'inversion de la pyramide des âges

La reproduction linguistique désormais insuffisante a des conséquences démographiques immédiates : réduction du nombre d'enfants et vieillissement de la population. Au millier près, le nombre d'enfants de langue maternelle française âgés de 0 à 9 ans a évolué de la façon suivante[2] :

1961	1971	1981	1991
59 000	44 000	37 000	31 000

Grosso modo, il y a moitié moins d'enfants francophones en 1991 qu'en 1961.

Cette réduction est supérieure à ce que laisserait entendre la reproduction linguistique insuffisante, qui accuse plus exactement, par rapport au seuil de remplacement de 1,00, un déficit de 0,30 ou 30 pour cent. Cependant, trente années séparent cette fois les générations en cause. Si l'on reprend notre calcul du taux de reproduction en utilisant un écart de trente ans entre les générations, ce qui revient à diviser le nombre d'enfants de 0 à 9 ans par le nombre d'adultes de 30 à 39 ans – nombre haussé toujours de 2 pour cent pour la mortalité précoce –, on obtient un taux de reproduction en 1991 de 68 pour cent d'après les données intégrales, et de 67 pour cent avec les données-échantillon.

Les déficits associés à ces derniers taux demeurent néanmoins assez loin de la réduction de près de 50 pour cent dans le nombre d'enfants entre 1961 et 1991. C'est qu'une partie importante des enfants présents en 1961, une fois parvenus à l'âge adulte, cherchent fortune à l'extérieur de la province. Le résultat se voit bien à même la répartition par groupes d'âges des francophones énumérés au Nouveau-Brunswick en 1991, présentée à la figure 1. Du contingent de quelque 59 000 enfants francophones âgés de 0 à 9 ans en 1961, il ne reste, trente ans plus tard, qu'un peu plus de 44 000 adultes âgés de 30 à 39 ans, une réduction sans commune mesure avec l'effet de la mortalité précoce.

Figure 1

Population de langue maternelle française, par groupe d'âges, Nouveau-Brunswick, 1991

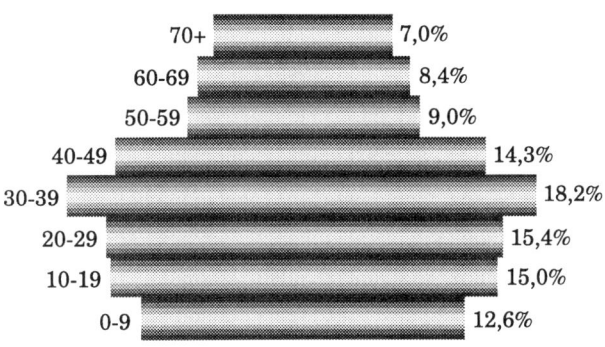

Pyramide des âges, population de langue maternelle française, Nouveau-Brunswick, 1991.

Groupe d'âges	%
70+	7,0%
60-69	8,4%
50-59	9,0%
40-49	14,3%
30-39	18,2%
20-29	15,4%
10-19	15,0%
0-9	12,6%

Mars 1996

Source : Statistique Canada, publication 93-313.

Mais surtout, la figure 1 fait voir le rétrécissement de la base de la **pyramide des âges**, dû à la sous-fécondité nouvelle et à l'anglicisation. La relève s'amenuise progressivement à partir de la génération des 30-39 ans. C'est la figure classique d'une pyramide inversée, annonciatrice d'un déclin démographique.

La réduction progressive du nombre d'enfants entraîne aussi, dans l'immédiat, le vieillissement de la population. En 1971, les personnes de moins de 20 ans comptaient pour 46 pour cent de la population francophone totale ; en 1991, seulement vingt ans plus tard, elles comptent pour 28 pour cent.

3. L'anglicisation collective

Selon Lieberson (1965), un groupe en proie à l'assimilation linguistique et qui ne réussit pas à compenser ses pertes par une surfécondité suffisante se trouve en situation d'**assimilation collective** (*aggregate assimilation*). Depuis les années 1970, ce serait le cas des francophones du Nouveau-Brunswick. Leur taux d'assimilation collective – plus précisément leur taux d'**anglicisation** collective –, soit le complément à l'unité de leur taux de reproduction linguistique, était en 1981 de 0,12 ou 12 pour cent ; en 1991, il est de 30 pour cent.

Certains chercheurs (p. ex. Lachapelle et Grenier 1988) considèrent plus juste de compter plus de 25 ans entre les générations : de nos jours, en fait, la fécondité se manifeste généralement à un âge plus tardif. Par conséquent, ils calculent le taux de reproduction en divisant le nombre d'enfants de 0 à 4 ans par la moyenne du nombre d'adultes âgés de 25 à 29 ans et de 30 à 34 ans, ce qui revient à accorder 27,5 ans entre les générations.

Ce faisant, on obtient pour 1991 un taux de reproduction de 0,65 ou 65 pour cent, indifféremment de la base de données utilisée. Cela signifie que 35 pour cent de la relève nécessaire pour remplacer les générations manque à l'appel. Autrement dit, le taux d'assimilation collective des francophones du Nouveau-Brunswick est de 35 pour cent. C'est un revirement complet en regard de l'histoire du peuple acadien, qui mènera sous peu, si les tendances migratoires habituelles se maintiennent, à un déclin de la population.

4. L'anglicisation individuelle

L'anglicisation des individus a reçu jusqu'ici davantage d'attention que l'anglicisation collective. Alors que celle-ci s'est de toute évidence emballée, l'évolution de l'assimilation individuelle n'est pas du tout claire – d'autant plus à cause du problème de comparabilité des données signalé ci-dessus. Le rapport technique de Statistique Canada sur la langue d'usage (1994) suggère que la difficulté réside dans le grand nombre de réponses multiples au recensement de 1986 – notamment de déclarations relativement fréquentes de langue maternelle ou d'usage bilingue anglais-français – et que le problème serait largement résolu si l'on s'abstenait d'utiliser les données de 1986, pour ne s'en tenir qu'à une comparaison 1981-1991. De plus, ce rapport affirme, comme celui sur la langue maternelle, que le regroupement particulier des questions linguistiques au questionnaire de 1991 a permis aux répondants de mieux les comprendre.

Or, nous sommes plutôt d'avis que les répondants ont compris les questions de 1991 *autrement* qu'aux recensements antérieurs. De sorte que le problème de comparabilité demeure entier, même si l'on s'en tient aux recensements de 1981 et 1991. En effet, la comparaison 1981-1991 des données sur l'assimilation individuelle indique que les résultats de 1991 ont gonflé de manière artificielle les taux d'assimilation des minorités linguistiques partout au Canada (Castonguay 1995).

En ce qui concerne en particulier les francophones du Nouveau-Brunswick, leur **taux net d'anglicisation individuelle**, tous âges confondus, évolue comme suit[3] :

1971	**1981**	**1991**
7,7 %	6,6 %	8,4 %

À première vue, le taux d'anglicisation de la population francophone totale aurait baissé un peu de 1971 à 1981, puis serait remonté brusquement entre 1981 et 1991. Une semblable remontée subite – et par là même suspecte – de l'anglicisation individuelle se retrouve parmi les autres populations acadiennes des Maritimes (Roy 1993 : 162).

5. Les taux d'anglicisation spécifiques selon l'âge

La comparaison que nous venons de faire ci-dessus ne tient pas compte, cependant, de la relation fondamentale entre l'assimilation et l'âge. Le plus souvent, un individu adopte une langue d'usage différente de sa langue maternelle au cours de la période de la vie où il s'éloigne de son foyer d'origine, pour se déterminer de façon autonome. Un enfant, adolescent ou jeune adulte, qui vit encore chez ses parents continue habituellement à parler à la maison sa langue maternelle, alors qu'un adulte d'âge mûr est peu enclin à changer sur le tard de comportement linguistique.

Par conséquent, un simple changement de la répartition selon l'âge de la population à l'étude produira automatiquement une évolution de son taux d'assimilation. Ainsi, le vieillissement de la population francophone entre 1971 et 1981, puis entre 1981 et 1991, entraîne une augmentation du taux d'anglicisation de la population totale au cours des deux périodes du seul fait que les jeunes, normalement à l'abri de l'assimilation, sont progressivement moins nombreux.

Pour cette raison, il est préférable de relier le taux d'assimilation à un groupe d'âges spécifique, par exemple les 25 à 34 ans ou, mieux encore, pour laisser passer de façon plus définitive la période de la vie où l'individu est susceptible de changer de langue, les 35 à 44 ans. Ces derniers nous serviront donc de groupe-repère pour l'appréciation de l'assimilation (Castonguay 1976).

Pour le groupe d'âges des 25-34 ans, le taux d'anglicisation spécifique évolue en effet différemment du taux pour la population totale :

1971	**1981**	**1991**
11,3 %	8,6 %	8,6 %

Le mouvement du **taux d'anglicisation spécifique** pour le **groupe-repère** des 35-44 ans est assez semblable :

1971	**1981**	**1991**
11,8 %	10,9 %	11,4 %

Dans l'ensemble, ces séries[4] suggèrent que l'anglicisation a baissé légèrement entre 1971 et 1981, puis qu'elle est demeurée à peu près stable entre 1981 et 1991.

Quant à l'ampleur du phénomène, le taux d'anglicisation individuelle au sein de la population totale, tous âges confondus, tourne autour de 7 ou 8 pour cent, résultat sensiblement inférieur au taux spécifique du groupe-repère, qui s'élève à 11 ou 12 pour cent. C'est, bien entendu, ce dernier qui traduit le mieux le pouvoir d'attraction de l'anglais, puisqu'il se mesure après le passage de cette étape de la vie où l'individu risque le plus de changer de langue.

6. Le test de comparabilité des données

Mais les taux d'anglicisation spécifiques suivant l'âge permettent de juger encore mieux de l'évolution réelle du taux d'anglicisation individuelle, si l'on teste la comparabilité des données qui servent à le calculer.

À cette fin, il faut poser certaines hypothèses. Chez une population en proie à l'assimilation, il serait normal que le taux d'anglicisation augmente encore un peu pendant les dix années de maturation qui conduit le groupe des 25-34 ans à celui des 35-44 ans du fait, entre autres, que le jeune adulte peut de nos jours retarder son départ définitif du foyer d'origine. En revanche, on s'attendrait normalement qu'au cours des dix années suivantes qui conduisent des 35-44 ans aux 45-54 ans, l'anglicisation n'opère pratiquement plus et le taux d'anglicisation demeure fixe. De même, l'anglicisation devrait demeurer stable pendant les dix autres années qui mènent des 45-54 ans aux 55-64 ans.

Armés de ces trois hypothèses, nous pouvons évaluer indirectement la comparabilité des données des recensements successifs. Suivons d'abord l'évolution des taux d'anglicisation spécifiques des trois groupes d'âges en question, en passant du recensement de 1971 à celui de 1981. Cela revient à les « faire vieillir » de dix ans. Il sera dès lors plus commode de raisonner en fonction de cohortes identifiées au moyen de générations, ou d'années de naissance. Ainsi, identifions la cohorte de francophones âgés de 25 à 34 ans en 1971 par leurs années de naissance, soit approximativement de 1936 à 1945 ; de même, les 35-44 ans en 1971 porteront comme étiquette les années de naissance 1926-1935, et les 45-54 ans en 1971 correspondront aux années 1916-1925. Le tableau 1 présente sous cet angle le mouvement des taux d'anglicisation individuelle au cours de la première décennie.

Tableau 1
Taux d'anglicisation individuelle de certaines générations, 1971 et 1981

Générations	1971	1981
Nés 1936-1945	11,3 %	10,9 %
Nés 1926-1935	11,8 %	11,3 %
Nés 1916-1925	12,0 %	10,6 %

Sources : Statistique Canada publication 92-733 et compilation spéciale du recensement de 1981.

On remarque au tableau 1 un léger mouvement à la baisse, entre 1971 et 1981, des taux d'anglicisation de chacune des trois cohortes d'années de naissance. Puisque cela va à l'encontre de nos trois hypothèses, nous sommes en droit d'en conclure qu'entre 1971 et 1981, la baisse apparente des taux d'anglicisation spécifiques aux 25-34 ans et aux 35-44 ans, relevée à la section précédente, s'explique au moins en partie par un certain manque de comparabilité des données des recensements en cause. Cela pourrait être attribuable à des différences dans le questionnaire utilisé ou dans le mode de traitement des données recueillies. Notons que le même test conduit à des réserves analogues quant au mouvement apparent des taux d'assimilation individuelle entre 1971 et 1981 dans les autres provinces (Castonguay 1995).

La baisse des taux d'anglicisation mise en évidence au tableau 1 est d'une ampleur suffisante pour expliquer la totalité de la baisse – de 11,8 à 10,9 pour cent – du taux d'anglicisation spécifique du groupe-repère des 35-44 ans entre 1971 et 1981, notée à la section précédente. Car il faut garder à l'esprit que l'anglicisation individuelle se calcule au moyen des données-échantillon : le résultat demeure sujet à l'erreur d'échantillonnage.

Par contre, l'ampleur de la baisse relevée au tableau 1 ne nous semble pas mettre en doute l'existence d'une certaine tendance réelle à la baisse du taux d'anglicisation spécifique des 25-34 ans, moins forte cependant que la baisse apparente de 11,3 à 8,6 pour cent observée à la section précédente. Toutefois, s'il y a chez ce groupe d'âges une légère baisse réelle, elle pourrait s'expliquer simplement par le fait que les jeunes adultes tardaient davantage à quitter leur foyer d'origine en 1981 qu'en 1971.

À tout prendre, donc, il nous paraît préférable de nous en tenir aux données pour le groupe-repère et de conclure que le taux d'anglicisation individuelle est demeuré à peu près stable pendant la première décennie à l'étude.

Reprenons maintenant le même procédé pour évaluer la comparaison 1981-1991. Le tableau 2 fait voir, entre 1981 et 1991, une nette augmentation du taux d'anglicisation de la cohorte des 25-34 ans en 1981, nés pendant la décennie 1946-1955. Pareil mouvement est conforme à notre première hypothèse, mais l'augmentation paraît trop forte. Les taux d'anglicisation spécifiques aux deux autres cohortes d'années de naissance augmentent fortement aussi au cours de la même période, en violation de nos autres hypothèses.

Tableau 2

Taux d'anglicisation individuelle de certaines générations, 1981 et 1991

Générations	1981	1991
Nés 1946-1955	8,6 %	11,4 %
Nés 1936-1945	10,9 %	14,0 %
Nés 1926-1935	11,3 %	13,0 %

Source : Compilations spéciales des recensements de 1981 et de 1991.

Il y a lieu d'en conclure qu'entre 1981 et 1991, la stabilité apparente des taux d'anglicisation spécifiques aux 25-34 ans et aux 35-44 ans, relevée à la section précédente, est factice et s'explique notamment par le nouveau type de questionnaire introduit en 1991. Si l'on tente de corriger la distorsion de la tendance causée par le nouveau questionnaire, l'ampleur de l'augmentation de chacun des taux spécifiques aux trois cohortes d'années de naissance – le tableau 2 indique un saut général de l'ordre de 3 pour cent – nous porte logiquement à croire, au contraire, à une légère baisse réelle des taux d'anglicisation spécifiques selon l'âge au cours de la période 1981-1991. Plus précisément, il nous paraît raisonnable d'avancer que le taux d'anglicisation spécifique du groupe-repère aurait baissé d'environ 1 pour cent, peut-être même d'un peu plus, entre 1981 et 1991.

Certes, le va-et-vient migratoire d'une partie non négligeable des jeunes adultes francophones a également une certaine incidence sur nos comparaisons. Son effet perturbateur n'est probablement pas assez important pour remettre en cause nos conclusions, mais il nous empêche tout de même de les accompagner d'estimations plus précises.

7. La tendance réelle

L'appréciation de la comparabilité des données provenant de recensements différents exige, bien entendu, un certain effort intellectuel. À condition de s'en donner la peine, force nous est de conclure que l'anglicisation individuelle des francophones est demeurée à peu près stable au Nouveau-Brunswick au cours des années 1970, pour ensuite baisser légèrement pendant les années 1980.

Ce résultat s'oppose au « revirement déconcertant et inquiétant » que Roy a signalé (1993 : 161). En se fondant sur le seul taux d'anglicisation individuelle de la population francophone totale, tous âges confondus, Roy trouve que « les données pour la période 1971 à 1986 offrent d'encourageantes indications d'un certain ralentissement de l'assimilation chez les Acadiens », mais que les chiffres de 1991 « démentissent incontestablement ces tendances » et « confondent les expectatives discrètes suscitées et entretenues à l'endroit d'une revalorisation du parler français » (*Ibid* : 161 et 172).

Notre conclusion diffère aussi du résultat de l'évaluation critique de la tendance à l'extérieur du Québec et du Nouveau-Brunswick, que nous avons effectuée au moyen de la méthode illustrée à la section précédente. Nonobstant la hausse subite des taux occasionnée par le questionnaire de 1991, il demeure que l'anglicisation individuelle aurait augmenté réellement parmi chacune des autres minorités francophones au cours des deux décennies à l'étude (Castonguay 1995).

8. Les mariages mixtes

De la même façon que pour l'anglicisation individuelle, on peut suivre dans un premier temps l'évolution des taux d'exogamie spécifiques aux 25-34 ans et aux 35-44 ans et, dans un deuxième temps, en évaluer le degré de vraisemblance à l'aide du mouvement des taux spécifiques aux cohortes d'années de naissance. Nous avons trouvé, premièrement, que les taux d'exogamie spécifiques selon l'âge ont augmenté régulièrement, entre 1971 et 1991, de 12 à 16 pour cent chez les 25-34 ans et de 10 à 15 pour cent chez les 35-44 ans ; deuxièmement, que ces augmentations régulières paraissent, pour l'essentiel, authentiques.

Des taux d'exogamie à la hausse tout au long de la période 1971-1991, et des taux d'anglicisation individuelle constants pendant la première décennie puis à la baisse pendant la seconde, donnent à attendre une utilisation accrue du français comme langue d'usage au sein des mariages mixtes et une transmission améliorée du français comme langue maternelle aux enfants. Cette dernière attente se trouve confirmée par des recherches portant spécifiquement sur l'évolution de la transmission intergénérationnelle du français, du moins jusqu'au recensement de 1986 (Lachapelle et Henripin 1980 : 136 ; Lachapelle 1990 : 10). Nous ne nous y attarderons donc pas davantage, d'autant que cette amélioration n'a pas empêché l'effondrement du taux de reproduction linguistique de la population acadienne. C'est ce dernier qui, en définitive, détermine l'avenir en conjuguant l'effet de l'assimilation intergénérationnelle à celui de la fécondité.

9. L'incurie des démographes

Les démographes se contentent de suivre l'évolution de l'assimilation individuelle au moyen du taux d'anglicisation pour la population francophone dans son ensemble, tous âges confondus, même si la nécessité de comparer plutôt les taux spécifiques à certains groupes d'âges s'est imposée dès la parution des données de 1971 (Castonguay 1976). Les exemples de comparaisons « démolinguistiques » ainsi bâclées sont légion.

Les uns trouvent, par exemple, que l'anglicisation individuelle s'est accrue chez les francophones du Nouveau-Brunswick entre 1981 et 1986 (Bourbeau 1989 : 26), tandis que d'autres – qui ont simplifié par surcroît les déclarations bilingues anglais-français de façon différente d'un recensement à l'autre ! – obtiennent le résultat contraire (Dallaire et Lachapelle 1990 : 12). Le comble, c'est d'avancer que la tendance « séculaire » – rien de moins ! – des Franco-Ontariens à s'angliciser s'atténue (Henripin 1988), sur la foi de calculs du taux d'anglicisation, tous âges confondus, qu'on est ensuite incapable de reproduire sur demande[5] ! Or, le comportement linguistique du groupe-repère indique clairement une croissance régulière de l'anglicisation individuelle des Franco-Ontariens tout au long de la période 1971-1991 (Castonguay 1995).

Il n'y a donc pas lieu de se laisser intimider par l'empressement des démographes à s'approprier, fût-ce sous le titre de démolinguistique, l'analyse de l'assimilation, phénomène complexe pour lequel ils ne semblent pas manifester suffisamment d'intérêt ou d'intuition.

Il est par ailleurs étonnant que les « démolinguistes » négligent de présenter la pyramide des âges pour les populations francophones minoritaires. Il s'agit pourtant d'un instrument de base de la démographie, qui permet d'apprécier du premier coup d'œil des phénomènes aussi lourds de conséquences pour l'avenir que la reproduction linguistique et son complément, l'anglicisation collective.

Conclusion : l'enjeu fondamental

Quelle que soit l'amélioration de la situation du français au Nouveau-Brunswick du point de vue de l'anglicisation individuelle ou de la transmission linguistique entre les générations, l'assimilation demeure dans les deux cas à un niveau non négligeable. Rappelons, d'une part, que Statistique Canada (1993 et 1994) considère que les résultats obtenus au moyen du nouveau questionnaire de 1991 – qui situent à 11 pour cent le taux d'anglicisation individuelle du groupe-repère – sont de meilleure qualité que ceux des recensements antérieurs. D'autre part, de concert avec la sous-fécondité, l'anglicisation intergénérationnelle conduit à un déficit – ou à un taux d'assimilation collective – de l'ordre de 30 à 35 pour cent entre les générations successives, selon le mode de calcul.

À ce que nous sachions, cette dernière situation, inédite, n'a pas encore reçu l'attention qu'elle mérite. C'est une nouvelle donne qui conduira sous peu au déclin démographique des francophones du Nouveau-Brunswick.

Notes

1. Sources : Statistique Canada, publications 92-556, 92-733 et 93-313 et compilation spéciale du recensement de 1981.

2. Sources : voir celles de la note précédente.

3. Source : Harrison et Marmen (1994), tableaux A.1 et A.2. Le **taux net d'anglicisation individuelle** égale le complément à l'unité de l'effectif de langue d'usage française, divisé par l'effectif de langue maternelle française. Roy (1993) présente une évolution similaire mais pas tout à fait identique, du fait qu'elle ne répartit pas les déclarations bilingues à parts égales entre l'anglais et le français.

4. Source : Statistique Canada, publication 94-319. Dans tous nos calculs, nous comptons comme francophones, pour la langue d'usage comme pour la langue maternelle, la moitié des déclarations de comportements bilingues anglais-français.

5. Communication personnelle de Henripin à l'auteur.

Bibliographie

BOURBEAU, Robert (1989), *Le Canada, un profil linguistique*, Ottawa : Statistique Canada.

CASTONGUAY, Charles (1976), « Les transferts linguistiques au foyer », *Recherches sociographiques*, 7(3) : 341-351.

------ (1979), « Exogamie et anglicisation chez les minorités canadiennes-françaises », *Revue canadienne de sociologie et d'anthropologie*, 16(1) : 21-31.

------ (1995), « Assimilation Trends Among Official-Language Minorities, 1971-1991 », Communication présentée au symposium *Vers le XXIe siècle : Tendances socio-démographiques et enjeux politiques au Canada*, tenu du 23 au 25 octobre à Ottawa par la Fédération canadienne de démographie.

DALLAIRE, Louise M. et LACHAPELLE, Réjean (1990), *Profils démolinguistiques des communautés minoritaires de langue officielle : Nouveau-Brunswick*, Ottawa : Secrétariat d'État, no de catalogue S-42-10/4.

HARRISON, Brian et MARMEN, Louise (1994), *Les langues au Canada*, Ottawa : Statistique Canada.

HENRIPIN, Jacques (1988), « Certaines tendances séculaires s'atténuent », *Langue et société*, 24 : 6-9.

LACHAPELLE, Réjean (1990), « La position du français s'améliore, la proportion de francophones décroît », *Langue et société*, 32 : 9-11.

LACHAPELLE, Réjean et GRENIER, Gilles (1988), *Aspects linguistiques de l'évolution démographique*, Rapport au Secrétariat pour l'Étude de l'évolution démographique et de son incidence sur la politique économique et sociale, Ottawa : Santé et Bien-être Canada (document non publié).

LACHAPELLE, Réjean et HENRIPIN, Jacques (1980), *La situation démolinguistique au Canada, évolution passée et prospective*, Montréal : Institut de recherches politiques.

LIEBERSON, Stanley (1965), « Bilingualism in Montreal : Demographic Analysis », *American Journal of Sociology*, 71 : 10-25.

ROY, Muriel K. (1993), « Démographie et démolinguistique en Acadie, 1871-1991 », dans Jean DAIGLE, éd., *L'Acadie des Maritimes*, 141-206, Moncton : Chaire d'études acadiennes.

STATISTIQUE CANADA (1993), *Langue maternelle : Rapport technique du recensement de 1991*, Ottawa : Ministre de l'Industrie, des Sciences et de la Technologie.

------ (1994), *Langue d'usage : Rapport technique du recensement de 1991*, Ottawa : Ministre de l'Industrie, des Sciences et de la Technologie.

Observations préliminaires sur le rythme en français acadien

Wladyslaw Cichocki
Université du Nouveau-Brunswick

Introduction

Selon Lucci (1972), le français acadien possède une accentuation qui a un caractère « haché », ce qui lui donne une impression de lenteur du rythme. Lucci suggère que ce caractère est dû en partie à des particularités d'accentuation de la syllabe pénultième d'un groupe de mots ainsi qu'aux mélodies particulières à l'acadien parlé. Cet article présente les premières étapes d'un projet de recherche qui vise à mieux comprendre ces impressions auditives par la voie d'une analyse acoustique de la parole spontanée.

Le rythme est défini comme la perception du retour d'une proéminence accentuelle (Laver 1994). L'unité classique de l'analyse rythmique est le groupe rythmique, qui est une suite de syllabes délimitée par un accent. Les études sur le rythme en français standard montrent un patron régulier – une suite de syllabes de durée égale et brève, suivie d'une syllabe accentuée longue. Il existe cependant certaines variations régionales à ce patron (Léon 1993 : 95).

Dans les études classiques sur le français canadien, des chercheurs comme Boudreault (1968), Gendron (1966) et Robinson (1968) remarquent certaines différences avec le français standard, dont la présence en français canadien d'un accent qui frappe l'avant-dernière syllabe d'un groupe rythmique. Récemment, de nouvelles technologies et de nouvelles théories phonologiques sont appliquées à l'étude du rythme. L'objectif de ces recherches est à la fois de décrire la richesse des différences rythmiques entre les variétés du français parlé au Canada et d'identifier les paramètres phonologiques de la caractérisation du rythme. Bon nombre de ces études portent sur le français parlé au Québec (Cedergren *et al.* 1993 ; Ouellet 1992 ; Paradis et Ouellon 1993). Notre travail sur le français acadien s'inscrit dans cette optique récente.

Dans cet article, nous présentons des observations préliminaires sur le rythme en français acadien. Nous utilisons le concept de groupe rythmique pour faire une comparaison entre le français acadien et le français européen. Toutefois, notre recherche nous poussera à faire appel à des concepts théoriques plus récents comme ceux du syntagme intonatif et de la hiérarchie prosodique pour expliquer les patrons observés.

Dans un deuxième temps, nous présenterons des observations sur la durée de la syllabe pénultième du groupe rythmique. Nos observations montrent que la durée de cette syllabe est sujette à une variation importante qui joue dans l'impression auditive qu'on a du rythme en français acadien.

1. Corpus

Nos données proviennent de la région de Pubnico, dans le sud-ouest de la Nouvelle-Écosse. Il s'agit d'une région rurale isolée qui présente un nombre de traits particuliers de la prosodie. Ces données font partie d'un corpus sociolinguistique (corpus de Karin Flikeid de l'Université Saint Mary's), établi de façon à être représentatif sur les plans géographique et sociologique.

Nous avons choisi un seul sujet pour cette étude préliminaire, une femme âgée de 80 ans – le sujet JS103 – qui est originaire de la région et qui y a passé presque toute sa vie. Notre analyse porte sur trois minutes de l'entrevue avec ce sujet, où elle parle spontanément des conditions de vie pendant son enfance.

Nous avons effectué une analyse acoustique de ces trois minutes de parole spontanée : nous avons digitisé la parole, puis nous avons fait une analyse spectrographique automatique sur ordinateur, ensuite nous avons segmenté le texte et avons calculé les durées des segments (en millisecondes). Nous avons également fait une analyse auditive pour découper le corpus en groupes rythmiques. En faisant ce travail auditif, nous avons tenu compte de la nature majeure ou mineure des frontières entre les groupes rythmiques. Le corpus comprend 699 syllabes, réparties dans 207 groupes rythmiques.

2. Observations et discussion

2.1 Analyse des groupes rythmiques

Comme nous l'avons mentionné ci-dessus, il est généralement reconnu que le rythme du français a comme unité de base le groupe rythmique. Cette unité est un groupe de mots – ou plutôt de syllabes – composé d'une suite de syllabes brèves qui précèdent une syllabe accentuée longue qui se trouve à la fin du groupe. On pourrait représenter ce patron en termes d'un arbre, comme suit :

		GR			groupe rythmique
s	s	s	s		syllabe

Dans la parole spontanée, les groupes rythmiques les plus fréquents comportent de 3 à 5 syllabes, quoiqu'il peut y en avoir jusqu'à 8 ou 9. Léon (1993 : 111) note une moyenne de 4,4 syllabes par groupe rythmique dans un corpus de sujets femmes qui parlent le français européen. Pour ce qui est du français ontarien, les données de Robinson (1968 : 164) montrent une moyenne de 3,8 syllabes par groupe rythmique. Dans le corpus du sujet acadien JS103, nous observons que la majorité des groupes rythmiques comportent entre 2 et 4 syllabes et que la moyenne est de 3,4 syllabes. Cette répartition des groupes rythmiques est sensiblement la même que dans les deux autres variétés, un fait peu surprenant étant donné que ce sont toutes des variétés du français.

Pour examiner de plus près le rythme, il est important d'étudier la durée moyenne des syllabes dans chaque position dans le groupe rythmique. Ces moyennes pour le sujet acadien, calculées en centièmes de seconde, sont indiquées dans le tableau 1a. À titre de comparaison, le tableau 1b donne les mêmes informations pour un sujet qui parle le français européen, selon un corpus étudié par Léon (1993). Les positions syllabiques dans le groupe rythmique sont numérotées en fonction de leur distance de la syllabe finale du groupe rythmique.

Tableau 1a
Durées syllabiques moyennes (en centisecondes) en français acadien (sujet JS103) selon la position dans le groupe rythmique.

Nombre de syllabes dans le groupe rythmique	6ème position	5ème position	4ème position	3ème position	pénultième	finale
2 syllabes					18,24	25,93
3 syllabes				13,16	18,42	22,12
4 syllabes			16,09	17,39	20,74	22,72
5 syllabes		10,27	17,70	17,73	18,31	23,62
6 syllabes	14,04	16,21	15,20	14,76	18,24	19,23

Tableau 1b
Durées syllabiques moyennes (en centisecondes) en français européen (données de Léon 1993 : 111) selon la position dans le groupe rythmique.

Nombre de syllabes dans le groupe rythmique	5ème position	4ème position	3ème position	pénultième	finale
2 syllabes				15,0	26,5
3 syllabes			13,1	15,1	28,1
4 syllabes		13,2	14,5	16,3	25,7
5 syllabes	13,5	13,5	13,8	15,1	28,5

Notons d'abord une limitation importante de la comparaison entre ces tableaux. Les deux corpus sont petits : les données acadiennes sont basées sur un sujet, celles du français européen sur un seul sujet aussi. Cela limite les généralisations que l'on puisse faire avec ces données. Néanmoins, à titre d'observations préliminaires, il est possible de signaler plusieurs points de comparaison entre les deux tableaux.

Un premier point de comparaison vise la dernière syllabe des groupes rythmiques. En français acadien, cette syllabe est généralement plus brève qu'en français européen – 23,4 csec vs 27,2 csec. La différence de presque 4 centisecondes est une différence perceptible.

Un deuxième point de comparaison est la syllabe pénultième (c.-à-d. l'avant-dernière) des groupe rythmiques. En français acadien, cette syllabe est généralement plus longue qu'en français européen – 19,2 csec vs 15,4 csec.

Un dernier point de comparaison est la relation entre la durée de la syllabe finale et les autres syllabes dans le groupe rythmique. En français européen, on note un rapport de 2 à 1, c'est-à-dire que la dernière syllabe est deux fois plus longue que les autres. En français acadien, le rapport n'est pas de cet ordre. La dernière syllabe est bien entendu la plus longue du groupe rythmique, mais son rapport aux autres syllabes est rarement 2 à 1, le rapport moyen étant plutôt de l'ordre de 1,5 à 1. On trouve même des cas où la pénultième est presque aussi longue que la dernière syllabe, dans un rapport de 1,1 à 1 (voir le groupe rythmique de 6 syllabes dans le tableau 1a).

De ces observations, il ressort clairement que le français acadien ne partage pas les mêmes traits rythmiques que le français européen. La figure 1 illustre bien ce contraste entre le français acadien et le français européen dans le cas des groupes rythmiques de 5 syllabes. On observe la syllabe finale du groupe rythmique qui est plus brève qu'en français européen, la pénultième qui est plus longue et la répartition des durées en syllabes inaccentuées qui est moins régulière.

Figure 1
Comparaison des durées syllabiques moyennes en français acadien et en français européen selon la position dans un groupe rythmique de 5 syllabes.

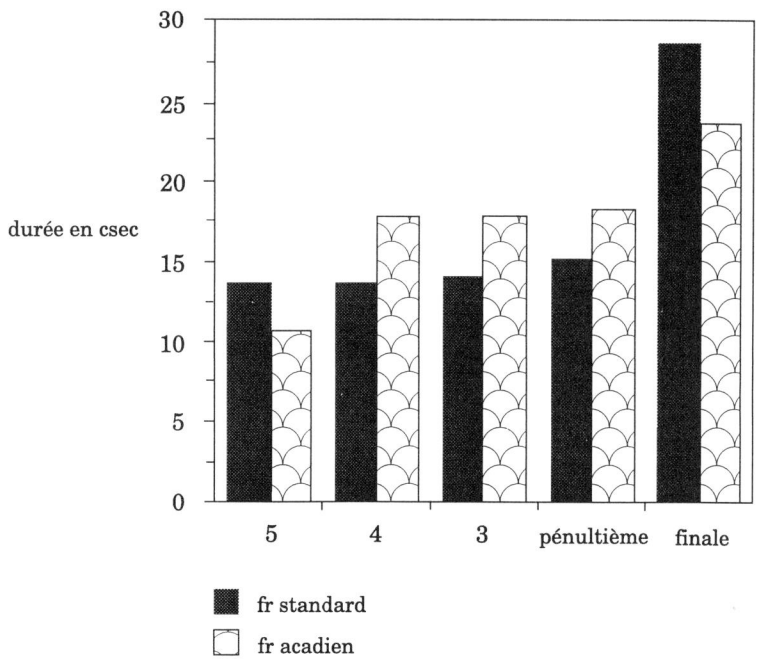

position dans le groupe rythmique

Pour explorer ce fait davantage, il faut réanalyser certaines informations présentées dans le tableau 1a. En particulier, il est nécessaire d'étudier les écarts types des durées moyennes parce que les moyennes cachent souvent des informations intéressantes. Nous avons trouvé que ce sont la syllabe finale et la syllabe pénultième qui ont les écarts types les plus importants.

2.2 Analyse de la syllabe finale

Pour examiner les variations des durées de la syllabe finale, nous avons fait appel à la phonologie prosodique, qui offre une théorie plus riche pour notre recherche que l'approche classique qui se sert uniquement du groupe rythmique. Selon l'approche prosodique (voir Cedergren *et al.* 1993), la réalité de la prosodie est plus complexe qu'une simple suite linéaire de groupes rythmiques. En fait, le rythme est la somme de plusieurs éléments en interaction continue.

Ces éléments peuvent être représentés dans une structure hiérarchique qui s'appelle un arbre prosodique. Cet arbre a trois niveaux : le niveau de la syllabe, le niveau du groupe rythmique et le niveau du syntagme intonatif. Chaque syllabe occupe une position dans un groupe rythmique et un groupe rythmique a sa place dans un syntagme intonatif. La distinction entre syntagme intonatif et groupe rythmique correspond à la différence entre une frontière majeure et une frontière mineure que nous avons faite lors de l'analyse auditive. La syllabe finale du groupe rythmique reçoit une durée plus longue qui dénote la fin du groupe rythmique ; de la même façon, la syllabe finale du syntagme intonatif reçoit une durée plus longue qui marque la fin du syntagme intonatif. L'arbre suivant représente la structure prosodique proposée.

			SI			syntagme intonatif
	GR			GR		groupe rythmique
s	s	s		s	s	syllabe

Il faudrait ajouter ici que cette représentation n'est pas une représentation définitive ou globalement acceptée. Chaque niveau a sa justification ou sa raison d'être, mais les linguistes ne sont guère d'accord sur le nombre de niveaux ni sur les fonctions qui leur sont accordées. Néanmoins, sans une première approximation théorique comme celle-ci, il est difficile de mener à bien un programme de recherche sur la prosodie.

L'hypothèse présentée par cette représentation est que la durée de la syllabe finale varie selon le type de frontière prosodique : la syllabe finale d'un syntagme intonatif indique non seulement la fin d'un groupe rythmique mais aussi la fin d'une unité plus importante.

Figure 2
Les durées moyennes des syllabes finales selon la frontière prosodique (la durée des syllabes inaccentuées est indiquée aussi)

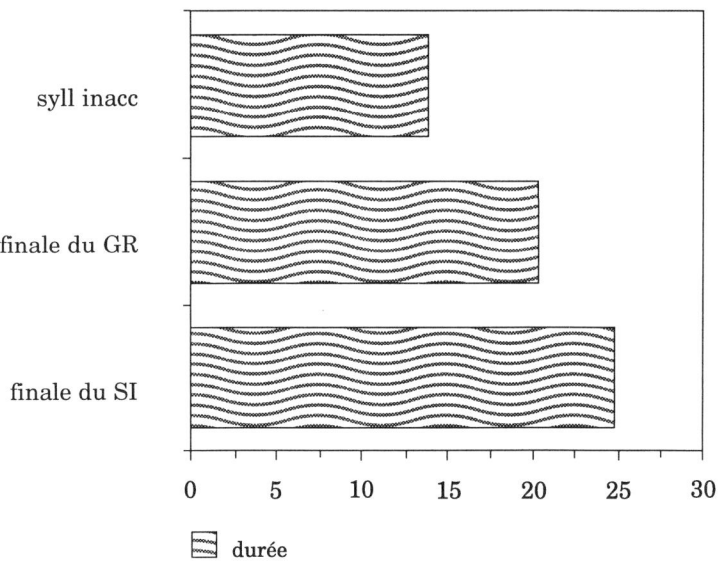

La figure 2 présente les durées moyennes des syllabes finales selon la frontière prosodique. On observe que la syllabe finale d'un groupe rythmique est plus courte que la syllabe finale d'un syntagme intonatif – une différence de 3 csec. Une des sources de variation dans le rythme en acadien est donc la longueur de la syllabe finale qui varie en fonction de la structure prosodique. Aussi, cette corrélation est-elle importante parce qu'elle présente un argument en faveur de la représentation de la phonologie prosodique. Il s'agit là d'une question de la théorie phonologique que nous ne pouvons pas aborder ici.

2.3 Analyse de l'avant-dernière syllabe

Puisque la durée moyenne des avant-dernières syllabes présente elle aussi un écart type important, nous avons également étudié les variations dans les durées des ces syllabes. Plus précisément, nous avons comparé les durées des syllabes pénultièmes perçues comme accentuées et celles perçues comme inaccentuées. Cette comparaison, présentée dans la figure 3, montre une différence significative entre ces deux types de syllabe pénultième : 18,2 csec vs 27,7 csec. La durée très élevée de la syllabe pénultième accentuée indique le rôle important de la durée dans l'accentuation en français acadien. Certes, il serait intéressant d'étudier le rôle des autres paramètres prosodiques dans l'accentuation, mais le résultat pertinent pour la présente étude est la durée remarquable de la pénultième accentuée.

Figure 3

Comparaison de la durée syllabique moyenne de la syllabe pénultième et de la syllabe finale selon le non-allongement et l'allongement de la pénultième (la durée moyenne des syllabes inaccentuées est indiquée aussi)

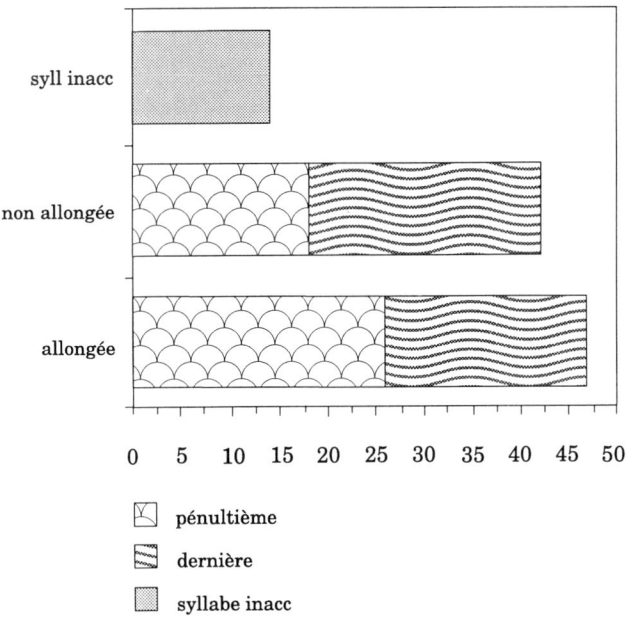

La figure 3 montre aussi une relation entre la durée de la pénultième et celle de la syllabe finale. Il est clair qu'il y a une complémentarité entre les durées de ces deux dernières syllabes du groupe rythmique. Dans le cas où il y a un allongement de la pénultième, la syllabe finale se raccourcit, mais elle reste longue comparée aux autres syllabes inaccentuées. Là où la pénultième ne s'allonge pas, la syllabe finale est longue et même plus longue que dans le cas d'une pénultième allongée. Cette relation de durée complémentaire entre les deux dernières syllabes présente un autre trait particulier du rythme en français acadien et joue certainement dans l'impression auditive qu'on a de ce rythme.

3. Recherches futures

Cette étude fait partie d'un projet de recherche sur la prosodie en français acadien. Les travaux futurs qui s'inscriront dans ce projet porteront sur plusieurs questions. Nous examinerons les questions phonologiques suivantes : quelle est la relation entre les deux dernières syllabes d'un groupe rythmique ? Quel type de modèle statistique peut décrire la relation entre les syllabes inaccentuées dans le groupe rythmique ? Y a-t-il des niveaux dans la structure prosodique proposée autres que ceux que nous avons présentés dans cette étude ? Quel est le rôle de l'intonation dans l'accentuation en acadien ? Nous allons aussi travailler sur des questions sociolinguistiques : y a-t-il des différences entre les hommes et les femmes ou entre les jeunes et les personnes âgées quant à leur emploi du rythme ? Comment la prosodie varie-t-elle selon la région où se parle le français acadien ?

Conclusion

Nos observations préliminaires sur le rythme en français acadien suggèrent que l'analyse de la structure rythmique exige une approche multilinéaire qui comprend au moins deux niveaux : le syntagme intonatif et le groupe rythmique. L'allongement différentiel en position finale constitue un argument en faveur de cette approche.

Le français acadien a un patron rythmique qui est différent de celui du français européen (ou standard). La syllabe finale du groupe rythmique est plus brève en français acadien qu'en français européen. La répartition des durées en syllabes inaccentuées est moins régulière en français acadien qu'en français européen. La syllabe pénultième du groupe rythmique en français acadien a un accent de durée remarquable.

Remerciements

Nous tenons à remercier Henrietta Cedergren, Karin Flikeid, Louise Levac, Hélène Perreault, Anne Rochette et Guillermo Toledo d'avoir discuté de plusieurs aspects de cette étude avec nous. Cette recherche est subventionnée par le Conseil de recherches en sciences humaines du Canada et par la Commission permanente de coopération Nouveau-Brunswick / Québec.

Bibliographie

BOUDREAULT, M. (1968), *Rythme et mélodie de la phrase parlée en France et au Québec*, Québec : Presses de l'Université Laval.

CEDERGREN, H.J., CICHOCKI, W., PERREAULT, H. et LEVAC, L. (1993), « Modelling Prosodic Effects on Syllable Duration in Spontaneous Speech », Communication au Congrès de l'Association canadienne de linguistique, Université Carleton, Ottawa.

GENDRON, J.-D. (1966), *Tendances phonétiques du français parlé au Canada*, Québec : Presses de l'Université Laval.

LÉON, P. (1993), *Phonétisme et prononciations du français*, Paris : Nathan.

LAVER, J. (1994), *Principles of Phonetics*, Cambridge : Cambridge University Press.

LUCCI, V. (1972), « Phonologie de l'acadien », *Studia Phonetica*, 7, Montréal, Paris, Bruxelles : Didier.

OUELLET, M. (1992), *Systématique des durées segmentales dans les syllabes en français de France et du Québec*, Thèse de PhD, Université de Montréal.

PARADIS, C. et OUELLON, C. (1993), « Stress Model and Analysis Grid for Québec French Spontaneous Speech », Communication au Congrès de l'American Dialect Society, Toronto.

ROBINSON, L. (1968), « Étude du rythme syllabique en français canadien et en français standard », LÉON, P. (dir), « Recherches sur la structure phonique du français canadien », *Studia Phonetica*, 1, Montréal, Paris, Bruxelles : Didier, 161-174.

L'emploi des formes du futur dans le parler acadien du sud-est du Nouveau-Brunswick[a]

Gisèle Chevalier
Département d'études françaises
Université de Moncton

Introduction[1]

Le français possède deux formes verbales pour parler d'un événement qui se déroulera dans l'avenir : une forme simple (*je prendrai, i faudra, i diront*) que l'on appelle le futur simple (*Fsimple*) et une forme composée du verbe aller suivi d'un infinitif (*je vais venir, je vas venir, i va falloir, i y allont dire*), le futur périphrastique (*Fpéri*)[2]. Lorsque deux formes remplissent la même fonction, on peut s'attendre, au nom du principe de l'économie, à ce que l'une supplante l'autre (hypothèse de la concurrence) ou alors que les deux se partagent le champ notionnel en prenant des valeurs proches, mais distinctes (hypothèse de la spécialisation fonctionnelle).

Mes intuitions de locutrice québécoise étaient que le français s'orientait vers le remplacement du *Fsimple* par le *Fpéri* à l'oral, à l'image du passé simple. Dans cette optique, le *Fsimple* était destiné à devenir un temps de l'écrit ou du parler soutenu. Mon contact avec le parler acadien est venu ébranler ce système intuitif : j'ai eu l'impression que les locuteurs « acadiens » que j'entendais dans la région de Moncton (Sud-Est), dont je ne pouvais dire s'ils venaient de la Nouvelle-Écosse, de l'Île-du-Prince-Édouard ou de l'une ou l'autre région du Nouveau-Brunswick, que ces locuteurs, donc, faisaient une utilisation du futur simple différente de la mienne, sans pour autant parler un français soutenu. Je me suis donc posé les questions suivantes :

1) Mes intuitions sur l'emploi des temps du futur sont-elles erronées ?

2) Les locuteurs acadiens du Nouveau-Brunswick emploient-ils le *Fsimple* plus souvent que ne le feraient les locuteurs québécois ? Ou français ? L'emploi est-il homogène au niveau de la province ?

3) Si on conclut à des usages différents, qu'est-ce qui caractérise ces usages ?

Nous allons dans un premier temps voir où en sont les tendances dans certaines variétés du français contemporain à la lumière des études publiées sur le français européen et québécois. Comme le français acadien n'a pas été décrit sous cet aspect, nous avons établi des données en prenant appui sur le corpus Boudreau-Dubois 1992. L'attention sera ensuite portée exclusivement sur le parler du Sud-Est pour des raisons qui seront bientôt évidentes.

L'hypothèse que je propose aujourd'hui est que le système des temps du futur dans le parler québécois suit la voie de la concurrence effrénée, alors que celui du parler acadien du sud-est du Nouveau-Brunswick suit celle de la spécialisation fonctionnelle. Le second volet de l'hypothèse sous-tend deux affirmations : la première est que l'usage de ces temps grammaticaux dans le Sud-Est est particulier, la seconde, que, dans cet usage particulier, les deux formes du futur assument des fonctions sémantiques différentes.

1. Les données

Six études descriptives sur le français parlé et écrit en France et au Québec serviront à répondre à la question sur les valeurs fonctionnelles (usage oral/écrit), stylistiques et stratificationnelles des formes du futur.

Sur le français parlé en France
- L'étude de Colette Jeanjean (1988), étude fondée sur le corpus du français parlé non soutenu du sud de la France (Claire Blanche-Benveniste et de Colette Jeanjean), dorénavant, le Corpus du GARS ;
- L'étude de Sundell (1991), sur le français soutenu, rapportée dans Lesage et Gagnon (1992).

Sur le français parlé québécois
- L'étude de Denise Deshaies et Éva Laforge, parue en 1981, sur un corpus recueilli auprès de jeunes de la ville de Québec âgés de 10 à 18 ans ;
- L'étude d'Émirkanian et Sankoff parue en 1985 fondée sur une partie du corpus Cedergren et Sankoff (1976) recueilli en 1971 dans la région de Montréal ;

- L'étude toute récente de Dagmar Zimmer (1994), qui permet de suivre l'évolution de la tendance puisqu'elle étudie l'emploi par les sujets montréalais de 1971 réinterviewés en 1984 lors de la mise à jour du corpus de 1971.

Sur le français écrit québécois

- L'étude de Lesage et Gagnon (1992) sur l'emploi des formes du futur dans la presse écrite québécoise.

Pour établir les données sur le parler acadien, j'ai disposé de 42 entrevues réalisées en 1988 auprès de finissants et finissantes des polyvalentes situées dans trois régions du Nouveau-Brunswick. Quatorze locuteurs viennent de la région du Nord-Ouest, le Madawaska, une région en bordure du Québec et des États-Unis à 95,2 pour cent de langue maternelle (LFM) (Roy 1993 : 186, basé sur le recensement de 1991). Les locuteurs étaient plus précisément des villes d'Edmundston, Grand-Sault, Kedgwick, Saint-Léonard.

Quinze locuteurs viennent de Shippagan, Caraquet et Tracadie dans le nord-est du Nouveau-Brunswick, région à 84,1 pour cent LFM (*id.*). Enfin, treize locuteurs viennent de la région du Sud-Est, notamment de la ville de Moncton à population mixte (35,1 pour cent LFM en 1991 ; *id.* : 192) et des villes majoritairement francophones de Bouctouche (92,8 pour cent LFM ; *id.* : 193) et de Shédiac (81,9 pour cent LFM ; *id.* : 193).

1.1 Appel à la prudence

La comparaison de corpus recueillis dans des conditions différentes, auprès de populations diverses, à des dates distantes et pour des fins particulières, incite à la prudence. Ainsi, le corpus Boudreau-Dubois a-t-il été constitué dans le cadre d'une étude sur les attitudes linguistiques. À l'exception de questions « brise-glace » sur les hobbies et sur les projets d'avenir des sujets, le questionnaire suscitait des énoncés sur leurs pratiques et habitudes linguistiques et sur leur opinion face à la langue. La typologie des textes nous enseigne que le discours argumentatif n'a pas les mêmes caractéristiques que le discours narratif, mieux représenté dans les autres corpus considérés. Cela pourrait peut-être se répercuter sur les réponses que je tente d'apporter aux différentes questions, et même sur l'hypothèse fondamentale. Dans un tel cas, il faudrait contre-vérifier l'hypothèse de la spécialisation des formes sur les corpus québécois et français. Il n'en demeure pas moins que les propositions internes au français montréalais, d'une part, et au français acadien, d'autre part, ne sont pas touchées par cette réserve, puisqu'il y a homogénéité dans la méthode de cueillette du corpus.

2. Tendances générales

2.1 Valeurs stylistique et sociolinguistique des formes concurrentes

L'usage des formes du futur est marqué géographiquement. Le futur simple se maintient bien en français hexagonal, alors qu'il accuse un net recul en français québécois. D'après le Corpus du GARS, le *Fsimple* garde une légère avance sur le *Fpéri*. Colette Jeanjean a relevé 260 occurrences de *Fsimple* contre 190 de *Fpéri*, soit un taux d'utilisation du *Fsimple* de 51,78 pour cent. Au Québec, selon l'étude d'Émirkanian et Sankoff (1985), le *Fsimple* est nettement en perte de vitesse avec un taux d'emploi moyen de 21,02 pour cent (contre 78,9 pour cent). Les auteurs hésitent toutefois à prédire la disparition du *Fsimple* de l'oral, car l'examen des contextes permet de dégager deux facteurs favorables à son maintien. Mises à part les expressions figées avec « être » (*ce sera pas long*) et « vouloir » (*tout ce que tu voudras, autant que tu voudras...*), la négation est le facteur de maintien le plus important. Même si 183 des 291 *Fsimple* étaient dans des contextes négatifs, Émirkanian et Sankoff (1985 : 195) n'ont pas relevé d'occurrence de *Fpéri* à la forme négative chez les sujets de l'étude, sauf dans des constructions avec clivage qu'ils ne comptent pas comme négation (*c'est pas le petit gars qui va les empêcher*[3] ; mais ils reconnaissent en avoir rencontré de rares cas (9) ailleurs dans le corpus.

Le deuxième facteur favorable au maintien du *Fsimple* serait la présence d'une indication du temps par un adverbial[4] ou par une enchâssée dans des proportions de 33,8 pour cent et de 40,6 pour cent respectivement (ou de 25,8 pour cent et de 33 pour cent en incluant les énoncés négatifs). Ce taux est relativement plus élevé que la moyenne de 21,06 pour cent. En revanche, les énoncés de type conjectural favorisent nettement le *Fpéri* selon les auteurs : 84,6 pour cent/15,4 pour cent compte tenu des négations, mais 97,9 pour cent/2,1 pour cent dans les contextes positifs.

L'idée reçue d'une opposition entre un futur proche (*Fpéri*) et un futur lointain exprimé par le futur simple (*Fsimple*), semble ébranlée par les attestations du corpus montréalais : 15 *Fsimple* apparaissent avec une indication de temps « vague » comme *dans l'avenir* ; 16 *Fpéri* avec « référence à un avenir plus rapproché et plus précis : *au mois de, dans une semaine*... », mais il y a 11 cas de *Fpéri* (ou « proche ») avec indication vague : *une fois, plus tard*. (196) !

L'hypothèse de la concurrence des formes est plus facile à soutenir que celle de la spécialisation fonctionnelle. Dans le français parlé de Montréal, le *Fpéri* devance de beaucoup le *Fsimple* et son avance semble se poursuivre : son taux d'emploi est passé de 78,97 pour cent en 1971 à 83,3 pour cent en 1984. Cette avance avait été pressentie dans le corpus de 1971 grâce à la comparaison entre les groupes d'âge : plus on était jeune, moins on utilisait le *Fsimple* : sa proportion passait de 13,5 pour cent (vieux) à 9,9 pour cent (moyens) à 5,3 pour cent (jeunes) (194).

D'un autre côté, le *Fsimple* semble être destiné au médium écrit ou à un registre de langue soutenu. C'est ce que démontre l'étude de Lesage et Gagnon (1992). Avec un taux moyen d'utilisation de 96,6 pour cent, comparativement à 3,4 pour cent pour le *Fpéri*, le *Fsimple* règne en maître incontesté dans la presse écrite québécoise. La scission parlé/écrit apparaît clairement dans le discours rapporté. Le taux baisse à 73,7 pour cent dans les citations de parole entre guillemets pour s'approcher de celui du français soutenu européen établi par Sundell (cité dans Lesage et Gagnon 1992). Selon les estimations de ce dernier, le *Fsimple* est bel et bien associé au français parlé soutenu : son rapport au *Fpéri* y est de l'ordre de 70 pour cent/30 pour cent. Émirkanian et Sankoff (1985) ont pour leur part observé une tendance liée au statut socio-économique de leurs sujets : l'emploi du *Fsimple* décroît en fonction du milieu socio-économique du locuteur. On pourrait en conclure que le *Fsimple* est appelé à disparaître de l'usage familier et courant en français parlé d'Amérique du Nord : les résultats de Deshaies et Laforge (1981) sur la région de Québec vont dans le même sens, de même que ceux sur le parler acadien, dans une certaine mesure.

2.2 L'usage acadien dans trois régions du Nouveau-Brunswick

Avec un taux moyen d'utilisation du *Fsimple* de 24,7 pour cent, il semble que l'emploi des futurs par les jeunes Acadiens néo-brunswickois se situe entre celui des locuteurs montréalais (21,02 pour cent en 1971 et 16,7 pour cent en 1984) et celui des locuteurs de l'étude du GARS (48,22 pour cent), mais beaucoup plus près du premier que du second. Nos locuteurs étant répartis sur un vaste territoire, se pose la question de l'homogénéité des usages. La ventilation des résultats par région (tableau 1) fait apparaître des différences pour le moins surprenantes.

Tableau 1

EMPLOI DU *FUTUR* À L'ORAL
Parler acadien du Nouveau-Brunswick

	N° Loc.	occ.	*Fsimple*	occ.	*Fpéri*

Moyenne provinciale

N.-B.	42	144	24,7 %	438	75,2 %

Moyennes régionales

Nord-Ouest	14	11	7,9 %	127	92,1 %
Nord-Est	15	41	20,2 %	161	79,7 %
Sud-Est	13	92	37,1 %	150	61,9 %

Pour des raisons qu'on s'explique mal, le *Fsimple* apparaît très peu dans le corpus du Nord-Ouest. Son taux est inférieur à celui du Québec. Le Nord-Est se tient autour de la moyenne québécoise de 1971. C'est dans le Sud-Est que le *Fsimple* se maintient le mieux avec un taux de 37,1 pour cent, ce qui le rapproche quantitativement parlant du parler décrit par le GARS. Faute de données, on ne peut dire s'il s'utilise dans les mêmes conditions. On peut toutefois tenter une comparaison avec les données québécoises en étudiant ses contextes syntaxiques d'emploi.

2.3 L'acadien du sud-est du Nouveau-Brunswick

Les contextes syntaxiques

Les formes du futur apparaissent dans des contextes syntaxiques diversifiés : dans des phrases simples (1), des phrases simples avec adverbial temporel (2-3), dans le contexte de subordonnées temporelles (introduites par *quand*) (4-5), et de subordonnées conditionnelles (*si*) (6). Enfin, il faut tenir compte de la polarité de la phrase, négative ou positive (7-8).

(1) Comme on va pas dire euh un automobile on va dire un car (prononcé en anglais) (12.107)

(2) Je vas être ici dans le futur (6.55)

(3) Dépendant de la place j//parfois je manderai du service en français mais d'habitude je changerai en anglais... (11.67)

(4) ... je sais pas j'aurai p't-être cent ans quand je meurs... (6.55)

(5) Mon professeur tansque j/je recourrai à un mot anglais i i ess/essayera de m'encourager (9.263)

(6) Si qui va pas changer ses manières i i va sûrement pas mieux apprendre en anglais (9.185)

(7) ... parce que ma mère euh tu sais je vas pas l'a/l'a/l'abaisser (5.213)

(8) Si j'essaie pas je vas jamais apprendre (9.259)

Deux des contextes favorisent très majoritairement le *Fsimple* : la forme négative et la subordonnée temporelle. Deux contextes favorisent le *Fpéri* dans des proportions encore plus importantes : la subordonnée conditionnelle et les phrases simples. Les deux formes sont presque à égalité dans les énoncés avec adverbial.

Tableau 2

Contextes syntaxiques dans lesquels apparaissent les futurs

SUD-EST DU N.-B.

	OCC	*Fsimple*	OCC	*Fpéri*
Moyenne générale	92	37,1 %	150	**61,9 %**

Les contextes favorables au Fsimple

	OCC	*Fsimple*	OCC	*Fpéri*
NÉGATION	20	**66,6 %**	10	33,3 %
TEMPORELLE (quand)	9	**60,0 %**	6	40,0 %
INDICATION DE TEMPS	21	51,3 %	20	48,7 %

Les contextes favorables au Fpéri

	OCC	*Fsimple*	OCC	*Fpéri*
CONDITIONNELLE (si)	7	29,7 %	17	**70,8 %**
PHRASES SIMPLES	35	26,5 %	97	**73,48 %**

Malgré la prépondérance du *Fsimple*, la négation semble être utilisée plus librement avec le *Fpéri* dans le Sud-Est qu'elle ne l'est au Québec, même si on ne tient compte que des négations totales (Tableau 3) pour faire des comparaisons prudentes avec Émirkanian et Sankoff (1985). Dans sa mise à jour, Zimmer (1994) ne compte que 7,82 pour cent d'énoncés négatifs avec *Fpéri*. Deshaies et Laforge obtenaient un taux de 3 pour cent en 1981.

Tableau 3

**Contexte syntaxique négatif
SUD-EST DU N.-B.**

	OCC	Fsimple	OCC	Fpéri
Négation totale	15	78,9 %	4	21,1 %
Négation partielle	5	45,5 %	6	54,5 %

Alors qu'à Montréal, les contextes ne sont favorables qu'au maintien du *Fsimple* (dans les 30 pour cent), ils sont favorables à la forme même dans le sud-est du N.-B., sauf dans les énoncés avec adverbial temporel. Assez bizarrement, la présence de l'adverbial était un des contextes qui résistaient le plus au *Fpéri* dans l'emploi québécois ! Ce type de construction cache toutefois une réalité plus complexe. Deux classes s'y confondent : les adverbiaux de temps proprement dits qui font référence à un point précis d'une chronologie comme *l'année prochaine, après ça, dans 100 ans* et les adverbiaux de fréquence, itératifs, comme *des fois, souvent, d'habitude*... L'impossibilité de substituer le présent au temps du futur pour le premier type (9-9') et la possibilité de la commutation avec maintien de la grammaticalité pour le second (10-10'), confirment la pertinence de cette distinction. La commutation a tout de même un effet sensible sur le sens, effet qui se situe au niveau de la modalité.

ADVERBIAL DE TEMPS

(9)   Je vas être ici dans le futur (6.55)
(9')   *Je suis ici dans le futur

ADVERBIAL DE FRÉQUENCE

(10)   Dépendant de la place j//parfois je manderai du service en français mais d'habitude je changerai en anglais (11.67)
(10') Dépendant de la place j//parfois je *mande* du service en français mais d'habitude je *change* en anglais...

Valeur modale du futur

Ce qu'on appelle injustement les « temps grammaticaux » (le passé, imparfait, présent, futur, conditionnel) véhiculent des valeurs temporelles, mais également aspectuelles et modales. Quand les indications de temps dans le texte/discours (un adverbe ou un événement en référence à celui dont on parle) coïncident avec le temps verbal, ce dernier reçoit une lecture temporelle (chronologique). Quand il y a rupture entre les deux, on conclut à un emploi modal. *Demain* et le futur coïncident en (11), de même qu'*aujourd'hui* et le présent, ou le présent et la référence à un événement habituel en (12). Il y a rupture entre l'indication du temps et le temps verbal dans (11') et (12'), et donc, emploi modal[5].

(11) - Demain, je manderai du service en français
(11') - Demain, je mande du service en français.
(12) - Parfois je mande du service en français.
(12') - Parfois, je mandrai du service en français. (11.26)

Sur le plan de la modalisation, en choisissant de s'exprimer au présent en (12') « *parfois je mande du service en français* », le locuteur assume pleinement la vérité de son assertion. Il peut en d'autres occasions choisir de modaliser, par exemple, d'atténuer la force de son assertion, par prudence ou par manque d'assurance. En projetant dans l'avenir l'événement « demander du service en français » (12'), l'événement n'est pas présenté comme certain, mais comme seulement « prévisible », conformément à la valeur fondamentale du futur. Le locuteur se décharge ainsi de sa responsabilité face à sa réalisation (on n'est pas tout à fait maître de sa destinée...), d'où l'effet atténuateur du futur dans ce contexte. C'est l'inverse qui se produit en (11') : le locuteur s'engage à ce que l'événement décrit dans l'énoncé devienne vrai.

Spécialisation des formes du futur dans le parler du Sud-Est ?

Dans notre corpus, un peu plus de la moitié des formes du futur utilisées en concurrence avec une indication de temps de type adverbial ne font pas référence à un événement qui se situe absolument dans l'avenir (23/19)[6]. Une répartition des occurrences selon le type d'adverbial et la forme du futur (Tableau 4) révèle une tendance importante à la spécialisation fonctionnelle (sémantique).

Tableau 4

Types d'adverbes et valeurs du *futur*
SUD-EST DU N.-B.

	OCC	*Fsimple*	OCC	*Fpéri*	
INDICATION DE TEMPS	21	51,3 %	20	48,7 %	

					VALEUR
-adverbe de temps	7	35,8 %	12	**63,2 %**	temporelle
-adverbe de fréquence	15	**65,2 %**	8	34,8 %	modale

Face à un *Fpéri*, le locuteur acadien du sud-est du Nouveau-Brunswick aura (!) tendance à accorder une valeur temporelle au verbe ; face à un *Fsimple*, il favorisera l'interprétation modale. Le marquage par les adverbiaux n'est pas totalement redondant : il permet d'orienter l'interprétation dans le sens approprié.

Conclusion

La tendance au terme de laquelle le *Fpéri* pourrait supplanter le *Fsimple* à l'oral est très forte au Québec et elle y est en progression. Il n'y a que dans le contexte négatif où le *Fsimple* est plus fréquent que son concurrent de façon absolue, et des signes d'érosion apparaissent à ce niveau selon l'étude de Zimmer (1994). La tendance est notable au N.-B., mais surtout dans le Nord-Ouest et le Nord-Est. Dans le Sud-Est, l'emploi des deux formes reste plus « conservateur » en termes de fréquence et semble s'opérer en fonction d'une spécialisation des formes. On peut se demander si ce parler n'est pas indicateur de vestiges d'une spécialisation dans l'usage québécois : si les contextes adverbiaux et les enchâssées sont les derniers foyers de résistance en québécois, peut-être une division des contextes temporels comme nous venons de le faire confirmerait-elle la valeur modale du futur simple.

D'autres facteurs devraient être pris en compte dans de futures études, tels la fréquence du futur simple liée à certains verbes, la valeur foncièrement modale de certains contextes, l'emploi anaphorique du futur, sans oublier la typologie des textes. Il ressort tout de même une conclusion claire de la présente étude, c'est que l'emploi du futur simple contribue à la spécificité du parler acadien dans le sud-est du Nouveau-Brunswick.

Notes

a   Cette recherche s'inscrit dans un projet de description des procédés de modalisation dans le parler acadien, subventionné par la FESR de l'Université de Moncton (1993-9411994-95). Mes remerciements les plus sincères vont à mes collègues Annette Boudreau et Lise Dubois qui ont généreusement mis leur corpus à ma disposition. Sans elles, cette étude n'aurait pas été possible. Merci également à Denise d'Astous pour son excellent travail d'assistance, et au CRLA pour avoir fourni l'équipement et le support technique pour l'analyse du corpus sur Concordeur.

1. Conventions : L'astérisque (*) précédant une phrase indique qu'elle est agrammaticale ou inacceptable. La barre oblique (/) sépare des formes alternatives utilisables dans un même énoncé. Les énoncés attestés dans le corpus sont suivis de leurs coordonnées (par ex. : 2.107 = locuteur 12, ligne 107). Enfin, les énoncés précédés d'un tiret sont des énoncés qui ne sont pas attestés, soit qu'ils aient été inventés ou créés à partir d'une attestation, pour l'illustration d'un phénomène.

2. Aussi appelé à tort « futur proche » puisqu'il désigne parfois des événements qui sont moins proches que d'autres événements exprimés au futur simple : *Je vais aller te reconduire vers onze heures. Comme ça, tu pourras finir ton travail avant de partir.*

3. C'est la question de la négation totale et partielle qui est en jeu ici.

4. Le terme d'« adverbial » désigne tout groupe de mots qui peut remplir la fonction d'adverbe : adverbes (demain), locutions adverbiales (sans doute) et groupe prépositionnels (dans trois semaines).

5. Il faut interpréter cette règle avec discernement. Le futur est en accord avec l'adverbe dans *Aujourd'hui, je me chicanerai pas avec personne*, parce qu'on peut être au début de la journée et que la chicane est prévue pour les heures suivant le moment de l'énonciation.

6. Jeanjean ne cite aucun exemple de ce type dans son article. J'en ai identifié deux, au *Fpéri*, dans les attestations de futur proposées par Deshaies et Laforge (1981). Zimmer en cite 9, également au *Fpéri*. Il y a un lien évident avec les futurs de type conjectural chez Émirkanian et Sankoff. Paradoxalement, ces futurs sont presque exclusivement périphrastiques.

Bibliographie

ARRIVÉ, M., GADET, F. et GALMICHE, M. (1986), *La grammaire d'aujourd'hui*, Paris : Flammarion.

BOUDREAU, A. et DUBOIS, L. (1992), *Corpus*, Université de Moncton, (Non publié).

CHEVALIER, G. (1996), « Commander du chinois à Memramcook. Des stratégies d'indirection en acadien du sud-est du Nouveau-Brunswick », BOUDREAU et al. (réd.), *Mélanges Marguerite Maillet*, Moncton : Centre d'études acadiennes et Éditions d'Acadie, 412-436.

DESHAIES, D. et LAFORGE, E. (1981), « Le futur simple et le futur proche dans le français parlé dans la ville de Québec », *Langues et linguistique*, n° 7 : 21-37.

ÉMIRKANIAN, L. et SANKOFF, D. (1985), « Le futur simple et le futur périphrastique », LEMIEUX, M. et CEDERGREN, H. J., *Les tendances dynamiques du français parlé à Montréal*, T.1. Québec : Office de la langue française, 189-204.

FRANCKEL, J.-J. (1984), « Futur « simple » et futur « proche » », *Le français dans le monde*, n° 182 : 65-70.

JEANJEAN, C. (1988), « Le futur simple et le futur périphrastique en français parlé. Étude distributionnelle. », BLANCHE-BENVENISTE, B., CHEUREL, A. et GROSS, M. (directeurs), *Grammaire et histoire de la grammaire, Hommage à la mémoire de Jean Stéphanie*. Publication de l'Université de Provence, 235-257.

LESAGE, R. et GAGNON, S. (1992), « Futur simple et futur périphrastique dans la presse québécoise », *Actes du XVe Congrès international des linguistes*, Université Laval, 9-14 août 1992, Québec : Presses de l'Université Laval, 367-370.

ROY, Muriel K. (1993), « Démographie et démolinguistique en Acadie, 1871-1991 », *L'Acadie des Maritimes*, Moncton : Chaires d'études acadiennes, Université de Moncton, 141-206.

SUNDELL, L.G. (1991), *Le temps futur en français moderne*, Upsala : Acta universitasis upsaliensis, Studia romanica upsaliensa.

VET, C. (1985), « Univers de discours et univers d'énonciation : les temps du passé et du futur », *Langue française*, n° 67 : 38-58.

ZIMMER, D. (1994), « Ça va tu marcher, ça marchera tu pas, je le sais pas. Le futur simple et le futur périphrastique dans le français parlé à Montréal », *Langues et linguistique*, 20 : 213-226.

« *Qui se ressemble s'assemble* » et à s'assembler *on finit par se ressembler* : une analyse sociolinguistique de la variable *si / si que* en français acadien du nord-est du Nouveau-Brunswick

Louise Beaulieu
Centre universitaire de Shippagan
Université de Moncton

Introduction

Kayne (1976) note que, en français standard, la plupart des propositions enchâssées à temps fini ont en position initiale le morphème *que*, si ce n'est des interrogatives indirectes, de quelques relatives et d'un petit groupe de propositions débutant par les expressions connues, en grammaire descriptive, sous le nom de conjonctions de subordination : *comme, si* et *quand*. Certains grammairiens, tels Douzot (1950), Guiraud (1969) et Grevisse (1986), signalent que, en français populaire, la tendance est de régulariser le paradigme des expressions en tête de ces propositions enchâssées en ajoutant le morphème *que* après l'expression Q, c'est-à-dire l'élément interrogatif ou relative et *si*. On trouve ce *que* explétif dans plusieurs variétés de français populaire (Kayne 1976 ; Guérin 1980 ; Audet 1982 ; Lefebvre 1982a) et, bien sûr, le français acadien parlé dans les provinces Atlantiques ne fait pas exception (Holder et Starets 1982 ; King 1991).

C'est donc dire que, dans certaines variétés, le paradigme des expressions Q et *si* en tête des propositions enchâssées à temps fini présente une variation entre au moins deux formes : d'une part, l'expression Q ou *si* et, d'autre part, les séquences telles que l'*expression Q + que* ou *si + que*.

Le but du présent article est d'élucider la fonction sociale de certaines de ces formes, *si* et *si que*, dans le français acadien parlé dans le nord-est du Nouveau-Brunswick. Il s'agit donc de définir la nature de la variation et les contraintes linguistiques, sociales et contextuelles qui influencent l'emploi des variantes.

1. La nature de la variation

Selon les critères distributionnels et syntaxiques présentés par Nieger et Paradis (1975) et Wimmer (1982), les propositions enchâssées en *si* sont de trois types : le si interrogatif indirect, le si conditionnel ou hypothétique et le si de présupposition.

(1) a. J' sais pas **si** c'est encore en vigueur. (13.3 : 2234)

b. Y+l a pensé demander **si qu'**on pensait qu'on avait du trouble. (8.3 : 912)

c. Tu peux voir, **si** y+l était fin ! (5.4 : 4010)

d. Regarde **si qu'**a+l est smart, c+te belle p+tite là ! (7.3 : 1721)

e. Ç' fait que, **si** tu veux faire, pis réussir du premier coup, t'arriveras pas là-dedans là. (8.2 : 1648)

f. **Si qu'**a+l tombe à sortir avec, qu'y+l rencontre un d' ses chums, c'est tout de suite, c'est la bouteille, pis ça peut être deux, trois jours de même. (2.2 : 537)

En (1a) et (1b), la valeur de vérité de la proposition enchâssée en *si* n'est pas déterminée ; il s'agit donc d'interrogatives indirectes. Par contre, en (1c) et (1d), bien que la valeur de vérité de la proposition enchâssée ne soit pas définie, l'énoncé suppose que l'événement est effectif. Ce sont donc là des *si* de présupposition. Finalement, en (1e) et (1f), la réalisation de la proposition est envisagée sans tenir compte de la réalité vérifiable, donc ces énoncés sont des propositions conditionnelles ou hypothétiques.

Bien que chacune de ces trois catégories de propositions présente aussi des particularités syntaxiques, certaines d'entre elles ont la même structure. L'interrogative indirecte et l'exclamative indirecte (qui est une proposition de présupposition) sont des projections maximales du complémenteur (CP). Ces deux constructions ont une structure telle que représentée au graphique 1.

Graphique 1
**Structure de l'interrogative directe
et de l'exclamative directe**

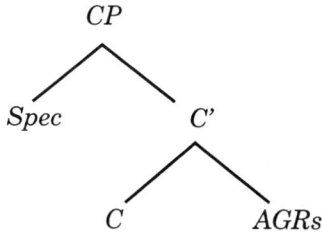

Selon les hypothèses de Kayne (1976) et d'Obenauer (1976), le morphème *que* en position initiale dans les CPs à temps fini, en français standard et en français populaire, est la réalisation du complémenteur. *Que* occupe donc la position [C, C'] de la projection maximale. Dans les travaux portant sur la catégorie syntaxique de *si* (Huot 1977 ; Milner 1978 ; Godard 1988 et Radford 1989), il est généralement postulé que, dans l'interrogative et l'exclamative indirectes, ce morphème est aussi un complémenteur qui remplit cette même position. Étant donné que, d'une part, ces deux éléments sont des complémenteurs occupant une position [C, C'] et que, d'autre part, la structure syntaxique des interrogatives et exclamatives indirectes en *si* est telle que présentée au graphique 1, on est en droit de se demander quelles sont les positions occupées par ces constituants dans les énoncés présentés en (1b), (1d) et dans d'autres plus complexes contenant des éléments disloqués à gauche

(2) a. J' sais pas **si** yelle, **qu'**a+l pensait faire ça (4.3 : 1298) de même.

Si on exclut la possibilité que le *si* des interrogatives et exclamatives indirectes soit une expression Q, comme l'ont proposé Huot, Milner, Godard et Radford dans les analyses déjà mentionnées, on peut avancer au moins quatre autres hypothèses pour rendre compte des formes de surface du français acadien du Nord-Est telles celles présentées en (1b), (1d) et (2). Dans cette variété, (1) les constituants *si* et *que* peuvent être en cooccurrence dans la position du complémenteur, (2) *si que* est un constituant unique, (3) un CP peut avoir deux positions de complémenteur et (4) *si* et *que* sont dans deux CPs différents. Étant donné les formes de surface du français acadien et les postulats généralement acceptés en syntaxe (Chomsky 1992), les deux premières suggestions sont les moins probables. Quant à la troisième, bien que l'hypothèse soutenue par Reinhart (1981), relativement à un système à deux nœuds COMP, rendrait compte d'une partie des formes de surface dont il est question dans cet article, elle serait, elle aussi, difficile à justifier selon l'état actuel de la théorie. L'hypothèse la plus viable est celle proposée par Huot (1977) pour expliquer toute forme de surface du français populaire ayant en position initiale une expression contenant un *que* explétif.

Huot (1977) avance que ces stuctures sont des constructions parenthétiques, dans lesquelles une copule a été effacée. En posant cette hypothèse, Huot voulait montrer qu'il n'est pas nécessaire, pour rendre compte des expressions du type de *pourquoi c' que* et *comment que*, d'avancer qu'il y a deux positions dans COMP, l'une pour le spécifieur et l'autre pour le complémenteur. Bien qu'il soit maintenant accepté que le COMP contient ces deux positions et que le français populaire permet les COMP doublement remplis, l'analyse de Huot s'avère intéressante pour les constructions en *si que* du français acadien qui ne peuvent être expliquées à partir de la structure d'un CP unique. Selon cette hypothèse, avant l'effacement de la copule, les énoncés en (1) et (2) auraient des structures semblables à celles présentées en (3).

(3) a. Y+l a pensé demander si **(c'est)** qu'on pensait qu'on avait du trouble.

b. Regarde si **(c'est)** qu' a+l est smart, c+te belle p+tite là !

c. J' sais pas si **(c'est)** yelle, qu'a+l pensait faire ça de même.

Les formes de surface du français acadien du Nord-Est fournissent des arguments permettant de soutenir que les constructions en (1b), (1d) et (2) sont des constructions parenthétiques avec effacement d'une copule. En effet, selon les données du corpus utilisé, les constructions parenthétiques de diverses natures, certaines incluant des verbes d'opinion (4a), d'autres des copules (4b), (4c), (4d), (4e) sont courantes dans cette variété.

(4) a. Parce que **j' pense** que si **disons** (12.5 : 832)
qu' j'arriverais pis j' finirais **disons** un
bac ou une maîtrise, whatever-quoi
c' que j' finirais, même si j'avais c+t
offre là, j'irais pas **j' pense**.

b. C'était pas que **c'était** vraiment que (16.5 : 1209)
j' pensais qu' c'était pour faire le rôle de
mère non plus. C'était que j' pensais
pas à d'autres portes de sortie.

c. C'est parce que **c'est** qu'i sont pas dans (8.5 : 1414)
l' monde là, qui fait ça.

d. Tu l' sais ben si **c'est** que tu peux pas (4.3 : 4857)
aller.

e. C'est parce que **c'est** que quand (8.3 : 1662)
c' que **c'est** qu'on pêche, on a souvent
des anglais avec nous-autres.

Même les constructions enchâssées qui ont en position initiale une expression Q suivie d'un *que* explétif peuvent être construites suivant ce modèle (5).

(5) a. J' yl ai montré c' que **c'est** que j' vou- (1.4 : 610)
lais.
(6.3 : 433)
b. Je sais pas quoi c' que **c'est** qu'a+l
veut. (8.3 : 571)

c. J' le sais pas pourquoi c' que **c'est**
qu'a+l disait ça. (15.3 : 1650)

d. J' m'en rappelle pas comment c' que
c'est que j' faisais.

L'effacement de la copule dans les énoncés en (4) et (5) générerait des structures de surface telles que (1b), (1d) ainsi que les propositions enchâssées du français acadien dans lesquelles une expression Q, ou un complémenteur, ou les deux, précèdent du matériel disloqué à gauche du CP tel qu'en (3) et (6).

(6) a. J' sais **quoi c' que** nous, que Joseph (3.4 : 110)
Benoît nous a montré.

Ainsi, s'il peut être montré que l'effacement de la copule est chose possible, il serait raisonnable d'avancer que certaines structures du français acadien du Nord-Est, telles les interrogatives et exclamatives indirectes en *si que*, sont des constructions parenthétiques dont la forme sous-jacente contient une copule *c'est*.

Cependant, cette analyse soulève certains problèmes. D'abord, selon les postulats généralement acceptés en syntaxe, l'effacement ne peut s'appliquer à plus d'un constituant à la fois. Ensuite, avancer que toutes les interrogatives et exclamatives indirectes en *si que* sont des constructions parenthétiques, alors que la plupart des enchâssées débutant par une expression Q suivie du complémenteur *que* ne le sont pas, semble compliquer inutilement la description, puisque toutes ces constructions ont des structures de surface très semblables.

Puisqu'il ne s'agit pas ici de présenter une analyse linguistique détaillée de la variable, il suffit de dire que, peu importe l'hypothèse retenue, c'est-à-dire que l'on rende compte de la forme *si que* en supposant la présence d'une copule dans l'énoncé de base et son effacement ultérieur, ou en stipulant un COMP doublement rempli, la variation *si / si que* est de nature syntaxique. Cependant, s'il pouvait être démontré que *si* n'est pas un complémenteur mais une expression Q, donc que *si que* n'est qu'un COMP doublement rempli, la variation présente dans les interrogatives et les exclamatives indirectes en *si* ne différerait pas de celle rencontrée dans la majorité des enchâssées contenant un *que* explétif. Cette possibilité mérite d'être étudiée plus en détail, mais il ne semble pas pertinent de débattre plus amplement cette question dans le présent article.

2. L'échantillon et les données

Aux fins de la présente étude, la communauté linguistique d'intérêt est celle que constituent les résidants et résidantes de Shippagan, Inkerman, Lamèque et Pointe Sauvage. La population de ces petites communautés rurales du nord-est du Nouveau-Brunswick est d'environ 5 000 habitants, dont la plupart sont de langue maternelle française (96,5 pour cent). Ces localités sont situées au coeur de la Péninsule acadienne, région en majorité francophone (93,8 pour cent). Le niveau de scolarisation des résidants et résidantes de ces communautés est peu élevé : 66,9 pour cent des individus de plus de 15 ans n'ont pas terminé leurs études secondaires et, de ceux-là, 39 pour cent n'ont pas plus de 9 ans de scolarité. Vu leur isolement géographique et le manque d'instruction formelle de leur population, la structure économique de ces villages repose lourdement sur les activités des secteurs primaire et secondaire, plus particulièrement celles reliées aux pêches et à l'exploitation de la tourbe. Le caractère saisonnier de ces occupations implique qu'une large proportion de la population connaît l'instabilité d'emploi et l'insécurité financière. De fait, seulement 19,6 pour cent des hommes et 10,3 pour cent des femmes sont employés à plein temps sur une base annuelle. Le revenu des ménages dans cette région représente environ 74 pour cent du revenu canadien moyen.

Étant donné la réalité sociale et démographique de ces communautés et les hypothèses de la présente étude, sélectionner un échantillon aléatoire et statistiquement représentatif de cette population ne semblait pas approprié. Cette procédure d'échantillonnage n'aurait pas résulté en une représentation assez importante de certaines des sous-catégories sociales d'intérêt, celles relatives à la scolarité et au réseau social des individus, par exemple. De plus, puisque la fréquence des formes utilisées comme indice du comportement linguistique est peu élevée dans le langage spontané, il s'avérait nécessaire de recueillir un nombre assez considérable d'heures de données auprès de chaque informateur et informatrice, ce qui excluait la sélection d'un grand nombre de sujets. Il s'agit donc d'un échantillon de 16 individus, sélectionnés selon leur âge, leur sexe, leur niveau de scolarité et la nature de leur réseau social (Graphique 2).

Bien que, statistiquement, les résultats discutés dans cette étude ne peuvent être extrapolés à la population en général, l'emploi d'un tel échantillon est justifiable, puisque les connaissances qui découlent de ce genre d'étude sont difficilement accessibles en utilisant des méthodes plus traditionnelles d'échantillonnage.

Le corpus, recueilli en 1991 auprès des 16 informateurs et informatrices, totalise 120 heures de langage spontané. La cueillette des données a été effectuée lors de 5 conversations non dirigées avec chaque locuteur et locutrice. Il s'agit, pour chaque individu, d'au moins quatre heures et demie en situation informelle, c'est-à-dire en interaction avec une locutrice de français acadien, native de la même région, et de trois heures en situation formelle avec une locutrice d'une autre variété de français. Aux fins de l'analyse présentée dans cet article, 96 heures de données (48 heures dans chaque contexte) ont été analysées. Les fréquences absolues des propositions enchâssées à temps fini en *si* varient, selon les locuteurs et locutrices. La moyenne se situe autour de 35 occurrences pour les interrogatives indirectes et 20 pour les exclamatives indirectes.

3. Les paramètres sociaux

Le but de cette analyse étant d'élucider la signification sociale de la variation, c'est-à-dire la fonction des variantes dans la définition de l'identité sociale des locuteurs et locutrices, on se doit d'abord de préciser les facteurs qui constituent l'identité factuelle des individus. Bien sûr, il est ici question de l'âge, du sexe et du niveau de scolarité des informateurs et informatrices, mais aussi de la nature et du degré de leur intégration et de leur participation aux différents groupes existant dans la communauté (le réseau social). Milroy (1980) a démontré d'une manière convaincante l'importance de ce dernier facteur en ce qui a trait à la variation linguistique.

Quantifier le réseau social des informateurs et informatrices nécessite un instrument capable de mesurer les aspects importants de leurs liens sociaux. Pour ce faire, cet instrument se doit de tenir compte de la structure sociale de la communauté à laquelle ces individus appartiennent. Il s'agit donc d'abord d'identifier les groupes à l'intérieur et à l'extérieur de la communauté qui ont le plus de signification socialement, puis de quantifier la nature et l'intensité des liens de chaque locuteur et locutrice dans ces groupes. Si des liens denses (les membres du réseau d'un locuteur ou d'une locutrice se connaissent tous l'un l'autre) et multiples (ces individus sont liés l'un à l'autre par plus d'un rôle) dans un groupe sont des forces normatives, comme l'a montré Milroy (1980), c'est que ces liens ont souvent une grande importance pour l'individu et qu'ils impliquent une quantité considérable de contacts (Boissevain 1974). Dans la présente étude, la quantification du réseau social a donc été effectuée à partir de la fréquence, de la durée, de la multiplicité et de la signification des liens des informateurs et informatrices dans 9 groupes à l'intérieur et à l'extérieur de la communauté. Quatre de ces groupes sont associés aux valeurs et aux normes de la communauté et cinq à la norme sociale (Graphique 2). Afin de vérifier la validité de cet instrument, deux autres sources d'information ont été utilisées : un journal quotidien tenu par chaque informateur et informatrice et l'observation directe et indirecte dans le milieu.

Graphique 2
**Distribution des informateurs et informatrices
d'après leurs liens sociaux**

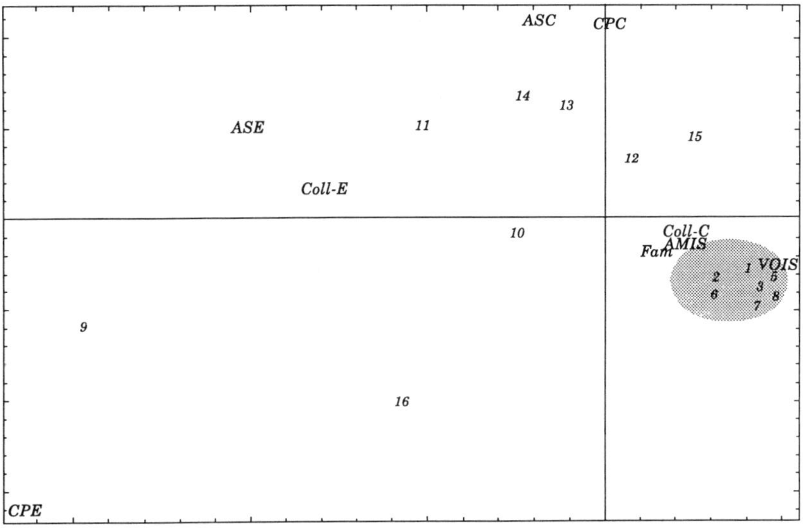

```
                                    ASC    CPC

                            14    13
        ASE          11                      15
                                       12
            Coll-E

                           10       Coll-C
                                  Fam AMIS
                                       2   1 VOIS
                                           3 5
                                       6   7 8
    9

                    16


CPE
```

Liens dans des groupes associés à la norme sociale
ASE :   associations à but non lucratif à l'extérieur de la communauté
ASC :   associations à but non lucratif dans la communauté
CPE :   contacts personnels à l'extérieur de la communauté
CPC :   contacts personnels dans la communauté
Coll-E : collègues qui ne sont pas originaires du Nord-Est

Liens dans des groupes associés au vernaculaire
Fam :   membres de la famille
Amis : amis et amies (originaires du N-E) dans la communauté
Vois : voisins et voisines originaires du Nord-Est
Coll C : collègues originaires du Nord-Est

Le graphique 2 de la distribution des informateurs et informatrices d'après leurs liens dans les divers groupes, obtenu à l'aide de la méthode d'analyse factorielle des correspondances[1], révèle que l'échantillon s'est réparti en au moins deux sous-groupes. Certains individus n'ont de liens que dans les groupes associés à la communauté (1 à 8), alors que d'autres ont des contacts dans au moins un groupe associé à la norme sociale (9 à 16). D'après la pro-ximité et la distance entre les locuteurs et les groupes significatifs, la plupart des individus appartenant à cette dernière catégorie (10, 11, 12, 13, 14, 15) ont aussi des liens importants avec les membres des groupes associés à la communauté. Seuls deux individus (9 et 16) font clairement exception. Finalement, notons que l'informatrice 10 est la seule dont les liens dans un groupe associé à la norme sociale semblent dus uniquement à son milieu de travail.

Avant d'analyser l'effet sur la variation des facteurs sociaux décrits dans la présente section, il s'avère nécessaire de déterminer si des contraintes de nature linguistique influencent l'emploi des variantes.

4. Les contraintes linguistiques

D'après les données du corpus à l'étude et les résultats de certains travaux portant sur l'absence ou la présence du complémenteur dans d'autres variétés de français populaire (Sankoff, Sarrasin et Cedergren 1971 ; Connors 1975 ; Martineau 1985), trois contextes linguistiques ont été retenus comme étant des contraintes possibles. Il s'agit d'abord de la nature de la proposition (interrogative indirecte ou exclamative indirecte), puis de la catégorie syntaxique du constituant qui suit *si* / *si que* (forme pronominale ou non-pronominale) et, finalement, des traits phonologiques du segment en position initiale dans ce constituant (voyelle, consonne sibilante ou consonne non-sibilante). L'analyse de ces paramètres, à l'aide de la méthode d'analyse factorielle des correspondances, révèle que seul le dernier contexte contraint la variation.

La distribution des variantes, selon la configuration spatiale obtenue à l'aide de la méthode d'analyse factorielle des correspondances (graphique 3), montre qu'une voyelle après la variante est un contexte favorable à la présence de *si que*, alors qu'une consonne dans cette même position semble être un meilleur environnement pour la variante *si*.

Graphique 3

Distribution des variantes

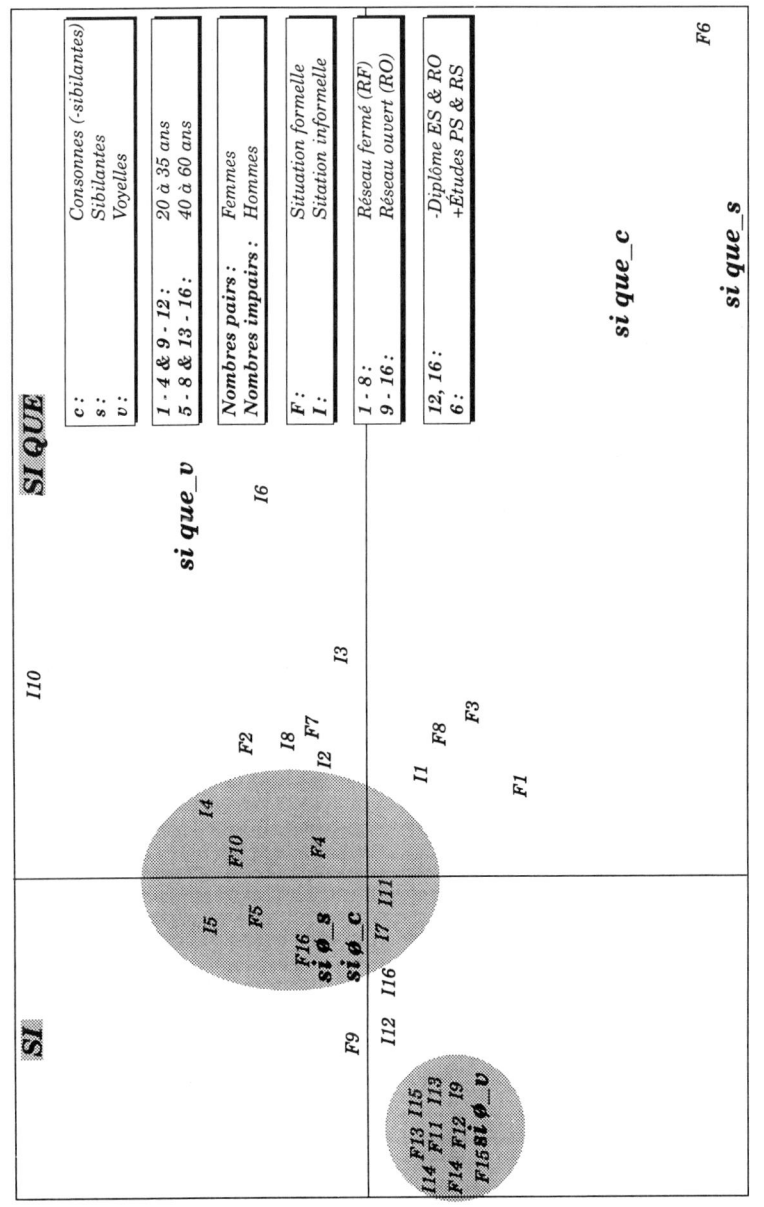

Selon la première dimension (l'axe vertical), qui rend compte de 79,9978 pour cent de la variance totale dans les données, la première variante rencontrée, partant de l'axe et allant vers la droite du plan, est *si que* suivi d'une voyelle, puis *si que*_consonne non-sibilante et, finalement, *si que*_sibilante. Dans cette section du plan, l'environnement phonologique le plus près de l'axe est le plus favorable à la rétention de *que*. La variante *si que* est donc employée plus souvent quand l'élément lexical qui suit débute par un segment vocalique. Les sibilantes ne sont pas plus favorables à la présence de *si que* que ne le sont les autres consonnes. Du côté gauche du plan, les variantes les plus près de l'axe sont d'abord *si*_sibilante et *si*_consonne non-sibilante, puis *si*_voyelle. Dans cette partie du plan, l'environnement à plus grande proximité de l'axe est le plus favorable à la variante *si*. Ainsi, seul le trait +/- vocalique semble avoir un effet sur la présence ou l'absence de *que*. Les voyelles favorisent sa présence et les consonnes son absence.

Il semble donc que des motivations d'ordre phonologique telles celles proposées par Sankoff, Sarrasin et Cedergren (1971) pour le français de Montréal, rendent compte aussi d'une partie de la variation dans les interrogatives et exclamatives indirectes en si du français acadien. La variante *si que* serait moins fréquente devant une consonne, puisque l'effacement du schaw donnerait naissance à des suites consonantiques telles que *si qu' tu*, *si qu' je* et *si qu' vous* qui semblent peu naturelles aux locuteurs et locutrices. Cette observation apparaît d'autant plus raisonnable que, dans le présent corpus, quand la nature du contexte favorise moins l'effacement phonologique (les situations formelles, par exemple), on remarque une augmentation de la forme *si que* devant les consonnes chez certains des locuteurs (1 et 3) et locutrices (6 et 8) qui utilisent généralement cette variante. C'est donc dire que si le schaw est maintenu, la contrainte quant à la cooccurrence de *si que*_consonne s'affaiblit.

La seule contrainte linguistique significative quant à la variation de *si / si que* est donc l'environnement phonologique qui suit la variante.

5. Les contraintes sociales et contextuelles

Il ne m'apparaît pas approprié, comme on le fait parfois en sociolinguistique, d'avancer avant toute analyse que les formes du français standard sont associées à la norme sociale et que celles qui ne sont pas sanctionnées par la grammaire traditionnelle sont nécessairement liées à la norme de la communauté, c'est-à-dire au vernaculaire. Dans la présente étude, aucun lien entre les variantes et les normes linguistiques n'a été établi a priori. Au contraire, c'est à la suite de l'analyse des données que la valeur sociale de chacune des formes a été élucidée. Pour ce faire, il s'agissait d'utiliser une méthode statistique de type multidimensionnel qui n'exige aucun regroupement des données en catégories pré-déterminées et qui permet la visualisation des rapports de proximité et de distance entre les variantes et entre ces dernières et les locuteurs et locutrices. La méthode utilisée, l'analyse factorielle des correspondances, est particulièrement appropriée pour le traitement de données provenant d'échantillons restreints (Cichocki 1986).

La configuration spatiale des données relatives aux propositions enchâssées en *si* (Graphique 3), obtenue à l'aide de cette méthode statistique, présente clairement les relations entre les formes linguistiques, d'une part, et celles entre les individus et les variantes, d'autre part. Selon la première dimension (l'arrangement horizontal des formes), qui rend compte de la plus large proportion de la variance totale (79,9978 pour cent), les variantes *si* sont regroupées du côté droit du plan, alors que toutes les formes *si que* se trouvent du côté opposé de l'axe vertical. Mais selon l'arrangement vertical des variantes (16,2299 pour cent de la variance totale), la forme si devant les consonnes et *si que* devant les voyelles s'opposent aux formes *si*_voyelle et *si que*_consonne. Vu la distribution dichotomique des séquences de chaque côté de l'axe vertical, il est clair que *si* et *si que* présentent des différences quant à leur valeur sociale. Cependant, selon l'arrangement horizontal, ces différences sont un tant soit peu atténuées par l'environnement phonologique qui suit les variantes.

Afin d'élucider la valeur sociale des variantes, il s'avère nécessaire d'analyser les rapports de proximité et de distance entre les points représentant la performance linguistique des locuteurs et locutrices et ceux désignant les formes linguistiques.

Selon la représentation spatiale des données (Graphique 3), les facteurs tels l'âge et le sexe des individus ont peu d'effet sur l'emploi des variantes. A gauche de l'axe vertical, parmi les locuteurs dont la performance est associée de plus près à la variante *si*, il y a des hommes et des femmes, ainsi que des individus jeunes et plus âgés. Du côté droit de l'axe vertical, le groupe de locuteurs faisant usage principalement de la variante *si que* est tout aussi hétérogène relativement à l'âge et au sexe.

En ce qui a trait à la scolarité, les regroupements sont un peu plus homogènes. La majorité des individus à gauche du plan ont poursuivi des études post-secondaires, alors que ceux à droite de l'axe vertical n'ont pas obtenu de diplôme d'études secondaires.

Cependant, la variable sociale la plus constante dans les groupes d'informateurs et d'informatrices à gauche et à droite de l'axe vertical est le modèle de réseau social des individus. La majorité des locuteurs et locutrices à gauche de l'axe ont un réseau ouvert, c'est-à-dire des liens significatifs dans des groupes à l'intérieur et à l'extérieur de la communauté qui sont liés à la norme sociale. Au contraire, les individus à droite de l'axe ont un réseau fermé : des liens uniquement dans des groupes associés aux valeurs de la communauté.

Quant à la variation de nature contextuelle, définie ici selon les principes d'adaptation à l'interlocuteur (Thakerar, Giles et Cheshire 1982 ; Bell 1984), il ne s'agit que d'un changement de fréquence de la même variante et non d'un passage d'une variante à l'autre, et ce chez la plupart des locuteurs et locutrices. Qu'il s'agisse des individus ayant un réseau ouvert ou de ceux qui ont un réseau fermé, on remarque aussi que cette variation n'a pas de direction précise.

L'emploi des variantes *si / si que* est donc lié à l'identité sociale des individus, telle que définie par leurs liens sociaux à l'intérieur et à l'extérieur de la communauté, et semble aussi associé à leur niveau de scolarité. Par contre, *si / si que* ne sont pas des éléments linguistiques importants dans la définition de l'identité factuelle des individus en ce qui a trait à la différenciation entre les sexes et les générations. De plus, la variation d'ordre contextuel est peu importante.

6. Discussion

Ces résultats corroborent les hypothèses de Milroy (1980), ainsi que celles de Le Page et Tabouret-Keller (1985), à savoir que le comportement langagier est fonction de l'intégration et de la participation des individus aux groupes en présence dans leur communauté. C'est donc dire que des rapports fréquents et significatifs avec les membres d'un groupe donné, d'une part, permettent aux locuteurs et locutrices d'associer aux formes linguistiques de rigueur dans ce groupe des valeurs sociales précises et, d'autre part, entretiennent chez ces derniers la nécessité d'utiliser ces formes. Les données relatives aux propositions enchâssées à temps fini en *si* montrent que la forme *si que* est associée aux groupes qui représentent les valeurs de la communauté. La majorité des informateurs et informatrices qui n'ont de liens que dans ces groupes (1 à 8) ont une forte tendance à utiliser cette variante, puisque, pour eux, *si que* a une fonction sociale bien précise. Elle marque leur appartenance sociale et leur allégeance aux valeurs de la communauté. Par contre, comme le suggère Milroy (1992 : 175), pour les individus qui ont des liens beaucoup plus diffus dans divers types de groupes, les variantes du vernaculaire perdent leur fonction comme indicateur d'identité sociale. Par conséquent, il n'existe plus pour ces locuteurs et locutrices de raison d'utiliser ces formes. C'est plus ou moins ce que l'on observe chez les informateurs et informatrices qui ont un réseau social ouvert (9 à 16).

Cependant, on remarque que, en français acadien du Nord-Est, la fonction sociale de *si que* est atténuée par la contrainte linguistique discutée précédemment (section 5). La configuration spatiale des données montre que la performance de certains individus ayant un réseau ouvert est clairement associée à la variante *si*. Peu de locuteurs et locutrices qui ont un réseau fermé, toutefois, emploient *si que* avec la même fréquence dans tous les contextes. De par la position (autour de l'axe vertical) de plusieurs locuteurs et locutrices des deux réseaux entre les formes *si que*_voyelle et *si*_consonne, il semble que la contrainte phonologique soit suffisamment importante pour que, malgré sa signification sociale, la séquence *si que* soit beaucoup moins employée devant les consonnes.

Si le facteur scolarité peut sembler de prime abord avoir influencé la formation des groupes, c'est que, dans la communauté à l'étude il est difficilement dissociable du réseau social. En règle générale, le niveau d'instruction formelle des individus détermine la nature de leur emploi. À son tour, le mode de production définit le mode de vie des individus, c'est-à-dire l'ensemble de leurs pratiques et de leurs valeurs (Højrup 1983). Ainsi, en général, le réseau social d'un individu découle directement de son activité économique et indirectement de son niveau d'instruction formelle. La pertinence de ce postulat apparaît évidente quand on constate que les locutrices

(6, 12, 16) dont le profil social ne correspond pas au modèle généralement attendu (plus scolarisé = réseau social ouvert, moins scolarisé = réseau social fermé) ont un comportement linguistique semblable à celui des individus qui ont le même genre de réseau social qu'elles et non à celui des individus qui ont le même niveau de scolarité.

Le réseau social d'un locuteur ou d'une locutrice a donc une grande influence sur son comportement langagier. Dans le Nord-Est, on trouve deux types de réseau bien distincts, puisque les dures conditions économiques qui prévalent dans cette région engendrent deux modes de production bien spécifiques. Le mode de vie le plus commun est le chômage et l'insécurité financière qui rendent nécessaire la solidarité avec le milieu. Cependant, certains ont un travail à temps plein. Pour la plupart, ces individus développent des contacts multiples avec le monde extérieur. C'est donc dire que les individus dont le revenu n'est pas assuré ont généralement tendance à avoir des liens forts et significatifs uniquement dans les groupes associés aux valeurs de la communauté, alors que ceux qui occupent un emploi à plein temps sont souvent appelés à entretenir des rapports avec une grande variété d'individus appartenant à divers groupes à l'intérieur et à l'extérieur de la communauté.

Le manque de signification de l'âge et du sexe des locuteurs et locutrices, en ce qui a trait à la variation, est dû au fait que, dans la communauté linguistique à l'étude, ces facteurs ont peu d'influence sur le développement du réseau social des individus. Dans ces loca-lités, le niveau d'instruction formelle des jeunes individus n'est pas beaucoup plus élevé que celui de leurs aînés, et les conditions relatives à l'emploi connaissent peu d'amélioration d'une décennie à l'autre. Quant aux femmes, leur participation à l'activité économique et à la vie sociale n'est pas différente de celle des hommes. C'est donc dire qu'en général, d'une génération à l'autre, le mode de vie des hommes et des femmes de ces communautés est plus ou moins le même.

Il semble donc que certaines différences dans l'identité factuelle des locuteurs et locutrices de la variété de français acadien parlé dans le nord-est du Nouveau-Brunswick peut rendre compte de la variation dans leur comportement langagier. L'emploi des formes associées à la norme sociale ou à celle de la communauté est influencé principalement par le modèle d'intégration et de participation à la vie sociale que développent les individus.

Conclusion

La variation de nature syntaxique dans le français acadien parlé dans le nord-est du Nouveau-Brunswick n'est pas aléatoire. Au contraire, les données de la présente étude montrent que, comme dans d'autres variétés de français populaire (Lefebvre 1982b), elle est soumise à certaines contraintes linguistiques et sociales. L'analyse présentée dans cet article indique, comme il a déjà été démontré dans d'autres études, que cette variation est directement associée à la nature des liens significatifs que les individus tissent et entretiennent avec les membres de leur communauté et indirectement à leur niveau de scolarité. Cependant, contrairement aux résultats de plusieurs études sociolinguistiques des 20 dernières années, l'âge et le sexe des locuteurs et locutrices ont peu d'influence sur leur comportement langagier, et la variation contextuelle présente peu d'intérêt. C'est donc dire que la variation joue un rôle important dans la définition de l'identité sociale des locuteurs quant à leur participation et leur intégration à la communauté et que seuls les facteurs qui déterminent ces pratiques influencent indirectement le comportement linguistique des individus.

Puisque les modèles d'intégration et de participation à la vie sociale dans une communauté donnée ne sont pas l'effet du hasard mais découlent directement des modes de participation à l'activité économique, la variation linguistique est donc liée à la structure globale de la communauté. Les données de la présente étude montrent clairement que les pratiques linguistiques des individus qui participent pleinement à l'activité économique et celles de ceux qui vivent en marge de cette productivité sont en conflit.

Dans les communautés du nord-est du Nouveau-Brunswick, la norme linguistique n'est donc pas unidimensionnelle. Tous les individus n'accordent donc pas aux diverses formes linguistiques les mêmes valeurs sociales. Certaines formes par exemple sont des marqueurs de solidarité ou de prestige pour un groupe, mais n'ont aucune signification pour d'autres. C'est donc dire que le postulat souvent accepté dans les études sociolinguistiques, une norme commune à tous les membres d'une communauté linguistique, a peu de validité pour des communautés non homogènes socialement. Mais ne s'agit-il pas là de la réalité dans la plupart des communautés ?

Notes

1. Voir Cichocki (1986) pour une présentation des applications possibles de cette méthode statistique à la sociolinguistique.

Bibliographie

AUDET, C. H. (1982), « Brèves réflexions linguistiques sur si que », *Si Que*, 5 : 129-31.

BELL, A. (1984), « Language style as audience design », *Language in Society*, 13, 2 : 145-204.

BOISSEVAIN, J. (1974), *Friends of Friends : Networks, Manipulators, and Coalitions*, Oxford : Basil Blackwell.

CHOMSKY, N. (1992), « A Minimalist Program for Linguistic Theory », MIT, *Occasional Papers in Linguistics*, n° 1, Cambridge : MIT Working Papers in Linguistics.

CICHOCKI, W. (1986), *Linguistic Applications of Dual Scaling in Variation Studies*, Thèse de Ph.D., University of Toronto, Toronto.

CONNORS, K. (1975), « L'effacement de Que-règle syntaxique », *Recherches Linguistiques à Montréal*, 4 : 17-33.

DOUZOT, A. (1950), *Phonétique et grammaire historique de la langue française*, Paris : Larousse.

GODARD, D. (1988), *La syntaxe des relatives en français*, Paris : Éditions du CNRS.

GREVISSE, M. (1986), *Le bon usage*, 12ᵉ éd., Paris : Éditions Duculot.

GUÉRIN, P. (1980), « Remarques sur le mode de certaines propositions subordonnées complétives introduites par que dans l'usance franco-acadienne », *PAMAPLA/ARAALPA*, 3 : 154-167.

GUIRAUD, P. (1969), *Le français populaire*, 2e éd., Paris : PUF.

HØJRUP, T. (1983), « The concept of life-mode : a form-specifying mode of analysis applied to contemporary Western Europe », *Ethnologia Scandinavica*, 1-50.

HOLDER, M. ET STARETS, M. (1982), « Études sur les formes simples et les formes composées du type si/si que, quand/quand que/ quand ce/ quand ce que, etc. dans le parler acadien de Clare, Nouvelle-Écosse », *Si Que*, 5 : 117-128.

HUOT, H. (1977), *Recherches sur la subordination en français*, Thèse de doctorat d'état, Paris, Université de Paris VIII.

KAYNE, R. (1976), « French Relative Que », LUJAN, M. et HENSEY, F. (rédacteurs), *Current studies in Romance Linguistics*, Washington, D.C. : Georgetown University Press, 255-99.

KING, R. (1991), « WH-Words, WH-Questions and Relative Clauses in Prince Edward Island Acadian French », *Canadian Journal of Linguistics*, 36, 1 : 65-85.

LE PAGE, Robert, B. et TABOURET-KELLER, A. (1985), *Acts of Identity*, Cambridge : Cambridge University Press.

LEFEBVRE, C. (1982a), « Qui qui vient ? ou Qui vient ? : voilà la question », LEFEBVRE, C. (éd.), *La Syntaxe comparée du français standard et populaire : approches formelle et fonctionnelle*, Québec : Gouvernement du Québec, Office de la langue française, 47-101.

_____ (éd.) (1982b), *La Syntaxe comparée du français standard et populaire : approches formelle et fonctionnelle*, Québec : Gouvernement du Québec, Office de la langue française.

MARTINEAU, F. (1985), « L'Élision variable de (que) dans le parler d'Ottawa-Hull », *Cahiers linguistiques d'Ottawa*, 14 : 53-70.

MILNER, J. C. (1978), *De la syntaxe à l'interprétation : quantités, insultes, exclamations*, Paris : Éditions du Seuil.

MILROY, J. (1992), *Linguistic Variation and Change*, Oxford : Blackwell.

MILROY, L. (1980), *Language and Social Network*, Baltimore : University Park Press.

NIEGER, M. et PARADIS, M. (1975), « L'interrogation indirecte », *Recherches linguistiques à Montréal*, 4 : 91-116.

OBENAUER, H. G. (1976), *Étude de syntaxe interrogative du français*, Tübingen : Niemeyer.

RADFORD, A. (1989), « The Status of Exclamatives Particles in Modern Spoken French », ARNOLD, D., ATKINSON, M., DURAND, J., GROVER, C. et SADLER, L. (rédacteurs), *Essays on Grammatical Theory and Universal Grammar*, Oxford : Clarendon Press, 223-84.

REINHART, T. (1981), « A Second COMP position », BELLETTI, A., BRANDI, L. et RIZZI, L. (rédacteurs), *Theory of Markedness in Generative Grammar*, Pisa : Scuola Normale Superiore, 517-57.

SANKOFF, G., SARRASIN, R. et CEDERGREN, H. (1971), « Quelques considérations sur la distribution de la variable que dans le français de Montréal », Communication présentée au Congrès de l'Association canadienne française pour l'avancement des sciences.

THAKERAR, J., GILES, H. et CHESHIRE, J. (1982), « Psychological and Linguistic Parameters of Speech Accomodation Theory », FRASER, C. and SCHERER, K. (rédacteurs), *Advances in the Social Psychology of Language*, London : Cambridge, 205-25.

WIMMER, C. (1982), « Les si conjonctions et la lexigenèse de si », *Neuphilologische Mitteilungen*, 83, 3 : 313-28.

Le franco-acadien *endimanché*

Pierre Gérin
Halifax

Le traité de Verdun (843), en partageant l'empire de Charlemagne entre trois monarques, permit à la France de prendre conscience d'elle-même, de se rassembler petit à petit et de se constituer autour du pays de la Seine, là même où les Mérovingiens avaient déjà établi le centre du royaume franc. Tout naturellement, le parler local, un dialecte de la langue d'oïl, le francien, devint la langue du nouvel État, qui n'allait pas manquer d'en faire un jour un instrument politique. De fait au XVIe siècle, François 1er fit administrer la justice en français. Au XVIIe siècle, Richelieu confia à l'Académie française qu'il fondait la tâche de rédiger un dictionnaire et une grammaire de la langue française. Pendant la Révolution, à l'heure où la République « une et indivisible » se déclarait en danger, la Convention partit en guerre contre les patois et les dialectes. La Troisième République devait continuer cette politique et donner à l'école la mission jadis confiée à l'Église catholique : cimenter l'unité de la nation.

En dépit des efforts de l'Académie, des grammairiens et de l'école, pourtant étroitement contrôlée par l'État, la langue française n'est pas absolument homogène sur tout le territoire de l'Hexagone. Les anciens dialectes et les patois n'ont pas toujours été entièrement étouffés : certains mots, certaines formes ont simplement été refoulés dans les français régionaux ou dans le français populaire et ont survécu comme « usances ».

De plus, il ne faut pas perdre de vue que la langue française écrite que nous connaissons aujourd'hui a un caractère élitiste : elle est en effet, avant tout, le fruit des efforts collectifs d'une aristocratie, puis d'une classe sociale élevée, d'une bourgeoisie intellectuelle, qui ne laissent pas d'avoir une haute opinion d'elles-mêmes et restent religieusement attachées à la culture raffinée associée à cette langue. Cette attitude est particulièrement bien illustrée par le portrait de Buffon enfilant, à l'heure d'écrire, dans un geste d'ecclésiastique, des manchettes ornées de dentelle. On s'imagine aisément l'écart creusé entre la langue de cette élite et celle des petites gens. Eh bien, l'écart sera encore plus grand entre la langue de cette classe entichée de sa supériorité et celle des descendants des paysans venus des provinces de l'ouest de la France au XVIIe siècle, qui n'avaient évidemment jamais subi la férule de l'Académie ni celle des grammairiens et avaient plutôt des contacts avec les Amérindiens et les Anglais.

Or c'est précisément la langue et la culture de l'élite française qui ont été et sont encore enseignées aux descendants des paysans acadiens dans nos écoles, dans nos collèges et dans nos universités, puisque la plupart de nos enseignants ont eu pour maîtres, à un moment ou à un autre, des professeurs français ou formés à la française, qui ont pris soin de leur inculquer un respect presque superstitieux de la langue académique, et cela dès la Renaissance acadienne. À ce sujet, nous avons le témoignage très fiable de Pascal Poirier, agacé par le purisme des religieux français du Collège Saint-Joseph. Même les journaux de cette époque, *l'Évangéline* et *le Moniteur acadien*, oubliant leur rivalité, se donnaient, entre autres missions, celle de défendre la langue, c'est-à-dire le « bon français ». Et, tout près de nous, *le Courrier de la Nouvelle-Écosse* a encore publié, il y a quelques années seulement, plusieurs chroniques linguistiques encourageant ses lecteurs à employer une langue châtiée, respectant les décisions de l'Académie.

Bien entendu, pas plus ici qu'en France, dans les différentes activités de la vie quotidienne, ces oukases ne sont très rigoureusement respectés : au village, à l'atelier, à l'usine, on ne prête guère qu'une attention distraite à l'habillement et au parler. Mais certaines circonstances, certaines cérémonies, certaines professions exigent une tenue vestimentaire particulièrement soignée, voire une toge, une perruque, un uniforme, et un langage châtié. Cependant, comme on le sait bien, le naturel chassé revient au galop et l'on peut alors observer soit dans l'habillement soit dans le parler un détail qui détonne : l'usance vient de jouer contre le « bon usage » et révèle l'endimanchement, l'artifice. Ces sautes de ton, quand elles ne sont pas calculées par le locuteur ou l'écrivain et acceptées par l'auditeur ou le lecteur, peuvent nuire à ce que Montaigne appelait si joliment la « polissure » du langage.

Par curiosité des phénomènes langagiers et par souci pédagogique, dès 1972, j'ai entrepris de relever les écarts que j'observais entre le français soigné des Acadiens et celui des Français de l'Hexagone, tant sur le plan du vocabulaire que sur ceux de la morphologie, de la syntaxe, de l'orthographe et même de la ponctuation.

Les citations que j'ai recueillies durant cette vingtaine d'années proviennent essentiellement de la défunte *l'Évangéline* (Moncton), du *Petit Courrier* devenu le *Courrier de la Nouvelle-Écosse* (Yarmouth), du *Ven'd'est* (Petit-Rocher), puis de *l'Acadie nouvelle* (Caraquet), du *Matin* (Moncton), des divers rapports des présidents, des directeurs ou des animateurs de la Fédération acadienne de la Nouvelle-Écosse (Halifax). Pour éliminer les simples erreurs ou fantaisies individuelles, je n'ai retenu que les écarts observés chez au moins douze auteurs pour chaque cas étudié. J'ai ainsi à ma disposition des éléments qui me permettent de décrire objectivement, j'espère, avec quelque précision et justesse, le français « endimanché » des Acadiens de cette fin du XXe siècle.

Si intéressantes que me paraissaient ces observations, elles me semblaient présenter un grave inconvénient : elles risquaient de renforcer le sentiment négatif éprouvé par certains à l'égard du français des Acadiens, et une partie de la population allait peut-être se détourner de sa langue maternelle apparemment dévalorisée. Pour parer à ce danger, j'ai jugé utile, pédagogiquement et psycho-logiquement, de rattacher les écarts relevés au contexte géographique et historique. Pour ce faire, parallèlement à mon fichier acadien, j'ai donc entrepris de constituer, en observant les mêmes critères de sélection, trois autres fichiers : un fichier de franco-acadien populaire à partir notamment des *Lettres* de Marichette, des œuvres d'Antonine Maillet, des dialogues de Félix Thibodeau ; un fichier de français québécois alimenté surtout par *le Devoir* et *la Presse* ; un fichier de français de France où voisinent, entre autres écrivains, Montaigne, Maupassant, Frédéric Dard, et qui distingue notamment les français régionaux, le français préclassique, le français populaire. La documentation ainsi constituée compte aujourd'hui environ 27 000 fiches, soit près de 80 000 citations.

L'information accumulée est présentée, comme dans un dictionnaire ou dans une encyclopédie de la langue, par articles classés par ordre alphabétique. Chaque article offre, le cas échéant, outre une paire de citations illustrant l'acception, la forme, l'emploi ou la construction du mot considéré, au Nouveau-Brunswick et en Nouvelle-Écosse, d'autres citations, groupées par paires aussi, choisies dans le français du Québec, dans le français préclassique, dans le français régional, dans le français populaire et destinées à montrer son extension dans le temps et dans l'espace.

Toujours sans intention « missionnaire » ni normative (assez d'autres en ont eu !), mais pour ajouter quelque utilité pratique à l'intérêt théorique et descriptif que peut offrir cette collection de citations, celle-ci est suivie, quand cela semble opportun, d'un court commentaire et de remarques sur l'usage actuel du français commun, ce qui devrait permettre au lecteur indécis de choisir en connaissance de cause le terme, la forme, le tour ou la construction qui lui semble répondre le mieux à son intention.

Au point où j'en suis, l'ouvrage projeté, provisoirement intitulé *Le franco-acadien endimanché*, devrait compter environ 500 articles rangés, pour faciliter la consultation, par ordre alphabétique, comme je l'ai mentionné plus haut. Mais, pour la clarté de cet exposé, il m'a semblé préférable de m'en tenir à l'ordre traditionnel des grammaires, qui distingue le lexique, la morphologie, la syntaxe, le style, l'orthographe, la ponctuation.

Dans le lexique, entre autres mots, on trouve : *accommoder* pour « loger », « recevoir » ; *s'amener* pour « venir », « arriver » ; *aréna* pour « patinoire » ; *audience* pour « auditoire » ; *barrer* pour « verrouiller », « fermer à clé » ; *bureau* pour « commode » (meuble) ; *cadran* pour « réveille-matin » ; *démontrer* pour « montrer », « faire preuve de » ; *éventuellement* pour « finalement » ; *fournaise* pour « chaudière » ; *grenier* pour « étage » ; *linge* pour « vêtements » ; *position* pour « situation », « emploi » ; *préjudice* pour « préjugé » ; *valise* pour « malle », « coffre » (de voiture).

Les écarts, n'ayant pas tous la même origine, n'ont pas tous la même valeur. Aussi ai-je cru bon de faire entre eux les distinctions qui s'imposaient. Ainsi, les anglicismes plus ou moins déguisés ont été soigneusement relevés, par exemple : *accommoder, application, éventuellement*. De même, les liens avec le français préclassique, voire classique mais vieilli, d'*audience*, de *cadran*, de *démontrer*, ou avec le français familier ou populaire de *s'amener* ont été notés avec citations à l'appui. Après quoi, l'usage du français commun contemporain ou courant a été rappelé.

Contrairement au lexique du franco-acadien populaire qui a toutes les audaces, la morphologie du franco-acadien écrit et soigné est passablement conservatrice et ne se montre point particulièrement influencée par l'anglais. De fait, elle a gardé bon nombre d'usages du français préclassique. Parmi ceux-ci, on remarque le genre masculin du mot *affaire*, le genre féminin de *poison*. Sont aussi des souvenirs du français préclassique quelques formes d'un verbe *assire* créé jadis à partir du participe passé « assis », le verbe *renforcir*, doublet du verbe « renforcer », l'absence de contraction des trois personnes du singulier du présent de l'indicatif du verbe « haïr », donnant *je haïs, tu haïs, il haït*. Autre héritage d'un français vieilli, la conjugaison avec l'auxiliaire « avoir » des verbes intransitifs « rester », « retourner », « tomber », l'emploi de *promener* au sens réfléchi de « se promener » et celui, fréquent, du pronom personnel pour exprimer la possession dans les expressions *se fermer la bouche, se fermer les yeux, se fourrer le nez, se hausser les épaules, se traîner les pieds*, où il est question des parties du corps.

En opposition apparente à ces archaïsmes, des usages notés comme « populaires » rapprochent le « franco-acadien endimanché » du « français avancé », pour reprendre l'expression d'Henri Frei. Tels sont, par exemple, la féminisation des noms « argent », « gages », « hôpital », « incendie », la conjugaison du verbe « arriver » avec l'auxiliaire « avoir » et, forme très remarquable, le figement à la troisième personne, particulièrement fréquent à l'infinitif et au gérondif, des verbes pronominaux, donnant des phrases du type : « nous allions se promener », « en s'unissant nous pouvons réussir ».

Si, somme toute, les écarts observés entre le vocabulaire et la morphologie du « franco-acadien endimanché », pour visibles qu'ils soient, ne sont pourtant pas considérables, en revanche, les écarts syntaxiques présentent des différences importantes plus nombreuses. L'un des traits les plus visibles est la survivance de la locution conjonctive *à cause que*, tombée en désuétude dans l'Hexagone malgré la défense de Littré, et sutout celle de l'emploi du mode indicatif dans les concessives par « bien que », « quoique », après les verbes « craindre », « regretter », après les expressions « c'est dommage que », « avoir peur que », « il est possible que », après « et que » reprenant « si ».

De même, en « franco-acadien endimanché », les constructions verbales sont encore aussi hésitantes qu'en français préclassique. L'on écrit fréquemment, par exemple, « on s'attend de faire », « on contribue quelque chose », « on encourage de faire », « on pense de faire », « on survit quelqu'un ».

L'influence de l'anglais, quant à elle, se manifeste très visiblement dans les constructions verbales. C'est ainsi qu'on « adresse l'assemblée », « on commente sur quelque chose », « on partage dans quelque chose », « on succède quelqu'un ».

Cette incertitude dans les constructions verbales ouvre la voie à des tournures passives apparemment abusives et de type anglais où le nom ou le pronom complément indirect du verbe actif en français commun peut devenir le sujet du verbe passif, donnant des tours comme ceux-ci : *je suis demandé de faire quelque chose, je suis dit que, je suis offert quelque chose, je suis ordonné de faire, je suis permis de faire, je suis refusé quelque chose, je suis succédé par.*

On peut se demander s'il faut considérer comme un souvenir du moyen français ou comme l'effet d'une influence anglaise la non-reprise des prépositions « à » et « de » ainsi que celle de la conjonction « que » dans la coordination : « il a travaillé à Vancouver et Halifax », « comment se fait-il que tous en parlent et personne ne fait rien ? ». Fréquent en anglais moderne, l'usage de la syllepse, qui était une élégance dans les langues anciennes, a bien survécu en français jusqu'à l'époque classique. Cependant, alors qu'elle devient plus rare dans le français commun écrit contemporain, la syllepse est demeurée vivace en « franco-acadien endimanché » : « il a appelé la police ; ils sont venus tout de suite. » Mais aucune hésitation n'est permise quand il s'agit de la place de l'article dans l'expression de la date : « mercredi le 15 juin 1994 » est un anglicisme caractérisé.

Les différences stylistiques entre le « franco-acadien endimanché » et le français commun abondent, elles aussi, comme il est normal étant donné les différences culturelles. Les emplois de mots ou d'expressions comme *le garçon de N**, *l'individu* (sans nuance péjorative), *le curé N**, *le monde* (pour « les gens »), *un autre cinq dollars*, la multiplication des *en* et des *y* pléonastiques, une certaine confusion entre le discours direct et le discours indirect suggèrent une société où la parole tient plus de place que l'écrit.

Après ce chapelet d'observations vétilleuses, cependant bien incomplètes et superficielles, sur le vocabulaire, la morphologie, la syntaxe et le style du « franco-acadien endimanché », il serait fastidieux de s'étendre sur les particularités que l'on peut observer dans l'orthographe et la ponctuation. Remarquons rapidement qu'ici l'on oublie facilement l'élision et que l'on écrit plus d'une fois *si il, de Édith*. Comme en anglais, on abrège sans hésiter le mot « Saint » ou « Sainte » dans le nom d'une personne, on place fréquemment une virgule après le nom du jour dans l'expression de la date, on remplace souvent par une apostrophe les deux chiffres indiquant les dizaines de siècles dans l'expression des années (« en '94 »), on met parfois une virgule devant une citation au lieu des deux-points habituels en français.

Tel apparaît donc le « franco-acadien endimanché » dans sa complexité : sur un fond de français commun, son vocabulaire, sa morphologie, sa syntaxe et même son style portent des marques bien visibles du moyen français, des parlers ruraux des provinces de l'ouest de la France et du français populaire. À cet héritage s'ajoutent, du fait de la géographie et de l'histoire, des apports de l'anglo-américain et du français du Québec. Évidemment, tous ces éléments ne cohabitent pas encore toujours harmonieusement. Mais l'examen de l'évolution de la langue écrite au cours de ces vingt dernières années permet de croire que les écrivains, les artistes et le peuple de l'Acadie moderne, à l'instar des Pascal Poirier et des chefs de file de la Renaissance acadienne, vont continuer de polir leur langue et réussiront à créer un « bon usage acadien » lavé de tout soupçon d'endimanchement. C'est le vœu que je forme à l'occasion de ce colloque.

Nouvelles variétés de français parlé en Acadie du Nouveau-Brunswick

Louise Péronnet
Université de Moncton

Introduction

En période de changement social important, on observe une grande instabilité linguistique. C'est le cas aujourd'hui de l'Acadie du Nouveau-Brunswick (NB), où on voit se développer de nouvelles variétés de français parlé. Le changement en cours se fait dans deux directions tout à fait opposées, d'un côté vers un français plus standard, de l'autre vers un français plus anglicisé. Entre ces deux tendances extrêmes, il existe de multiples stratégies d'accommodation, ce qui donne lieu à un nombre incalculable de variétés de français.

Devant la complexité des transformations que subit actuellement le français parlé en Acadie du NB, il fallait commencer par développer une typologie capable de classer les nouvelles variétés en cours de formation. C'est la tâche que s'est fixée cette étude, en se proposant, dans un premier temps, d'élaborer une grille d'analyse. Dans un deuxième temps, un corpus d'exemples attestés sera soumis à l'étude, ce qui permettra à la fois de tester la grille d'analyse et de donner un aperçu sommaire de la situation.

L'objectif de l'étude étant méthodologique plutôt que descriptif, il ne faut donc pas s'attendre à trouver dans les pages qui suivent une description approfondie des nouvelles variétés de français parlé en Acadie du NB. Il s'agit plutôt d'une première tentative de classement et de caractérisation de ces nouvelles variétés.

Le point de vue adopté par l'étude est avant tout linguistique. L'aspect sociolinguistique ne sera pas abordé, sauf pour rappeler les facteurs qui sont à l'origine des deux tendances inverses du changement linguistique en cours.

1. Corpus de l'étude

Dans le but d'obtenir l'éventail le plus large possible des nouvelles variétés de français parlé en Acadie du NB, une enquête a été menée dans divers milieux, des plus standardisés aux moins standardisés.

Le corpus comprend deux sources principales :

1) une série d'entrevues effectuées en 1988 et en 1989 (Enquêtes Péronnet), dans les différentes régions acadiennes du NB, auprès de deux groupes d'âge, un groupe d'adultes et un groupe de jeunes (environ 20 heures d'enregistrements) ;

2) une liste d'exemples entendus à la radio, dans les émissions régionales de Radio-Canada Moncton, de janvier à juin 1994 (environ 75 heures d'écoute).

Puisque l'objectif est d'étudier les *nouvelles* variétés de français, seuls les énoncés qui se démarquent du français acadien traditionnel ont été retenus pour l'analyse. Les éléments étudiés sont principalement de nature morphosyntaxique, ceux-ci étant particulièrement révélateurs des changements linguistiques en cours.

2. Modèle théorique

Dans un ouvrage récent, *Vers une approche panlectale de la variation du français*, Chaudenson, Mougeon et Beniak (1993) proposent un modèle de classement pour l'étude des nouveaux traits qui apparaissent dans une langue en cours de changement. Selon ce modèle, il existe divers types de restructuration linguistique, qui constituent autant de niveaux de changement linguistique, appelés « seuils de divergences par rapport à la norme conservatrice » (72). Chaque seuil correspond à un degré différent de contact interlinguistique. Les trois seuils identifiés sont les suivants : 1) le transfert linguistique, 2) la simplification structurale et 3) la réduction stylistique (quand la variété régionale disparaît pour faire place à la seule variété apprise à l'école).

Ce modèle de classement n'est cependant pas pleinement adapté à l'objectif de la présente étude, car il se limite à l'analyse d'une seule tendance du changement linguistique, à savoir la tendance qui est caractérisée par la domination d'une langue étrangère et qui a pour effet de restreindre l'usage de la langue maternelle. Or, en Acadie du NB, comme c'est le cas dans de nombreuses situations de changement linguistique, la réalité est beaucoup plus complexe. On constate qu'il existe une deuxième tendance qui, à l'inverse de la première, est caractérisée par un contact de plus en plus important avec la langue standard, ce qui conduit à la standardisation de la langue d'usage. Si on veut rendre compte du phénomène de chan-gement linguistique dans son ensemble, il s'avère donc nécessaire de développer un modèle de classement qui inclut cette deuxième tendance.

De plus en plus de linguistes sont d'accord avec cette vision globale d'une situation linguistique (voir notamment Gadet 1989 et Martel 1994), mais pour le moment il n'existe pas de grille de classement pouvant servir de modèle. C'est pourquoi la grille typologique suivante a été élaborée pour les fins de la présente étude. Il s'agit d'une grille à double tendance, que voici (voir schéma 1) :

Schéma 1
Grille d'analyse pour le classement des nouvelles variétés de français parlé en Acadie du NB.

Tendance français non standard	Français traditionnel	Tendance français standard
Seuils de divergence*	Point de départ	Seuils de divergence**
3 __ 2 __ 1	___ X ___	1 __ 2 __ 3

*Seuils de divergence, vers un français non standard (vers la gauche) :
    1. Nouveaux traits de transfert linguistique.
    2. Nouveaux traits de simplification structurale.
    3. Réduction stylistique.

**Seuils de divergence, vers le français standard (vers la droite) :
    1. Introduction de traits super-régionaux.
    2. Mélange des variétés régionale et standard.
    3. Emploi approximatif de la variété standard.

Le point de comparaison pour étudier les nouvelles variétés de français est le français traditionnel (représenté par le symbole X au centre du schéma 1). Les nouvelles variétés sont de deux types principaux : d'une part, les variétés qui tendent vers un français non standard, c'est-à-dire qui s'écartent à la fois du français traditionnel et du français standard (vers la gauche dans le schéma) ; et, d'autre part, les variétés qui tendent vers le français standard, c'est-à-dire qui s'écartent du français traditionnel mais pour se rapprocher du français standard (vers la droite dans le schéma).

Les facteurs de changement sont, d'un côté, l'anglicisation et, de l'autre, la standardisation du français. Dans chaque direction, il y a plusieurs niveaux de changement, appelés « seuils de divergence ». Ces seuils, au nombre de trois dans chaque direction (indiqués dans le schéma 1 par les chiffres 1, 2 et 3), représentent divers degrés d'éloignement par rapport à la norme conservatrice, en l'occurrence le français acadien traditionnel. Ainsi, les seuils extrêmes, appelés « 3e seuil » (à droite comme à gauche), représentent les variétés de français qui s'écartent le plus du français traditionnel, quelle que soit la tendance du changement.

3. Essai d'analyse des nouvelles variétés de français parlé en Acadie du NB

Il y a d'abord lieu de faire quelques remarques relativement au français acadien traditionnel, qui est le point de référence permettant d'appréhender le changement linguistique ayant cours actuellement en Acadie du NB. Ensuite, chaque tendance du changement sera systématiquement étudiée, seuil par seuil, à partir d'exemples attestés. Chaque point sera cependant peu développé, faute de place.

3.1 Le français acadien traditionnel

Le français acadien traditionnel est loin d'être un tout homogène. Il est composé de nombreuses variantes régionales, ce qui vient compliquer considérablement la comparaison des nouvelles variétés avec le point de départ. Par ailleurs, dans l'état actuel de la recherche, la description du français acadien traditionnel est loin d'être chose faite, surtout si l'on tient compte de ses composantes régionales, et notamment du point de vue grammatical et syntaxique. Malgré ces lacunes, il existe néanmoins plusieurs travaux dans le domaine, qui, sans être pleinement suffisants, seront d'une grande utilité pour l'analyse qui suit. Parmi ces travaux, les suivants portent plus précisément sur la morphosyntaxe du français du NB : Poirier 1928 ; Roy 1979 ; Péronnet 1989, 1990, 1991 ; Beaulieu 1993.

Voici, à titre d'illustration, quelques exemples de traits qui caractérisent le français acadien traditionnel :

Exemple d'archaïsme :

(1) J'irai pas, *à cause qu'*i mouille (« parce que »).

Exemple d'anglicisme (emprunt) :

(2) Je peux pas *afforder* de m'acheter ça. (« se payer qqch. » ; anglais « to afford »).

Exemple d'anglicisme (calque) :

(3) Je vas *appliquer pour* une job. (« faire une demande d'emploi » ; anglais « to apply for »).

Ces quelques exemples montrent bien la difficulté qu'il peut y avoir à décrire les nouvelles variétés de français parlé en Acadie, puisqu'il faut au départ connaître les variantes traditionnelles des différentes régions étudiées, ce qui comprend non seulement les variantes importées de France au moment de la colonisation, mais aussi les anglicismes et autres néologismes qui se sont greffés au parler acadien au cours des siècles et qui peuvent aujourd'hui être qualifiés de « traditionnels ».

3.2 Changement vers un français non standard

1er seuil : nouveaux traits de transfert linguistique

Dans la grille de Chaudenson, Mougeon et Beniak (1993), les traits de transfert linguistique sont classés comme étant des changements de premier niveau, c'est-à-dire des changements de moindre gravité sur l'échelle des changements en cours. Cela n'empêche pas de maintenir la distinction classique entre divers types de transfert linguistique, établissant que les calques, surtout les calques de structures, sont un indice de transformation linguistique nettement plus importante que les simples emprunts.

Dans le corpus examiné, deux nouveaux traits de tranfert linguistique appartenant à la sous-catégorie des emprunts ont été identifiés : les emprunts composés, c'est-à-dire plusieurs emprunts qui se suivent et qui forment un genre de locution (ex. 4 à 7), et les emprunts de pronoms et de déterminants (ex. 8 et 9). Tous les exemples cités ici sont tirés d'une enquête menée récemment auprès de jeunes âgés de 12 à 18 ans, dans la région du sud-est du NB (Enquête Péronnet 1989).

Exemples d'emprunts composés :

(4) Exemples avec *right* + ...
    (4.1) Ç'a monté *right out* (« en flèche, de façon inattendue »).
    (4.2) I s'habillont *right sharp* (« à la mode »).
    (4.3) I sont tout' *right greedy* (« très vorace »).

(5) I prenont tout' *in consideration* (« prendre en compte »).

(6) J'ai *kind of* peur (« en quelque sorte »).

(7) On a eu une *so so* sortie (« plus ou moins bonne »).

Exemples d'emprunts de pronoms et de déterminants anglais :

(8) C'est-tu *all* (« Est-ce tout ») ?

(9) J'ai mon *own car* (« J'ai ma propre voiture »).

Ce dernier type de transfert, où des pronoms et des déterminants anglais sont utilisés à la place de pronoms et de déterminants français, est encore très rare. Il témoigne d'un fort degré d'anglicisation (on peut noter en passant l'emploi de la particule interrogative tu dans l'exemple (8), qui est plutôt d'origine québécoise ; il en sera question plus loin, dans la partie 3.3).

2ᵉ seuil : nouveaux traits de simplification structurale

La simplification des structures d'une langue est caractéristique des parlers populaires et régionaux. En situation normale (c'est-à-dire en situation d'unilinguisme), cette simplification se fait à l'intérieur de certaines limites, qui correspondent à la zone variable d'une langue. L'apparition de nouveaux types de simplification, allant au-delà de la variation habituelle et touchant la zone normalement invariable d'une langue, est un phénomène particulièrement significatif, qui n'apparaît que dans des situations de contact interlinguistique important. Ce genre de transformation linguistique est un indice que la langue concernée est atteinte dans sa structure profonde, comme le montrent les exemples qui suivent. Ces exemples sont tirés en grande partie de l'enquête menée auprès de jeunes dans la région du sud-est du NB, qui est la région la plus anglicisée de la province (Enquête Péronnet 1989). Seul l'exemple (13) provient d'une autre source (Radio-Canada 1994).

Trois cas de nouvelles simplifications ont été identifiés. Le premier cas concerne les formes verbales, dont voici quatre exemples :

(10) *I s'êtraient* accoutumés (« ils étaient »).

(11) *I reveneriont* pas icitte de nouveau (« ils reviendraient »).

(12) Quoi ce *tu fairais* avec zeux ? (« tu ferais »)

(13) *On a atteindu* la vitesse de 85 km/h (En réponse à la question : quelle vitesse avez-vous atteint ?)

Les formes *êtraient* « étaient », *reveneriont* « reviendraient » et *fairais* « ferais » sont calquées sur les infinitifs *être, revenir, faire*. La simplification par analogie est un procédé souvent utilisé par les parlers régionaux et populaires. Par exemple, en acadien traditionnel, on trouve les formes *i faisont* « ils font », *vous faisiez* « vous faites », *i avont* « ils ont », etc. (Péronnet 1990), qui prennent modèle sur les formes conjuguées les plus régulières, celles du présent (par exemple « faisons, avons, avez ») ou de l'imparfait de l'indicatif (par exemple « faisions, faisiez, avions, aviez »). Cependant, dans les exemples (10-12), la simplification est poussée beaucoup plus loin que dans les variétés traditionnelles. C'est pourquoi il faut parler de nouveaux traits de simplification structurale. Car il y a non seulement création de nouvelles formes, non traditionnelles, mais le processus de simplification analogique n'est plus le même. Seul l'infinitif semble désormais servir de modèle, comme le montrent bien les exemples (10-12), où même la forme de l'imparfait *êtraient* « étaient » est calquée sur l'infinitif « être ».

L'exemple (13) illustre lui aussi une nouvelle création analogique, mais d'un type différent. Pour expliquer la forme *atteindu* « atteint », on peut d'abord supposer que le verbe « atteindre » est inconnu du locuteur (ce verbe ne faisant pas partie de l'usage traditionnel). Le participe, lui aussi inconnu, serait alors construit sur le modèle des participes de verbes connus qui se terminent en « u », par exemple *vu, su, entendu, perdu,* etc.

Le deuxième cas de simplification est celui des articles contractés, qui se trouvent dissociés en préposition et article. Trois exemples ont été relevés chez les jeunes du sud-est du NB (Enquête Péronnet 1989) :

(14) On va *à les* danses à l'école.

(15) Je pense plus *à les* dessins.

(16) On est back *à le* niveau a-i-où ce qu'on était avant.

Ce type de simplification est entièrement nouveau dans le français parlé en Acadie du NB, quelle que soit la région.

Le troisième cas de simplification est celui d'un nouvel emploi du verbe *avoir* à la place du verbe *être*. Ce cas est illustré par l'exemple suivant, qui lui aussi, comme les précédents, est tiré de l'enquête effectuée auprès des jeunes du sud-est du NB (Enquête Péronnet 1989) :

(17) *J'ai tannée* d'être dans les « High Schools ».

Dans ce contexte, le terme *tannée* est un qualificatif attribut, au même titre que *malade* dans *je suis malade*, ce qui signifie que *avoir* joue le rôle de copule à la place de *être*. Cet emploi se situe en dehors de la zone de variabilité de *avoir* et *être*, qui se limite « normalement » aux temps composés actifs des verbes pronominaux et de certains verbes intransitifs de mouvement, par exemple *je m'ai lavé* « je me suis lavé » et *j'ai tombé* « je suis tombé » (Chaudenson, Mougeon et Beniak 1993 ; Péronnet 1991). Même si ce dernier cas de simplification n'a été relevé qu'une fois dans le corpus étudié, il a été jugé pertinent de le noter, parce qu'il correspond à des exemples du même type attestés hors corpus, dont *j'ai âgé de trente ans*, ou encore *je suis trente (ans)*.

3ᵉ seuil : réduction stylistique

Le 3ᵉ et dernier seuil de changement linguistique est caractérisé par la perte de la variété de langue traditionnelle. Dans ce cas, la langue seconde occupe une si grande place que la langue maternelle régionale est pour ainsi dire évacuée. Chez les locuteurs qui sont dans cette situation, on ne trouve plus aucune trace de traits de langue appartenant au parler régional traditionnel. On peut alors parler de réduction stylistique, ce qui signifie que ces locuteurs ne connaissent plus que la variété de français apprise à l'école, avec toutes les limites qu'une langue exclusivement scolaire peut comporter.

Par exemple, le locuteur acadien qui est dans cette situation n'utilisera pas le « à » de possession du français acadien traditionnel. Il dira plutôt :

(18) le livre *de* mon ami (et non pas le livre *à* mon ami)

Mais il faut ajouter que ce locuteur ne saura pas pour autant utiliser la préposition « à » dans ses emplois standard. Par exemple, il dira :

(19) *téléphoner quelqu'un* (plutôt que téléphoner à quelqu'un)

En d'autres mots, non seulement ce locuteur ne connaît pas le français de sa région, mais il ne maîtrise pas bien non plus le français standard. Pour lui, le français est une langue apprise à l'école, qu'il utilise seulement dans certaines situations.

3.3 Changement vers le français standard

L'étude du changement linguistique dans son aspect de standardisation en est à ses tout débuts, du moins si on se place dans une perspective descriptive et non normative (Martel 1994). C'est pourquoi l'analyse qui suit doit être considérée comme tout à fait exploratoire, n'ayant pas de modèle sur lequel s'appuyer.

Le corpus a permis d'identifier trois catégories de traits de standardisation, constituant ainsi trois « seuils de divergence » par rapport à la norme conservatrice : 1) introduction de traits super-régionaux, 2) mélange des variétés régionale et standard et 3) emploi approximatif de la variété standard. Du point de vue de la standar-disation, la norme conservatrice (en l'occurrence le français acadien traditionnel) se définit en terme de variété régionale. Cela signifie que les traits de standardisation sont classés en fonction de la distance qui les sépare du français acadien traditionnel considéré dans ses traits régionaux. C'est ainsi qu'il faut comprendre l'ordre de gradation des seuils. Le premier seuil regroupe les traits de standardisation qui s'éloignent le moins de la variété étudiée envisagée dans ses traits régionaux. À l'inverse, le troisième seuil ne comprend plus aucun trait régional. Le deuxième seuil se situe entre les deux, avec un mélange de traits régionaux et standard.

1er seuil : introduction de traits super-régionaux

On observe que le français québécois exerce une influence de plus en plus grande sur le français acadien (Péronnet 1994). Le Québec ayant une extension géographique plus grande que l'Acadie, les traits empruntés au français québécois peuvent être qualifiés de traits super-régionaux. Ces traits jouent un rôle centralisateur sur le français acadien, en permettant à ce parler de type périphérique de sortir de son isolement. C'est en ce sens que le phénomène peut être analysé comme une première étape de standardisation du français acadien.

L'introduction de traits régionaux québécois dans le français parlé en Acadie du NB n'est pas un phénomène entièrement nouveau. Les régions du nord du NB qui font frontière avec le Québec subissent l'influence du français québécois depuis longtemps. Ce qui est nouveau, cependant, c'est que cette influence soit ressentie dans le français de la région du sud-est du NB, d'où proviennent les exemples suivants (Enquête Péronnet 1989) :

(20) Y a-*tu* queque chose (« y a-t-il quelque chose ») ?

(21) C'est-*tu* 'all' (« Est-ce tout ») ?

(22) Je sus - *t* - aussi ben de la faire jouer.

La forme *tu* est la variante québécoise de la particule interrogative *ti* en usage dans le français acadien traditionnel, par exemple dans *y a-ti queque chose ?* De même, l'emploi de la liaison *t* dans l'exemple (22) est un usage québécois plutôt qu'acadien.

2e seuil : mélange des variétés régionale et standard

Chez certains locuteurs, il existe un va-et-vient entre deux variétés de langue, la variété régionale et la variété standard. Ce fait est analysé comme étant une deuxième étape vers la standardisation du français acadien, à mi-chemin entre la norme conservatrice et le français standard.

L'alternance des deux variétés peut être plus ou moins volontaire, selon les locuteurs. Les exemples qui suivent sont extraits des propos d'un seul et même locuteur qui utilise librement les deux variétés de langue, lors d'une entrevue à la radio (Radio-Canada 1994) :

(23) On savait pas *tchi ce que* le *djâbe* qu'était Évangéline (« On ne savait pas qui, diable, était Évangéline »).

(24) *I étiont* pas solides *su leu* pieds (« Ils n'étaient pas solides sur leurs pieds »).

(25) *I aviont* osé être *tchi ce qu'i étiont* (« Ils avaient osé être qui ils étaient »).

(26) Tu sais on parlait de l'Acadie du NB tout à l'heure.

(27) C'est comme *si que* là le temps attend l'assaut d'une nouvelle littérature.

(28) Mon père était un fanatique religieux.

Les exemples (23-25) contiennent plusieurs traits du français traditionnel acadien, alors qu'à partir de l'exemple (26), à part *si que* (dans 27), on note l'utilisation du français standard, notamment sur le plan lexical, avec les termes inconnus en acadien traditionnel, « tout à l'heure », « assaut », « fanatique ». Le locuteur cité semble s'exprimer avec une égale aisance dans les deux variétés de langue. Il représente bien ce deuxième niveau de standardisation où les deux variétés de langues concurrentes se côtoient.

3ᵉ seuil : emploi approximatif de la variété standard

Il peut exister un déséquilibre entre le niveau de connaissance d'une langue et la volonté de s'exprimer dans cette langue. Le locuteur qui est dans cette situation n'utilise qu'une variété de langue, sans la maîtriser parfaitement. Il n'utilise pas la variété de langue de sa région, soit par refus volontaire, soit par manque de connaissance. Deux types de traits ont été identifiés comme faisant partie du troisième seuil de standardisation : d'une part, les hypercorrections et, d'autre part, le mélange des registres familier et soutenu (du standard). Pour ce qui est des hypercorrections, d'après les exemples (29-33) du corpus (Radio-Canada 1994) il est possible de distinguer deux niveaux, qui semblent être en corrélation avec des groupes précis de locuteurs. Les hypercorrections de type morphosyntaxique,

par exemple *tous* à la place de « tout » (29), *avec qui* à la place de
« que » (30), *dont* à la place de « que » (31), sont extraits d'entrevues
avec des invités, alors que les hypercorrections de type plutôt lexical, par exemple l'emploi des verbes *disposer* (32) et *percuter* (33),
sont le fait de professionnels de la radio.

(29) Ce ne sont que des mots. Ça veut *tous* dire la même chose finalement.

(30) Les gens *avec qui* je côtoie toute l'année.

(31) On tient compte des kilomètres *dont* vous avez parcourus.

(32) On ne vous *dispose* pas à prendre congé de nous.

(33) Sa voiture *percuta dans* le ravin.

Une maîtrise imparfaite du standard peut donner lieu à un deuxième type d'emploi approximatif, à savoir le mélange des registres familier et soutenu. Dans les exemples suivants, on trouve des expressions familières intercalées en porte-à-faux dans des textes soutenus, lus à la radio (Revue de presse, Radio-Canada 1994) :

(34) Alexandre Soljenitsyne *a remis les pieds* en Russie hier pour la première fois depuis son exil.

(35) Le ministère des Transports *a changé son capot de bord*.

Parfois le mélange de registre est d'un autre ordre. Dans l'exemple qui suit (Radio-Canada 1994), on remarque un reste du style liturgique qui s'immisce dans la langue des médias :

(36) *En ce* mercredi...

Conclusion

L'objectif principal de cette étude a été d'élaborer une typologie, en vue de classer les nouvelles variétés de français en cours de formation en Acadie du NB. La grille de classement proposée s'inspire du modèle d'analyse de Chaudenson, Mougeon et Beniak (1993), auquel une dimension nouvelle a été ajoutée, pour permettre de décrire la double tendance du changement linguistique, aussi bien le changement allant dans le sens de la standardisation que celui allant dans le sens de l'anglicisation. Le corpus soumis à l'étude a été choisi avec un large éventail, de manière à représenter le français parlé aussi bien en situation formelle (par exemple à la radio) qu'en situation informelle (conversation libre).

Même si en réalité les nouvelles variétés de français parlé en Acadie du NB forment plutôt un continuum, d'un point de vue opératoire, cette analyse a permis de distinguer six catégories de traits, indiquant différents seuils de changement. Ce classement, bien que sommaire et exploratoire, permet de conclure sur trois points, à savoir : 1) que l'évolution linguistique en cours est très diversifiée ; 2) que, parmi les nouveaux usages, certains ont tendance à s'écarter du standard, alors que d'autres ont tendance à s'en rapprocher, ce qui augmente l'écart entre les usages extrêmes ; 3) que, dans tous les cas, le français acadien traditionnel perd du terrain.

Bibliographie

BEAULIEU, Louise (1993), « Une analyse sociolinguistique du pronom Wh inanimé dans les relatives libres dans le français acadien du nord-est du NB », *Linguistica Atlantica, Revue de l'Association de linguistique des Provinces Atlantiques*, 15 : 39-67.

CHAUDENSON, Robert, MOUGEON, Raymond et BENIAK, Édouard (1993), *Vers une approche de la variation du français*, Aix-en-Provence : Institut d'études créoles et francophones, Université de Provence.

GADET, Françoise (1989), *Le français ordinaire*, Paris : Armand Colin.

MARTEL, Pierre (1994), « Quelles sont les suites à l'avis du conseil de la langue française sur l'aménagement de la langue ? », *Les Actes du colloque sur la problématique de l'aménagement linguistique*, Québec : Gouvernement du Québec, 405-428.

PÉRONNET, Louise (1989), *Le parler acadien du sud-est du Nouveau-Brunswick*, NewYork/Bern/Paris/Frankfurt : Éditions Peter Lang.

PÉRONNET, Louise (1990), « Système des conjugaisons verbales dans le parler acadien du sud-est du Nouveau-Brunswick », *Revue de l'Association des linguistes des Provinces Atlantiques*, 12 : 81-115.

PÉRONNET, Louise (1991), « Système des modalités verbales dans le parler acadien du sud-est du Nouveau-Brunswick », *Revue de l'Association des linguistes des Provinces Atlantiques*, 13 : 85-98.

PÉRONNET, Louise (1994), « Le changement linguistique en Acadie », *Francophonies d'Amérique*, 4 : 45-55.

POIRIER, Pascal (1928), *Le parler franco-acadien et ses origines*, Québec : Imprimerie franciscaine missionnaire.

ROY, Marie-Marthe (1979), *Les conjonctions « but » et « so » dans le parler de Moncton*, Thèse inédite de Maîtrise, UQAM.

Les mots des jeunes Acadiens et Acadiennes du Nouveau-Brunswick

Annette Boudreau
Département d'études françaises
Université de Moncton

Introduction

Dans un article intitulé « Entre la nation et l'ethnie, sociologie, société et communautés minoritaires francophones », le sociologue Joseph-Yvon Thériault (1994) déclare que « l'indécision identitaire » qui caractérise les communautés francophones hors Québec rend difficile l'appréhension sociologique des sociétés auxquelles appartiennent ces communautés. Cette constatation n'est pas étrangère à la difficulté que rencontrent les sociolinguistes lorsqu'ils essaient de rendre compte d'une réalité linguistique qui échappe à une logique stable et uniforme puisque les phénomènes langagiers, de façon générale, et en situation multilingue de surcroît, sont soumis à des fluctuations qui, souvent, défient les analyses les plus rationnelles.

L'Acadie du Nouveau-Brunswick n'échappe pas à cette difficulté en raison de l'hétérogénéité de ses espaces francophones sur le plan géographique et de la diversité des pratiques langagières qu'on y trouve.

L'étude des représentations et des attitudes des jeunes francophones de l'Acadie du Nouveau-Brunswick constitue notre domaine de recherches privilégié. L'analyse des attitudes en situation de contact de langues nous semble indispensable à l'aménagement de la langue en Acadie, car nous pensons avec d'autres chercheurs (Dominique Lafontaine 1986 ; Uli Locher 1994 ; Michel Francard 1989, 1993 ; Calvet 1993) que les perceptions qu'ont les gens de leur langue et de leur performance linguistique, surtout en milieu minoritaire, vont influer sur leur comportement linguistique. Peu importe l'écart qu'il peut y avoir entre leur perception et la réa-lité de leur pratique, c'est souvent la perception qui prime. Si, par exemple, une personne dit se sentir à l'aise dans une langue, cela est aussi important que sa performance réelle dans cette langue. Si elle affirme au contraire avoir une perception négative de sa performance linguistique, peu importe sa compétence réelle, il y aura répercussion sur son comportement linguistique.

En nous basant sur les propos recueillis lors d'enquêtes sociolinguistiques réalisées dans toutes les écoles secondaires de la province du Nouveau-Brunswick auprès de 800 finissants, dont 10 pour cent ont été interviewés oralement[1], nous avons voulu faire une mini-étude en nous penchant sur l'utilisation de certains *mots* de ces jeunes qui revenaient avec une régularité constante dans notre corpus. Premièrement, nous avons examiné leur usage des mots anglais, principalement des « ponctuants » du discours, selon l'expression de Gadet (1989), ou des « emprunts noyaux », comme les nomment certains linguistes (Scotton et Okeju cités dans Chaudenson, Mougeon et Béniak 1993). Ces mots sont surtout des interjections, des conjonctions et des marqueurs d'interaction tels que *so*, *but* et *anyway*. Ils disposent d'équivalents tout à fait courants dans la langue maternelle tels que « ça fait que » et « alors » dans le cas de *so*, « mais » ou « ben » (populaire) dans le cas de *but*, ou encore « en tout cas » pour *anyway*. Ces expressions sont connues de tous et ne servent donc pas à combler des lacunes lexicales. Selon Chaudenson, Mougeon et Béniak (1993), qui s'appuient sur les thèses de Weinrich (1953) et de Haugen (1969), de tels « ponctuants » retrouvés fréquemment dans le français populaire des régions minoritaires canadiennes semblent obéir à d'autres fonctions qui sont d'ordre extralinguistiques et plutôt symboliques. Est-ce le cas en Acadie ? Nous y reviendrons plus loin.

Deuxièmement, nous avons choisi d'examiner l'usage d'un archaïsme[2] français très fréquent dans au moins trois régions de la province, soit la forme verbale ayant la désinence « *ont* » à la troisième personne du pluriel de l'indicatif présent et imparfait, et des auxiliaires du passé composé et du plus-que-parfait, du conditionnel, et finalement du subjonctif présent.

Nous voulons, d'une part, voir si, dans la pratique réelle, les mots anglais sont également fréquents dans toutes les régions et si, d'autre part, dans les représentations que les jeunes se font de l'usage de leur langue, il y a convergence ou divergence d'avec ces pratiques tout en sachant qu'il y a probablement un écart entre l'usage de la langue des gens et ce qu'ils disent de leur usage. S'il faut se garder d'assimiler les commentaires « méta » des productions réelles (Paquot 1988 et Daoust 1994), d'autres chercheurs ont démontré qu'il y a plutôt concordance entre l'auto-évaluation et l'usage linguistique observé (Poplack 1989). En situation surveillée, les témoins ne s'expriment pas aussi naturellement qu'en situation libre. Toutefois, cette mini-recherche portera justement sur la langue utilisée en situation semi-formelle, étant donné que les interviews ont été réalisées par des étudiantes d'une vingtaine d'années dans une salle de classe de l'école ; les propos n'étaient ni entièrement spontanés ni entièrement formels.

Nous nous pencherons donc concrètement sur les mots des jeunes Acadiens et Acadiennes du Nouveau-Brunswick pour tenter de déterminer 1) s'ils utilisent des mots anglais dans leurs conversations, 2) s'ils disent en utiliser, 3) ce qu'ils en disent, 4) s'ils utilisent la forme verbale étudiée, 5) s'ils disent employer des archaïsmes[3], 6) ce qu'ils en disent, pour finalement nous interroger à savoir s'il y a des différences régionales tant sur le plan des pratiques langagières que sur le plan des représentations de ces mêmes pratiques et sur leur valeur symbolique. L'anglicisme apparaît comme un phénomène relativement récent, alors que l'emploi des archaïsmes rattache la langue à un emploi plus lointain. À première vue, ils pourraient apparaître comme des pratiques opposées sans corrélation entre elles. Qu'en est-il vraiment ? C'est ce que nous verrons. Nous tenterons aussi de voir les forces antagonistes en présence qui placent les jeunes dans une position pour le moins inconfortable. Il semble que les jeunes locuteurs de l'Acadie se retrouvent dans un dilemme, dilemme caractéristique des locuteurs ayant à vivre en situation de multilinguisme (Poplack 1989). Très conscients d'une norme à imiter, norme exogène plus ou moins éloignée de la leur, selon le cas, ils sont constamment soumis à un choix difficile : tenter d'accéder à cette norme au prix d'une possible exclusion du groupe auquel ils appartiennent ou de parler leur vernaculaire, être admis dans l'enceinte privilégiée qui confère la chaleur et le confort de l'appartenance mais, en même temps, être possiblement exclus du pouvoir que confère à ses usagers la norme légitime et être astreints à vivre en milieu clos. Surgissent alors les problèmes identitaires et d'appartenance posés dans le quotidien devant la parole à prendre et à dire surtout à l'âge où la pression des pairs est déterminante (Labov 1972). Manessy (1993 : 414) rappelle que :

> Les conditions de la vernacularisation sont remplies dès le moment où ces gens prennent conscience de ce qui les unit et du rôle effectif qu'ils assument dans le jeu social. Leur manière de parler, *par les traits même qui l'opposent en*

> *standard*, devient une des expressions de leur spécificité ; elle comporte donc des apports des *variétés dépréciées, retenus comme témoins de l'authenticité socio-culturelle*, et le *rejet de tout ce qui peut être pris pour indice de conservatisme*. [C'est nous qui soulignons.]

Ces propos illustrent fort bien le dilemme dans lequel sont plongés plusieurs jeunes Acadiens et Acadiennes du Nouveau-Brunswick, dilemme dont on tentera de faire la démonstration dans ce texte.

1. L'enquête

Les régions suivantes ont été retenues comme points d'enquête : le Sud-Est, comprenant les écoles secondaires de Moncton, Shédiac, Bouctouche, Rogersville et Saint-Louis, le Nord-Est comprenant les écoles de Shippagan, Caraquet et Tracadie, le Nord comprenant les écoles de Bathurst, Campbellton et Dalhousie et le Nord-Ouest avec les écoles d'Edmundston, Grand-Sault, St-Quentin, Kedgwick et St-Léonard.

1.1 Caractéristiques des régions étudiées

Jusqu'ici, les quatre régions qui ont fait l'objet de l'enquête se distinguent les unes des autres tant sur le plan économique que sur le plan linguistique. Brièvement : les francophones sont majoritaires dans le Nord-Est, appelé la Péninsule acadienne, où ils représentent 79,7 pour cent de la population (Dallaire et Lachapelle 1990). Les péninsulaires francophones vivent en français : leur langue déborde des cadres de l'école et de la famille pour se retrouver dans les autres sphères de la vie communautaire. Traditionnellement, les péninsulaires font preuve d'une forte identité ethnique ; l'économie de la région reste toutefois axée sur des activités primaires, la pêche et le bois, qui sont actuellement des secteurs en décroissance économique.

Dans la région du Nord, la proportion de francophones varie de 84,6 pour cent dans le comté de Gloucester où se trouve la polyvalente de Bathurst, ville composée à 51,2 pour cent de francophones (Roy 1993), à 64,2 pour cent dans le comté de Restigouche où se trouvent les villes de Campbellton (54,4 pour cent) et de Dalhousie (46,4 pour cent). Cette région connaît des conditions économiques difficiles, mais, sur le plan linguistique, les francophones sont majoritaires et vivent leur quotidien en français, sauf dans les villes où se pratique un bilinguisme au détriment des francophones.

La région du Nord-Ouest se trouve à la croisée des chemins du Québec, des États-Unis et des autres provinces Maritimes. La proportion des francophones varie beaucoup selon la municipalité, allant de 43,5 pour cent dans le comté de Victoria jusqu'à 95,2 pour cent dans le comté de Madawaska. Bien que l'économie de la région y soit plus diversifiée que dans le Nord-Est, elle est également axée sur des activités primaires, notamment l'industrie forestière et l'agriculture.

Enfin, la dernière région, le Sud-Est, a comme centre la ville de Moncton, qui, contrairement à la région environnante, connaît depuis quelques années un essor économique d'une certaine importance. De plus, cette ville, dont le tiers des habitants sont de langue française, est en voie de devenir le centre culturel francophone de la province. Étonnamment, l'économie de la région n'a pas souffert de la récession actuelle aussi durement que les autres régions canadiennes. C'est une région de contacts multiples, non seulement entre les deux communautés linguistiques, mais aussi entre les membres de la communauté francophone, puisqu'elle attire depuis un certain temps des francophones des autres régions de la province.

2. Les mots anglais qu'utilisent les jeunes Acadiens et Acadiennes

Les entrevues durent en moyenne de 15 à 25 minutes, et seules sont retenues comme significatives celles où l'on retrouve au moins **dix** mots anglais du type « emprunts noyaux » et **dix** archaïsmes ayant la variante particulière de la troisième personne du pluriel expliquée plus haut.

a) Le Sud-Est

Dans le grand Sud-Est, nous avons trouvé 8 entrevues sur 21, soit 38,9 pour cent, comprenant plus de dix mots anglais, le nombre variant de 0 à 68[4]. En outre, chez les autres témoins où la fréquence de ces mots est moindre, plusieurs utilisent quand même les connecteurs anglais : *but, so* sont les plus fréquents, suivis de *because, whatever* et *right* dans des phrases du type « Je parlais *right* comme pluS le bon français » (0204002). Peut-on avancer que l'usage de ces ponctuants serait une des caractéristiques de la langue des locuteurs du Sud-Est ? S'il est hasardeux de l'affirmer, il semble que ce soit un trait assez généralisé, même en situation formelle, puisque nous entendons très souvent à la radio de Radio-Canada des locuteurs du Sud-Est utiliser les *but* et les *so*. Le 14 juin 1994 était interviewé un jeune avocat de la région de Moncton à Radio-Canada. L'échange dura une trentaine de minutes et, si ce dernier parlait un français assez semblable à celui du journaliste, cela ne l'empêchait pas de ponctuer son discours de *but*. Mougeon (1993 : 67), qui a constaté la même fréquence d'utilisation du *but* et du *so* chez les francophones de l'Ontario en contact intensif avec l'anglais, affirme, en parlant du *so*, que :

> Le niveau de bilinguisme arrive au premier rang des facteurs externes favorables à cet emprunt : ce sont les locuteurs qui communiquent aussi souvent en français qu'en anglais dans leur entourage immédiat (la plupart d'entre eux étant des bilingues équilibrés) qui de loin emploient so le plus souvent.

Mougeon (1993 : 7) rappelle que d'autres chercheurs ont trouvé que ce phénomène de l'emprunt des mots de base était limité aux communautés où le contact linguistique était intense. Nos recherches au Nouveau-Brunswick confirment ces résultats puisque l'emprunt de ces mots noyaux se retrouve principalement dans le Sud-Est. Mougeon (1993) cite Weinrich et Haugen qui « estiment [également] que ce genre d'emprunt sert à symboliser la double appartenance linguistique et culturelle des locuteurs d'une langue minoritaire hautement bilingues ». Nous ne sommes pas certaine que l'utilisation des ponctuants du discours en Acadie minoritaire obéissent toujours à une fonction extra-linguistique qui est de symboliser la double appartenance culturelle. Poser un geste symbolique, comme celui de marquer une identité par un acte de langage, suppose la conscience du geste qui le porte. Or, des mots comme *so* et *but* sont tellement répandus dans le Sud-Est qu'ils semblent fonctionner comme des automatismes de langage sur lesquels les locuteurs ont peu de prise. Comment expliquer autrement que des locuteurs continuent à les utiliser, même en situation formelle, alors qu'ils sont conscients que ces mots sont fortement stigmatisés dans leur communauté[5] ?

b) Le Nord

Chez les 8 témoins du Nord interviewés, l'anglais est quasi-absent, sauf pour deux *so* dans deux entrevues différentes.

c) Le Nord-Est

La situation est presque identique dans le Nord-Est : sur 15 témoins interviewés, 2 seulement utilisent les mots anglais de façon significative.

d) Le Nord-Ouest

Dans le Nord-Ouest, même situation : 0 entrevue significative quant aux emprunts noyaux.

Il s'avère donc que la situation diffère considérablement quant à l'utilisation de ponctuants anglais dans le français selon que les régions soient majoritairement anglophones ou majoritairement francophones, c'est-à-dire que là où le contact avec l'anglais est intensif, l'usage de l'emprunt noyau est fréquent.

2.1 Est-ce qu'ils disent utiliser des mots anglais et ce qu'ils en disent

a) Le Sud-Est

La très **grande majorité** des répondants du Sud-Est affirment en utiliser couramment et beaucoup plus abondamment que ce que l'on retrouve dans nos corpus :

> Le monde parle comme à moitié français à moitié anglais. (0206006)

> Je parle peut-être moitié moitié cinquante pour cent français anglais. (0205014)

> Y a des mots qui se ressemblent en français pis en anglais mais qui veulent pas tout à fait dire la même chose / pis on a tendance à faire accroire qu'i pouvont dire la même chose / on parle comme ça. (0205014)

> Nous autres là on est des chiacs pis on parle chiac... c'est des mots anglais qu'on vire à l'envers... un mot chiac c'est un mot qu'on se fait. (0403003)

> Nous autres on dit un mot français pis trois mots anglais là. (0404019)

Ils semblent déprécier complètement cette manière de parler si l'on s'en tient à ce qu'ils disent en situation d'interview[6]. Nous trouvons dans le corpus un consensus qui consiste à vouloir éliminer de la langue française les mots anglais que les répondants jugent responsables de la mauvaise qualité de leur parler. S'ils déprécient le dialecte local en raison de l'intrusion étrangère, ils admettent ne pouvoir s'en passer pour communiquer avec les amis. Ils veulent parler comme tout le monde, disent-ils. Ils attribuent leurs maux à l'environnement anglais « partout où je me tourne la tête c'est écrit en anglais » (0205043). Il semblerait que les représentations que l'on se fait de son usage linguistique dans le Sud-Est soient complètement dominées par l'image du mélange de deux langues.

b) Le Nord

Dans le Nord, **la moitié** des répondants disent utiliser des mots anglais dans leurs conversations, ce qui est très élevé par rapport à l'usage constaté. Les représentations sont-elles le reflet de la réalité du vernaculaire en situation informelle ? Il est impossible de le vérifier dans le cadre de cette étude, mais leurs perceptions s'apparenteraient à celles des jeunes du Sud, puisqu'ils disent aussi trouver déplorable l'utilisation des mots anglais dans la langue française. En revanche, ils ajoutent que, et c'est là la différence, même s'ils sont du nombre, ce sont surtout les gens des autres régions qui en font usage, surtout les gens du Sud-Est qu'ils nomment comme des modèles à éviter.

c) Le Nord-Est

Quelques jeunes de la péninsule acadienne disent utiliser des expressions anglaises dans certaines situations, en présence des amis par exemple. Ils réprouvent leur utilisation, mais eux aussi en affirment la nécessité pour faire partie du groupe :

> Je trouve que je parle bien / je cherche mes mots...
> mais quand - ce qu'on est entre amis / je parle comme
> les autres / on va dire. (0102047)

> Si je suis avec une gang d'amis là tu mets des mots
> anglais avec des mots français. (0102021)

> C'est l'habitude / on parle entre copains / pis on va
> lâcher un petit anglicisme par ici / un petit anglicisme
> par là / pis c'est tout à fait normal / mais quand je suis

en interview / comme maintenant / ben j'essaie de bien parler. (0103002)

d) Le Nord-Ouest

Dans leurs commentaires métalinguistiques, les témoins du Nord-Ouest disent également utiliser beaucoup de mots anglais, surtout dans la région de Grand-Sault et en condamnent l'usage. Il y aurait écart entre la perception que ces jeunes se font de leur usage des mots anglais et l'usage réel de ces mots anglais constaté dans le corpus. En effet, ils semblent avoir une perception exagérée de leur utilisation de l'anglais, à moins qu'ils fassent allusion à la langue qu'ils parlent entre amis, langue que nous ne sommes pas en mesure d'étudier dans le cadre de cette recherche. Leurs représentations linguistiques rejoignent celles du Sud-Est en ce sens qu'ils déprécient davantage leur façon de parler que dans les deux autres régions du Nord[7].

3. **L'archaïsme : est-ce qu'ils l'utilisent dans le corpus : est-ce qu'ils disent utiliser des archaïsmes : ce qu'ils en disent ?**

a) Le Sud-Est

Dans le Sud-Est, nous retrouvons l'archaïsme étudié dans 7 textes sur 21, soit dans 33,8 pour cent des cas (toujours en étudiant comme significatifs les textes ayant au moins 10 occurrences). Disent-ils utiliser des archaïsmes ? Les témoins en parlent à quelques reprises mais sans insister, comme ils l'ont fait pour les mots anglais. Les mots anciens ne sembleraient pas frappés du même interdit que les anglicismes. On trouve cependant quelques commentaires du genre : « On dit pas du linge, on dit tout le temps des hardes pis là je vas dire / as-tu lavé ce morceau de linge-là / pis là ça va surprendre ma mère ben ça vient qu'avec le temps ça chang » (0206006), voulant dire que sa mère finit par adopter le mot linge. Et en parlant d'une rencontre avec les Québécois, elle ajoute : « On est français, je le sais / ben c'est pas pareil / on a pas le même accent / on parle d'un autre manière (...) comme z'eux diront les mêmes mots linges, vêtements, ben nous autres on va dire des hardes je crois pas qu'i allont trop comprendre ». Par son désir d'adopter un mot qui serait compris de tous, l'étudiante témoigne d'un malaise vis-à-vis la réception de certains mots acadiens, malaise lié à l'absence de normalisation du français acadien, car, comme l'affirme Catherine Phlipponneau, normaliser la langue acadienne « serait sans doute la meilleure façon d'estomper le sentiment d'insécurité linguistique qui prévaut si souvent en Acadie » (Phlipponneau 1991 : 60).

b) Le Nord

Un témoin du Nord utilise la forme étudiée à 13 reprises et un autre à 6 reprises, donc dans une proportion significative de 11,1 pour cent (1 texte sur 9). Les répondants ne font aucun commentaire au sujet des archaïsmes.

c) Le Nord-Est

Dans le Nord-Est, nous n'avons que 3 entrevues (20 pour cent) où leur fréquence devient significative et pourtant, dans leurs commentaires méta, ils en parlent abondamment. Ils ne condamnent pas ces « vieux mots », comme ils les appellent, mais ils craignent que la communication soit perturbée lorsqu'ils les emploient :

> J'entends des jeunes de la Péninsule Acadienne (ils utilisent) un vieux vocabulaire si tu veux c'est pas que c'est pas du bon français mais c'est un vieux vocabulaire si tu veux c'est presque de la culture ancienne... chaque petite place a ses mots anciens (...) pis des fois je me dis / qu'est-ce que tu vas faire si tu sors à l'extérieur pis tu dis ça le monde te comprendra pas. (0102064)

> Je parle pas comme les Français de France c'est un peu mélangé / français anglais mais par icitte là / c'est pluS / c'est pas comme les mots anglais c'est comme des vieux mots d'avant (...) c'est pas que c'est de l'anglais c'est comme les coutumes d'avant les mots. (0103042)

Ils semblent attribuer ces formes verbales aux plus âgés, et, d'après le commentaire suivant, les jeunes auraient plutôt envie de s'en distancer :

> Par ici qu'est-ce qu'arrive c'est les Acadiens les plus vieux là c'était toutes des drôles de tournures de phrases le vieux acadien (...) les jeunes, c'est pas si pire que ça d'après moi. (0102047)

Dans notre corpus, c'est dans le Nord-Est que les commentaires métalinguistiques sur les archaïsmes se trouvent en plus grand nombre et qu'on dit en utiliser souvent, tout comme c'est le cas pour le Sud-Est s'agissant d'anglicismes. Pourtant, nous savons que dans le Sud-Est, les archaïsmes sont légion, mais ce sont les représentations des anglicismes qui priment dans l'esprit des témoins du Sud-Est et qui occultent les autres particularités.

d) Le Nord-Ouest

Tout d'abord, signalons que nous n'avons trouvé aucun emploi de l'acadianisme étudié, ce qui s'explique facilement si l'on examine l'histoire des peuplements de l'Acadie. L'archaïsme dont il est question est présent en Acadie depuis la première colonie qui s'est établie en Nouvelle-Écosse et dans le Sud du Nouveau-Brunswick au XVIIe siècle (Flikeid 1994). Le Nord-Ouest, qui a accueilli des Français (d'origines québécoise et acadienne) beaucoup plus tard (Savoie 1976) et qui partage sa frontière avec le Québec, a subi les influences des Québécois en matière de langue ; ajoutons que, avec la force démographique du voisin français d'à côté, les tournures archaïques ne se sont pas enracinées dans le Nord-Ouest comme ce fut le cas pour le reste de l'Acadie des Maritimes.

4.   Résultats d'ensemble

Annette Paquot (1988 : 86), dans son livre *Les Québécois et leurs mots, étude des régionalismes lexicaux au Québec*, a conclu que « plus on reconnaît les canadianismes, plus on est sévère à leur endroit et moins on déclare en employer ». Ici la situation ne semble pas aussi nette. On reconnaît certains archaïsmes et anglicismes, on est sévère à leur endroit, quoiqu'il faille nuancer dans le cas des vieux mots où l'on sent davantage une ambivalence qu'un rejet, mais, contrairement à la recherche de Paquot, on déclare en employer de façon significative. L'âge des témoins pourrait-il expliquer cette différence ? Dans l'ensemble, les jeunes de toutes les régions disent trouver important de parler le vernaculaire communautaire avec leurs amis. Parler autrement pourrait créer une distance qu'ils ne peuvent ou ne veulent assumer. Cela expliquerait sans doute leur attachement à des formes linguistiques que, par ailleurs, ils stigmatisent.

Au-delà de ces considérations, ce qui nous a paru significatif dans l'ensemble des régions étudiées, par delà les différences d'utilisation des mots anglais et des archaïsmes, c'est le fait que ce sont les mêmes interviewés qui utilisent à la fois les archaïsmes et les mots anglais. Bien que les mots anglais dépassent en nombre les archaïsmes, il reste une concordance dans l'utilisation, c'est-à-dire que plus il y a d'archaïsmes, plus il y a d'anglicismes, et le contraire est également vrai. Là où il y a peu ou pas de mots anglais, il y a peu ou pas de la forme archaïque étudiée. Assisterait-on à une anglicisation dans un cas, là où les anglicismes se mélangeraient aux archaïsmes pour finalement s'y substituer, et à une certaine standardisation dans l'autre, où l'on éliminerait progressivement de sa langue et les anglicismes et les archaïsmes ? Nous ne sommes pas en mesure de le vérifier sans norme de comparaison dans le temps ; nous croyons cependant pouvoir affirmer qu'un changement est en cours ; quant à la nature du changement, seule une étude diachronique pourrait la préciser. Ces résultats tendent à rejoindre ceux de Louise Péronnet (1994), qui affirme que trois tendances ont été identifiées quant au changement linguistique en cours en Acadie : un mouvement vers le français standard, un autre vers l'anglais et un troisième vers la création de nouveaux régionalismes. Nous n'avons pas vérifié la troisième tendance, mais les deux premières s'y dessinent. Nous pensons aussi que les archaïsmes conservent un taux de vitalité important dans le Sud-Est et dans le Nord-Est si toutefois l'archaïsme étudié peut servir d'étalon pour les autres formes archaïques utilisées.

Nous avons aussi voulu vérifier le lien possible entre le statut socio-économique des témoins et leur fréquence d'utilisation des deux variantes. Les résultats sont assez concluants. Sur 68 témoins interviewés, 29 proviennent de familles dont un des deux parents a obtenu un diplôme post-secondaire. Si l'on exclut le Nord-Ouest pour les raisons déjà soulignées, on trouve dans le Nord-Est 8 témoins sur 15 issus de ces familles, et aucun de ces témoins n'a utilisé les archaïsmes ou les anglicismes de façon significative. Dans le Nord, bien qu'un seul répondant se classe dans cette catégorie, on y retrouve les mêmes résultats. Dans le Sud-Est, c'est un peu différent. Sur 15 témoins tombant dans cette catégorie, 3 utilisent quand même les variantes étudiées, c'est-à-dire 20 pour cent. Nous pouvons néanmoins affirmer qu'il existe, dans l'ensemble, un lien entre le statut social des témoins et une certaine « standardisation » de la langue : plus le statut est élevé, plus il y aurait volonté de standardisation.

Conclusion : le dilemme des jeunes

Il ressort de cette mini-recherche que, si les témoins du Sud-Est emploient plus de « ponctuants » anglais et d'archaïsmes que ceux des autres régions du Nouveau-Brunswick, les jeunes de toutes les régions confondues rejettent, dans leur discours, l'intrusion des mots anglais dans leur langue, peu importe la pratique qu'ils en font. Leur appréciation des archaïsmes reste plus floue : on semble y déceler une certaine ambivalence. D'une part, on y est attaché parce que « c'est la langue des ancêtres » ; d'autre part, on l'associe à la culture ancienne et on craint l'isolement qui pourrait s'y rattacher. En fait, on redoute l'incompréhension de la part des non-initiés.

Nous pensons avec Chaudenson *et al.* (1993 : 73) « que les innovations intersystémiques des langues en contact n'en demeurent pas moins fonctionnellement *adéquates* et sont souvent, en fait, la manifestation d'une *norme communautaire* ». Les témoins affirment plus d'une fois ne pas vouloir employer de grands mots ou parler en grandeur avec les amis, de peur de faire rire d'eux et de perdre leur place au sein du groupe. En même temps, les jeunes disent vouloir s'améliorer, surtout pour pouvoir trouver de l'emploi et pour ne pas faire rire d'eux en entrevue formelle ou sur le marché du travail. Ils sont donc placés dans un dilemme. Comment s'améliorer en français tout en faisant partie d'une communauté linguistique dont les normes ne sont pas conformes au français exigé ailleurs ?

Il s'ensuit que, outre le rejet unanime de l'anglicisation de la langue acadienne qui transparaît dans les propos des jeunes, ces derniers restent perplexes quant aux mots à choisir - s'ils rejettent les mots anglais et qu'ils ne savent plus si les mots courants de leur milieu conviennent, comment parler ? Une étudiante du Nord-Est exprime bien ce désarroi :

> Ben si je voulais je pourrais parler un bon français impeccable là ben tu sais ça fait comme snob / on dirait que le monde pense t'as ton petit air hautain pis tu te vante... ça fait des fois je dis des anglicismes // comme / des fois / tu sais comme tu parles avec les autres pis comme tu dis le bon mot pis i disent quossé ça ça fait là, je dis ben c'est ça tu sais je dis le mot en anglais ah ah c'est ça que tu veux dire / ça fait comme des fois même si tu veux parler sans les anglicismes ben des fois i te comprennent pas ... ça fait la plupart du temps les anglicismes ben je m'en sers ben des fois i me font enrager comme si je dis euh va parker le char i disent

ah tu veux que je stationne le char... c'est tout le temps de même. (0103009)

Les jeunes se demandent donc comment conserver des tournures qui leur sont particulières, faire partie d'une communauté qui reflète leur identité tout en étant compris du reste de la francophonie ? Comment rester singulier tout en étant universel ? Voilà tout le dilemme posé par les jeunes Acadiens et Acadiennes, dilemme qui est peut-être aussi celui de la communauté acadienne dans son ensemble.

Notes

1. L'enquête fut réalisée de 1989 à 1994 par Lise Dubois et moi-même.

2. Peut-on parler d'archaïsmes lorsque les termes désignés sont couramment et fréquemment utilisés par une partie importante d'une population d'une région ? La question soulevée lors du colloque « Les Acadien(s) et leur(s) langue(s) » mérite considération. Cependant, faute de terme plus adéquat, nous maintiendrons le terme d'archaïsme en l'entendant comme un archaïsme par rapport à une langue de référence qui reste le français hexagonal.

3. Nous avons tenu compte de ce qu'ils disaient des « vieux mots » pour utiliser leur expression, sans nous limiter à leur réflexion autour du seul archaïsme étudié, réflexion que nous n'aurions sans doute pas trouvée. Les jeunes parlent des « vieux mots » en général comme ils parlent des « mots anglais ».

4. Paradoxalement, c'est dans les régions de Rogersville (93,9 pour cent L.M.F.) et de St-Louis (94,1 pour cent L.M.F.) (Roy 1993 : 195), régions presque unilingues françaises, que nous avons retrouvé la plus forte utilisation de mots anglais dans toute la province. Comme toutes les entrevues du Sud-Est ne furent pas réalisées par la même personne, nous avons recherché une explication de ce côté-là. Il s'avère en effet qu'une des personnes ayant effectué les enquêtes dans ces régions provenait du Québec, mais avait vécu dix ans au Nouveau-Brunswick. Cependant, l'explication ne résiste pas à l'analyse, puisque dans les villes de Moncton, Shédiac et Bouctouche, où les entrevues furent réalisées par la même personne sans consigne particulière, nous avons abouti à des résultats similaires, à savoir que c'est dans l'école française de Moncton (ville mixte et minoritaire) que l'on trouve le moins de mots anglais dans les entrevues, et que c'est dans les villes de Bouctouche et de Shédiac que l'on trouve le plus de mots anglais. Plusieurs élèves de l'école secondaire de Moncton nous ont fait part d'une politique linguistique sévère qui régissait la langue parlée à l'intérieur de leur école. De plus, l'école de Moncton reçoit un nombre grandissant d'étudiants venant d'ailleurs ce qui explique peut-être que nous y ayons trouvé moins d'anglicismes qu'ailleurs dans la région. La sensibilité à une pression normative y est peut-être plus élevée. On sait aussi que l'Université de Moncton n'est pas sans influencer le milieu et que les ramifications de ses activités s'étendent au-delà de ses frontières. Quoi qu'il en soit, les résultats peuvent surprendre mais le tout se complexifie ou se simplifie lorsque l'on étudie le grand Sud-Est dans son ensemble. S'il est vrai que l'on y retrouve plusieurs villes et villages majoritairement francophones dans lesquels habitent une

majorité d'Acadiens, Moncton, ville majoritairement anglophone et métropole de la région, exerce de plus en plus d'influence sur la population environnante. Les gens y travaillent, y font leurs courses, y étudient et y sortent. Moncton exercerait donc une influence ambiguë et paradoxale : d'une part, elle angliciserait, d'autre part, elle contribuerait au développement de la langue française par la présence de ses institutions.

5. Nous ne parlons pas ici de l'utilisation ostentatoire de ces emprunts-noyaux par certains jeunes artistes de la région de Moncton qui en font assurément un usage symbolique.

6. En outre, on assiste dans le Sud-Est depuis quelques années à une production littéraire qui n'exclut pas de ses écrits les termes du vernaculaire de la région et qui n'hésite plus à utiliser la langue chiac, même que certains auteurs en font un usage important comme si on passait du « chiac-mépris » au « chiac-fierté » pour reprendre les termes de Corbeil au sujet du québécois (Manessy 1993 : 413).

7. Lise Dubois et moi-même (1994) avons déjà démontré que le Nord-Est se démarquait par rapport aux autres régions quant au degré d'insécurité linguistique des locuteurs. En effet, les témoins de la péninsule acadienne s'auto-évaluent beaucoup plus positivement que ceux du Nord-Ouest et du Sud-Est. Les témoins du Nord-Ouest s'auto-évaluent plus positivement que ceux du Sud, mais leurs commentaires métalinguistiques s'apparentent souvent à ceux du Sud-Est. Nous n'avons pas encore étudié le degré d'insécurité linguistique des témoins du Nord ; mais, d'après une brève analyse du discours, nous pensons que les résultats pourraient davantage se calquer sur ceux du Nord-Est.

Bibliographie

BOUDREAU, A. et DUBOIS, L. (1994), « Je parle pas comme les Français de France ben c'est du français pareil. J'ai ma own petite langue », FRANCARD, M. (réd.), *L'insécurité linguistique dans les communautés francophones périphériques*, Louvain-La-Neuve : Cahiers de l'Institut de Linguistique de Louvain, 19 : 3-4, 147-168.

CALVET, L.-J. (1993), *La sociolinguistique*, Que sais-je ? n° 2731, Paris : Presses universitaires de France.

CHAUDENSON, R., MOUGEON, R. et BENIAK, É. (1993), *Vers une approche panlectale de la variation du français*, Institut d'Études Créoles et Francophones, Université de Provence, Didier Érudition.

DALLAIRE, L. et LACHAPELLE, R. (1990), *Profils démolinguistiques des communautés minoritaires de langue officielle (Nouveau-Brunswik)*, Direction de la promotion des langues officielles, Secrétariat d'État.

DAOUST, D. (1994), « L'analyse de quelques facteurs extra-linguistiques et leur rôle dans une éventuelle politique d'implantation terminologique », PHLIPPONNEAU, C., *Sociolinguistique et aménagement des langues*, Actes du XVIe Colloque annuel de l'Association de linguistique des Provinces Atlantiques, Moncton : Centre de recherche en linguistique appliquée, Université de Moncton, 23-65.

FLIKEID, K. (1994), « Origines et évolution du français acadien à la lumière de la diversité contemporaine », MOUGEON, R. et BENIAK, É., *Les origines du français québécois*, Québec : Presses de l'Université Laval, 275-326.

FRANCARD, M. (1989), « Insécurité linguistique en situation de diglossie : le cas de l'Ardenne belge », *Bilinguisme et diglossie, Revue québécoise de linguistique théorique et appliquée*, 8 (2), 133-163.

FRANCARD, M., (en collaboration avec LAMBERT, Joëlle et MASUY, Françoise) (1993), « *L'insécurité linguistique en Communauté française de Belgique* », Collection Français et Société, n° 6, Bruxelles : Service de la langue française.

GADET, F. (1989), *Le français ordinaire*, Paris : Armand Colin.

HAUGEN, E. (1969), *The Norwegian Language in America : A Study in Bilingual Behavior*, Bloomington : Indiana University Press.

LABOV, W. (1972), *Sociolinguistic Patterns*, University of Pennsylvania Press ; pour la traduction française (1976), *La sociolinguistique*, Paris : Éditions de Minuit.

LAFONTAINE, D. (1986), *Le parti pris des mots. Normes et attitudes linguistiques*, Bruxuelles : Éditions Mardaga.

LOCHER, U. (1994), « Les jeunes et la langue », *Bulletin du Conseil de la langue française*, vol. II, printemps, 6-9.

MANESSY, G. (1993), « Vernacularité, vernacularisation », de ROBILLARD, D. et BENIAMINO, M., *Le français dans l'espace francophone*, Paris : Champion, 407-417.

MOUGEON, R. (1993), « Le français en Ontario : bilinguisme, transfert à l'anglais et variabilité linguistique », de ROBILLARD, D. et BENIAMINO, M., *Le français dans l'espace francophone*, Paris : Champion, p. 53-74.

PAQUOT, A. (1988), « *Les Québécois et leurs mots* », Québec : Le Conseil de la langue française et les Presses de l'Université Laval.

PÉRONNET, L. (1994), « Le changement linguistique en Acadie : étude lexicale », *Francophonies d'Amérique*, Ottawa : Les Presses de l'Université d'Ottawa, n°4, 45-55.

PHLIPPONNEAU, C. (1991), « Politique et aménagement linguistiques au Nouveau- Brunswick. Pour de nouvelles stratégies d'intervention », PHLIPPONNEAU, C., *Vers un aménagement linguistique de l'Acadie du Nouveau-Brunswick*, Actes du Symposium en aménagement linguistique, Moncton : Centre de recherche en linguistique appliquée, Université de Moncton, 51-61.

POPLACK, S. (1989), « Statut de langue et accommodation langagière le long d'une frontière », MOUGEON, R. et BENIAK, É., *Le français canadien parlé hors de France ; aperçu sociolinguistique*, Québec : Presses de l'Université Laval, 127-151.

ROY, M. (1993), « Démographie et démolinguistique en Acadie, 1871-1991 », DAIGLE, J. (réd.), *L'Acadie des Maritimes*, Moncton : Chaires d'études acadiennes, Université de Moncton, 141-206.

SAVOIE, A. (1976), *Un demi-siècle d'histoire acadienne*, Chez l'auteur, Bathurst, N.-B.

THÉRIAULT, J.-Y. (1994), « Entre la nation et l'ethnie, sociologie, société et communautés minoritaires francophones », *Sociologie et sociétés*, vol. xxvi, n° 1, printemps, 15-32.

WEINRICH, U. (1953), *Languages in Contact*, La Haye : Mouton, 1953.

Le lexique identitaire de l'acadianité dans les différentes régions de l'Acadie

Paul Wijnands
Président de RELIEF (Réseau d'Étude du Lexique
Identitaire dans l'Espace Francophone),
Maison de la Francité, Bruxelles
École Supérieure de Maastricht,
Faculté de Traduction et d'Interprétation
Université Libre d'Amsterdam, Département de lexicologie

Introduction

« Imposer un nom », disait Pierre Bourdieu, « est instituer une identité » (Bourdieu 1982). Le poète acadien Gérald Leblanc propose la même vérité, mais évidemment de façon plus poétique :

> « Il est des mots dont la seule mention éveille la certitude d'habiter un espace qui répond au sens de ces mots. »
> (Leblanc 1993)

Par ces deux citations, nous sommes d'ores et déjà dans le domaine qui nous intéresse : le lexique identitaire des Acadiens. Mais, tout d'abord, il faut se demander ce qu'est l'identité ? Le concept en tant que tel est rebelle à toute définition car il ne devient opératoire qu'à partir d'une situation d'usage. Disons, en schématisant, qu'il ne vit que grâce à l'altérité d'une autre collectivité : il n'est pertinent qu'en antithèse. L'identité collective peut se manifester dans toute une série de domaines. C'est le domaine culturel qu'il nous faut analyser ici car nous nous proposons d'étudier le phénomène du langage identitaire qui relève bien entendu du culturel. Le lexique identitaire a besoin du discours idéologique car, sans idéologie, il reste sans action sociale et donc sans les effets concrets du mot. Il sera dans ce cas-là abstraction descriptive. Dans son poème, Gérald Leblanc s'exprime bien sûr à demi-mot, car la notion espace ne peut qu'épouser celle de territoire. Territoire comme territorialité, comme communauté, enchâssée, dans le meilleur des cas, dans un territoire juridique qui vise à protéger la territorialisation linguistique et culturelle. La réalité de l'identité culturelle est idéologisée par sa présentation et son affirmation. Le discours identitaire en est le vecteur. Le terme idéologie identitaire a pour nous un sens neutre et donc non péjoratif. Nous le rattachons au concept de « détermination » qui exprime l'appartenance à une structure « de combat » (Joseph Gabel 1988), à une sous-totalité, comme génération, entité ethnique, sous-culture. Le discours identitaire, au détour des actions sociales qu'il alimente, se veut direct et innovateur. Le combat dont il s'inspire pour contrecarrer le poids de l'altérité, présuppose des énoncés en langage-phare. Il n'est dès lors pas étonnant que l'analyse du discours identitaire, dans toutes ses formes, révèle une quantité impressionnante de néologismes, c'est-à-dire de mots nouveaux ou fortement contextualisés, non lexicalisés dans les dictionnaires. La récolte à laquelle j'ai procédé pour mon *Dictionnaire des identités culturelles de la francophonie* (Wijnands 1993) m'a permis de faire cette découverte. La néologie attestée dans le discours identitaire nous autorise à conclure à l'existence d'un lexique qui ne se produit que là et qui, partant, possède sa spécificité intrinsèque. Il est donc tout à fait justifié de parler de lexique identitaire. Le schéma 1 résume dans quel cheminement précis se situe le lexique identitaire.

Schéma 1 (page suivante)

La nomenclature de mon dictionnaire, qui pour des contraintes commerciales a dû être limitée à 3 000 entrées contextualisées et qui de ce fait-là propose un échantillon et non un ensemble exhaustif, couvre la totalité de la francophonie de souche tout en se permettant des incursions dans la « néo-francophonie » (les pays de langue officielle française). Si la documentation sur laquelle elle est basée comprend plus de 800 publications, elle n'est qu'un petit fragment de la totalité des discours produits. Par voie de conséquence, la récolte acadienne, tout d'ailleurs comme les autres, reste considé-rablement en deçà de la réalité quantitative. L'association RELIEF, qui vient d'être créée à Bruxelles au sein de la Maison de la Francité, s'est fixé comme but de mettre sur pied une banque de données plus complète par le biais d'un réseau international de correspondants.

Maintenant que nous avons reconnu l'existence d'un lexique identitaire, il y a lieu de s'interroger sur les circonstances et la fréquence de sa production avant de passer à la catégorisation de ses composantes.

Schéma 1

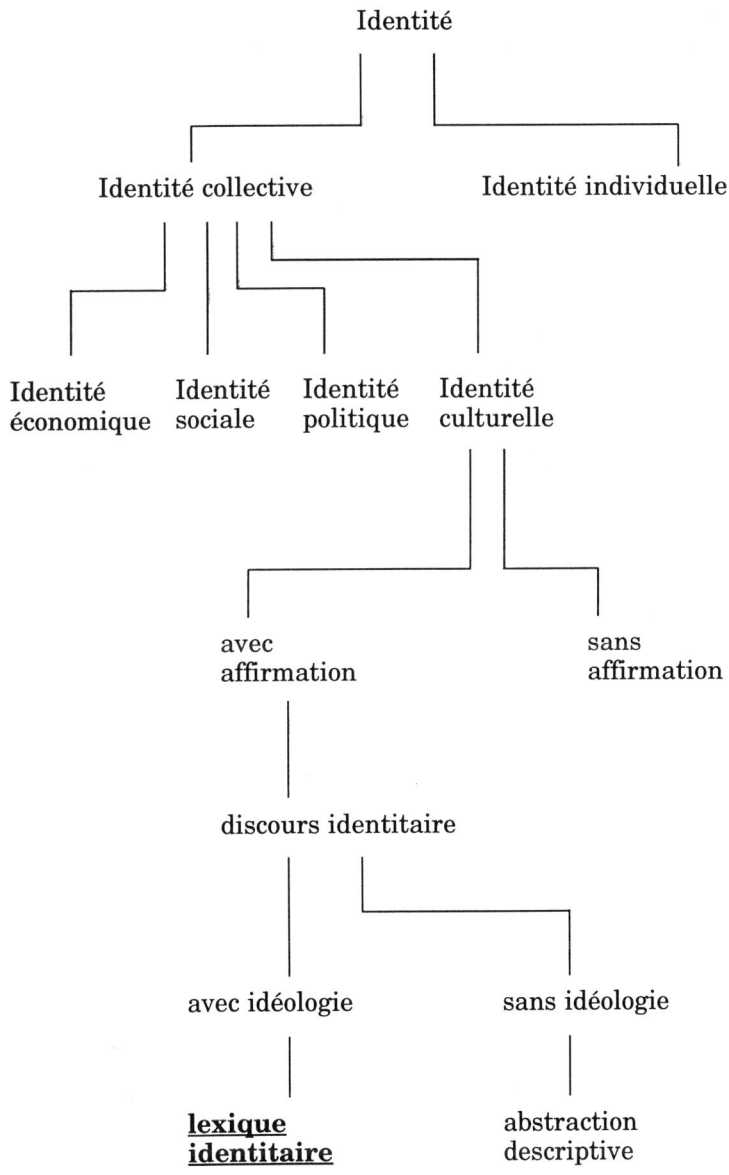

Le lexique identitaire naît, nous l'avons souligné, dans la foulée du discours sur l'identité produit par l'instrumentalisation de l'idéologie vectrice. Pour que l'idéologie puisse être un véritable instrument d'action sociale, elle doit faire l'objet d'une forte prise de conscience identitaire. Cette dernière est fonction de plusieurs facteurs dont la conscience historique n'est certainement pas la moins importante, étant donné qu'elle permet d'entretenir au sein du peuple le mythe de sa fondation. Le mythe fondateur, le territoire, la minorisation politique-sociale et la crainte de la disparition semblent être les sources principales auxquelles s'abreuve le discours sur l'identité culturelle. Le lexique identitaire surgit dans la mesure où le discours ressent le besoin de créer un imaginaire collectif qui soit proportionnel à l'ampleur de l'action sociale voulue et qui, en cherchant la force de frappe des mots, mette toutes ses possibilités créatives au service d'une terminologie de focalisation et d'un langage-phare. La fréquence du lexique identitaire semble décroître proportionnellement à la banalisation du discours par suite d'une récupération du mouvement identitaire par l'adversaire ou de la réalisation des objectifs arrêtés.

L'identité culturelle est une appartenance collective, actualisée ou en latence, fondée sur la mise en commun d'une conscience historique et d'un ensemble de valeurs. De par son essence idéologique, le lexique identitaire ne couvre pas les mêmes composantes. Il comprend grosso modo les vocabulaires de l'appartenance ethnique, de la localisation géographique, de l'interrogation identitaire sur la langue, de l'histoire, du folklore et de la solidarisation/désolidarisation communautaire. C'est dans cet ordre que nous allons passer en revue les notions que nous avons notées. Dans chacun des sous-lexiques, nous distinguerons, le cas échéant, des divisions basées sur des critères linguistiques, tels que les phénomènes de la contextualisation, de la subjectivisation et des procédés de création lexicale.

1. Le lexique de l'appartenance ethnique

Le lexique de l'appartenance ethnique acadienne est extrêmement riche pour ce qui est de la notion de base : « Acadien ». Selon les diverses régions acadiennes, et dans cette diversité réside l'origine de la richesse lexicale ; être « acadien », c'est être :

      acadien
      acadjen

acadjin
acadjon
cadien
cadjin
cajun
cayen
acadin
cajin
cadjein
acadien-français
acado-américain
franco-acadien
franco-louisianais
franco-terreneuvien

La notion d'appartenance acadienne dissociée des mots acadiens fournit en plus :

brayon
chiaque
madawaskaïen
franco-jeune
french
français
frenchie
Coonie (Louisiane)
Coonass (Texas)
Koonass (Texas)
cul de raton laveur

Tous ces mots, à part « chiaque », ne désignent que l'appartenance ethnique ou groupale. Certains, comme « coonie », furent d'abord des injures méprisantes utilisées par l'adversaire (l'autre) mais sont depuis quelques décennies des mots à l'aide desquels les Acadiens concernés (Cadiens) s'identifient eux-mêmes.

Ce qui frappe surtout est le nombre important (onze) des variantes phonético-morphologiques pour la notion de « Acadien ». Trois causes l'expliquent : 1) la dispersion géographique des Acadiens qui favorise l'emploi des variantes pour leur fonction distinctive ; 2) l'absence de standardisation terminologique due à la déterritorialisation et la marginalité politique de la majorité des communautés acadiennes ; 3) la dimension historique du fait acadien dans certains coins de l'Acadie qui fait que le vocabulaire du passé est intégré dans le vécu folklorique. Nous pouvons estimer que la « synonymie » acadienne produite par la série des onze mots constitue un phénomène assez particulier pour lequel nous n'avons pas pu noter jusqu'à présent de pendant dans d'autres régions de la francophonie internationale. La différenciation par le procédé des variantes phonético-morphologiques sert à la contextualisation géographique de l'appartenance ethnique. La série de « Acadien » est réservée au Canada, celle de « Cadien » à la Louisiane. Nous n'avons noté qu'une seule exception à cette règle, c'est quand l'acadianiste français Alain Masson parle des diverses communautés acadiennes au Québec et qu'il les appelle les « Cadies ». Nous avons noté « acadjon » pour la Nouvelle-Écosse seulement, mais notre récolte ne permet pas de tirer des conclusions suffisantes pour affirmer que l'emploi de ce vocable se limite effectivement à cette province. Soulignons enfin que l'attestation du terme « acado-américain » concerne la seule Nouvelle-Angleterre et non cette région et la Louisiane.

Les ethnonymes *french*, *français*, *frenchie* et, pourquoi pas, *francojeune*, sont des exemples de contextualisation qui s'expliquent par la généralisation du fait francophone américain sous l'influence de la minorisation des locuteurs français, généralisation qui efface les différences classificatoires et impose la métaclassification.

Les notions de « brayon » et de « madawaskaïen » me semblent reposer sur des démarquages sous-régionaux au sein de l'acadianité, bien que dans certains contextes ils servent aussi à accentuer ces différences au détriment de cette même appartenance. Je ne dispose pas de textes qui pourraient prouver que le mot madawaskaïen sert en plus à dénoter le partage d'une identité culturelle avec les Américains de Frenchville et de Van Buren. Quoi qu'il en soit, les mots brayon, madawaskaïen et chiac traduisent dans leurs divers emplois l'interrogation identitaire dans la mesure où ils remettent en question le concept de l'unité identitariste acadienne : « Un chiac c'est un Acadien du Sud. Dans la réalité, c'est un citoyen qui cache son identité et qui se sert du français comme d'un argot. Le Brayon est un Acadien du Nord : il a plus de consistance » (Jacques Ferron).

L'ethnicité acadienne affronte dans sa minorisation sociale, mais aussi dans sa volonté d'intégrationnisme, des ethnies qui ne lui sont pas semblables mais qui, d'une façon ou d'une autre, mêlent leur évolution à la sienne. La Louisiane fournit un grand nombre d'exemples d'ethnonymes qui ne peuvent être dissociés de l'acadianité :

>passé-blanc
>créole
>créole noir
>black créole
>free people of colour
>hommes de couleurs libres
>Créoles de couleurs
>Houmas
>Tunica Biloxis
>chauvage
>Sabine
>redbone
>freejack
>Jerry Brindle
>petits créoles
>créoles blancs
>petits blancs

Tous ces mots ne sont évidemment pas des ethnonymes, loin s'en faut, mais ils fonctionnent en tant que tels. Ils traduisent l'hétérogénéité de la population « francophone » de la Louisiane : « Cependant, il convient de noter que les Français sont en fait des groupes extrêmement hétérogènes du point de vue ethnique » (Patrick Griolet). Ce qui frappe quand on lit les textes dans lesquels ils figurent, c'est qu'ils s'entourent d'un flou définitionnel en fonction de la subjectivisation des points de vue exprimés. Il s'agit d'un vocabulaire dont le sens est personnalisé selon les besoins ressentis. Ce sous-lexique est tiraillé entre la terminologisation et la contextualisation.

La liste des appellatifs ethnonymiques pertinents pour le fait acadien peut être bouclée avec les mots « haïtiano-acadien », relevé dans la presse acadienne, et « Mic-Mac ».

Cela nous amène au vocabulaire des surnoms donnés à l'adversaire. Ici la récolte ne révèle que les canadianismes « bloke » et « tête carrée » qui ne sont donc pas spécifiquement acadiens. Cette récolte maigrissime ne doit pas nous surprendre, car en règle générale octroyer des surnoms semble être le privilège des majorités dominantes et non des minorités dominées. Quant aux surnoms donnés aux Acadiens par les anglophones, ils se limitent pour le contexte de l'Acadie canadienne à des canadianismes, preuve que le fait français au Canada ne fait pas l'objet d'une différenciation de la part des « Anglais ».

Être Acadien d'accord, mais comment désigner le processus qui y mène, comment nommer l'ensemble des critères définitoires ? L'éventail lexical dont les Acadiens disposent à cet effet peut être qualifié de riche, autre preuve de la dispersion géographique des Acadiens en diaspora. Voyons d'abord les mots dérivés du vocable « Acadien ». Il y a en premier lieu les verbes, à savoir :

> acadianiser
> cadieniser

et en second lieu les substantifs :

> acadianisation
> acadianité
> acadienneté
> cadjinicité
> cadjinisation

La substantivation est donc le procédé lexical le plus productif. La différence entre acadien et cadien est respectée. La formation « cadjinicité » surprend. On se serait attendu à « cadjinité ». Intéressant nous semble le cas de « acadianisation » où la différenciation acadien/cadien n'est plus appliquée ; mais cette exception, de surcroît néologique, comme le précise son auteur, est due à un publiciste français : Patrick Griolet. Pour lui, « acadianisation » dénote le processus du remplacement dans les chansons populaires louisianaises des référents français par des référents cadiens. Le contexte louisianais de l'acadianité nous fournit aussi le verbe « louisianiser » ainsi que le substantif « louisianisation ». Le dernier est synonyme du mot « acadianisation » utilisé par Patrick Griolet. Le verbe rend lui aussi le même concept. Mais tous les deux véhiculent aussi et surtout le sens de « reléguer la culture française en Amérique du Nord au rang d'une culture à usage folklorique », par analogie avec ce qui se passe ou ce qui s'est passé en Louisiane.

Pour terminer ce volet lexical consacré aux aspects culturels de l'Acadianité, nous nous permettons de signaler les concepts de « brayonner » et de « britanniser » (britannisme, britannisation). Le premier cas n'a été repéré que comme mot d'auteur utilisé ironiquement par Jacques Ferron : « dire : oui, peut-être ». Le second dépasse le cadre acadien bien que son référent le plus utilisé soit l'Acadie.

« Je constate que l'émergence moderne de l'identité acadienne est liée à la capacité de faire le deuil du territoire », écrivait en 1991

Pierre L'Hérault dans *Pour une cartographie de l'hétérogène : dérives identitaires des années 1980* (L'Hérault 1991).

L'Acadie existe et n'existe pas. Elle existe ancrée dans des réalités conçues différemment. Tantôt elle est

rétrospective,

>> Acadie perdue
>> Acadie morte

tantôt projet sur le point d'aboutir,

>> Presqu'Acadie

tantôt projet d'avenir,

>> Acadie-projet
>> Acadie Nouvelle
>> Grande Acadie

Elle semble enterrée en Louisiane où son nom fédérateur a dû se retirer dans des dénominations géographiques, administratives et... climatiques :

>> French Triangle
>> Acadiana
>> Acadianie
>> Cajun Country/Cajunland
>> Acadie Tropicale

Reste :

>> La Louisiane française

et... surtout, dans l'imaginaire des Acadiens non louisianais :

>> La Nouvelle Acadie.

L'Acadie est une notion plurielle, et ce de tous les points de vue. Dans *Vivre au Nouveau-Brunswick*, Adrien Bérubé propose pas moins de quatre définitions : historique, généalogique (patronymique), opérationnelle (linguistique) et prospective. Utilisées dans le discours sur l'identité culturelle, toutes les quatre sont porteuses d'idéologie, d'où leur importance pour le façonnement de l'identitaire des Acadiens. Mais la seule définition à s'appuyer sur le présent, et donc non pas sur le passé ni sur l'avenir, est celle qu'Adrien Bérubé nomme « opérationnelle » et qui porte sur la langue comme principale composante de l'identité. La langue joue donc un rôle important dans le discours identitaire. C'est pourquoi nous quittons ici l'ethnonymie pour étudier un nouveau sous-lexique, celui de l'identité linguistique.

2. Le lexique de l'appartenance linguistique

Le lexique de l'expression et de l'affirmation de l'identité linguistique constitue un important sous-vocabulaire du discours culturo-identitaire. La plupart de ses notions appartiennent aux disciplines scientifiques : la linguistique, la sociologie, l'anthropologie, etc. Citons comme exemples les notions suivantes : bilinguisme additif, transglossique, biliguisation. Un segment plus modeste du lexique linguistico-culturel est formé par les mots qui désignent la langue (et ses variantes) vécue comme moyen de communication et d'identification. Pour l'Acadie du nord, ces mots sont :

    acadien
    franco-acadien
    franco-terre-neuvien
    chiac
    chiak

Il nous semble que le terme « franco-acadien » est utilisé par opposition à « franco-canadien ». Par contre, dans celui de « franco-terre-neuvien », l'élément « franco » nous paraît faire fonction de synonyme hyperonymique de « acadien ». Nous n'avons aucune attestation de « franco-néo-écossais » ni de « franco-édouardais ». Mais notre récolte ne traduit qu'une partie restreinte des réalités lexicales.

Pour la Louisiane, nous avons fait la collecte suivante :

1)   acadien
    cadjein
    cajin
    acadin
    cajun
    cadien
    cadien noir

2)   louisianais
    franco-louisianais
    français louisianais
    français colonial
    colonial french
    river french

3) français plat
français nègre
pidgin french
parler nègre
black french
black créole
congo french
courimavini
gombo french

4) cajun english
anglish

Le lexique de la Louisiane se compose donc de quatre volets. Le premier concerne la langue des Cadiens, donc des descendants des Acadiens chassés par les Anglais lors de la Grande Déportation ; le second comprend les dénominations pour la langue des descendants (créoles) des planteurs français ; le troisième englobe les neuf noms (dont les deux derniers ont une connotation péjorative) qui désignent l'idiome des noirs et le quatrième contient les deux termes utilisés pour nommer l'anglais typique parlé par les Cadiens. Dans ce lexique, les emprunts à l'anglais n'ont rien de surprenant et, pour ce qui est des six variantes orthographiques utilisées pour la langue des Cadiens, elles sont dues, tout comme leurs signifiés « peuple », à l'absence d'une normalisation linguistique de poids. Pour le premier volet, nous notons l'exception de la notion de « cadien noir » qui s'applique à l'Acadien parlé par des noirs cadienisés. Nous pourrions ajouter à ce volet deux autres mots, celui de « cajinisme » qui désigne un régionalisme cadien (syntaxe, lexique) par rapport au français standard et « cadjinophone » qui parle la langue cadienne. Pour l'ensemble des trois premiers volets, nous proposons l'ajout du mot « louisianisme » qui semble désigner les variantes régionales que les trois formes de français attestent par rapport au français standard. Le terme « cajinisme » est donc un hyponyme de « louisianisme ». Précisons, pour conclure ce sous-lexique de l'identité culturelle, que la prise en compte des deux autres formes de français parlées en Louisiane se justifie par leur importance pour la francophonie louisianaise vue dans son ensemble.

Sur le chemin des lexiques identitaires, l'histoire se présente comme une halte incontournable, un relais de première importance. La conscience historique constitue en effet une composante clé de l'identité culturelle. Abordons dès lors le troisième sous-lexique.

3. Le lexique de l'appartenance historique

Si l'histoire a fourni son lot de termes-symboles, la question de savoir lesquels doivent figurer dans le lexique de l'identité culturelle pose problème. Car comment choisir les notions historiques à connotation identitaire ? Et, surtout pour la spécificité de notre lexique, comment reconnaître les notions identitaires non universelles, applicables à une seule identité nationalitaire ? La tâche paraît plutôt difficile. La récolte à laquelle nous avons procédé dans le cadre de notre dictionnaire et de nos travaux ultérieurs méritent d'être enrichie par des lectures plus approfondies des documents historiques. C'est donc avec beaucoup de modestie que nous présentons pour l'Acadie les six notions suivantes :

> Déportation
> Grand dérangement
> Grande émeute
> Grand soir
> Assomptionniste
> Seconde déportation

Six notions historiques à connotation identitaire, ce n'est pas beaucoup. Mais pour que les événements de l'histoire identitaire puissent être marqués d'autant de croix blanches ou noires, c'est-à-dire d'autant de mots-symboles, et donc de métaphores-phares propres au sort d'une communauté prise isolément, il faut qu'ils aient constitué de véritables bouleversements. Et pour la minorité qu'ont toujours été les Acadiens, ces événements manquent souvent ou devrait-on dire : ils ont été retirés du livre de l'histoire par la majorité ? À en croire le poète acadien Claude Beausoleil, ils manqueraient même pour les Québécois : « Nous sommes ici et de nulle part. Enfuis de tous les territoires. Le nord comme blancheur ultime. Le sud comme mirage verdoyant. Le langage et notre territoire. C'est en lui que se lisent les cent et mille lignes de force de cette recherche de sens. Notre **non-passé**. Notre maîtrise discutable de la langue. Notre territoire imaginé. Tout cela donne à nos livres un envol qui disperse au large les désirs et les pulsions. » (Beausoleil 1984)

Pour notre inventaire du lexique historico-identitaire reste le mot... non-passé, reste l'intensité de son impact, cette intensité qui, tantôt en filigrane tantôt en toute sa splendeur, s'est ancrée pour toujours dans le lexique du discours identitaire.

4. Le lexique identitaire du folklore

Pour le sous-lexique du folklore, le problème de son identification se pose dans les mêmes termes que pour le vocabulaire historique. Deux critères permettent néanmoins d'y voir clair : 1) la non-lexicalisation par les dictionnaires du français standard et 2) la fréquence d'utilisation des concepts folkloriques dans le discours identitaire. Pour l'Acadie, cela a abouti à la collecte des notions suivantes :

> fais-dodo
> cajun music
> french music
> la la music
> zarico
> (zariko)
> (zydeco)
> cajun song

Le résultat est clair et net : rien que des mots de la Louisiane. L'Acadie des Provinces maritimes canadiennes est superbement absente. Je dis superbement car, quand le discours identitaire s'engage sur la voie du folklore, il devient passéiste, tombe dans le travers d'une conception qui voit la culture comme un truc ancien, comme un truc qui n'a rien à voir avec le présent ni avec l'avenir et qui mérite donc un traitement de ritualisation et de préservation. Nos travaux semblent indiquer que les Acadiens du Canada aient pu échapper à ce piège. Tout discours identitaire devenu trop « folklorique » révèle des ruptures avec l'action sociale et la thérapeutique et est, par cette caractéristique même, comparable à un discours qui n'a pas su engendrer son lexique propre. L'action sociale qui se cherche de bonnes assises par la force des mots, donc par la création d'un lexique particulier, aboutit tout naturellement à l'action politique, le dernier domaine de notre analyse lexicale.

5. Le lexique identitaire de la politisation

Dans notre inventaire, nous avons intégré des notions politiques attestées dans le discours identitaire acadien, donc des notions ayant une fonction importante dans la lutte pour l'identité culturelle. Nous avons pu dresser la liste suivante :

Pour l'Acadie canadienne :

> dualité
> dualiser
> annexioniste
> bilinguisme-façade
> communautarisation
> communauté linguistique
> concertationniste
> cor
> coriste
> frog power
> indifférence à rebours
> loyaliste
> maritimer
> Néo-Brunswickois
> New-Brunswicker
> personnalisable
> provincialisation
> refrancisation
> région à vocation linguistique

Pour l'Acadie du sud :

> cajun power
> américanisation
> longisme
> longiste

Une analyse linguistique nous a inspiré les réflexions que voici : 1) le terme « bilinguisme-façade », que nous avons noté comme un mot d'auteur du juriste Michel Bastarache, s'ajoute avantageusement à la liste des différents types de bilinguismes auxquels les peuples de la francophonie internationale doivent faire face ; 2) la notion de « communautarisation » présente des similitudes avec la même notion utilisée en Belgique ; 3) la subjectivisation est très forte dans les concepts de « bilinguisme-façade », « concertationniste », « loyaliste » et « indifférence à rebours » ; 4) le concept de « provincialisation » (création d'une province acadienne) constitue un exemple-type de surcontextualisation, on aurait pu utiliser une périphrase, à partir du concept canadien (le renforcement des pouvoirs des provinces) présenté au moyen du même signifiant ; 5) l'appellation « Néo-Brunswickois », qui désigne un habitant du Nouveau-Brunswick, est une dénomination géographique et administrative ; elle devient identitariste lorsqu'elle sert à nommer ceux qui veulent d'abord être néo-brunswickois avant d'être acadien. L'appellation anglaise « new-brunswicker », utilisée en français, désigne le néo-brunswickois anglophone et anti-acadien. Elle fait donc elle aussi partie du lexique identitaire des Acadiens.

Conclusion

L'approche que nous avons choisie pour cerner le lexique identitaire dont nous avons défini l'existence ne prend en considération qu'une seule dimension de cette réalité : le versant lexical. Que celui-ci soit trop collé à l'onomasiologie et à la sémasiologie nous gêne autant que vous. Son unidimensionnalité par la forte mise en exergue du signifiant fut néanmoins le seul moyen méthodologique pour faire démarrer l'étude du lexique de l'identité culturelle. Nous nous trouvons maintenant devant la seconde phase de nos travaux : celle de la réalisation de la pluridimensionnalité. L'association RELIEF, créée à la Maison de la Francité à Bruxelles, a pour but de faire naître l'approche multifacettes. Nous entendons par là que le matériau de notre *Dictionnaire des identités culturelles de la francophonie* sera repensé dans tous les aspects de saisie. Puisque la discursivité doit être vue comme une forme d'action sociale, donc de changement, il s'impose de mettre en place une structure de veille conceptuelle. Car « nous sommes ici et de nulle part. Enfuis de tous les territoires ». Ces déplacements en continu vont de pair non seulement avec des recontextualisations, mais aussi avec des métaphorisations inédites. Ce dernier exutoire que la langue offre à ceux qui sont à la recherche de leur identité est sous-représenté dans nos travaux. Cela est dû au fait que la littérature de la minoritude est restée en friche, faute de moyens d'analyse. Il faudra donc y remédier pour que nos récoltes livrent dans l'avenir non seulement les concepts de « peuple-musée » et de « peuple-enfant », utilisés dans le contexte acadien par Pierre Godin (1972), mais aussi de nombreux autres qui se pressent sous la plume identitaire. L'idéologie est comme une zone de contact entre l'observation et la réalité sociale. Intertextuelle, elle est subjectivisation, motivation et démotivation. Au niveau du discours identitaire dont les mots ne sont que des moyens d'accès, elle devra être approchée par le truchement d'analyses linguistiques systématiques des modèles discursifs dans le but de concilier interprétation et relations sociales. Précisons que le discours ne se fait idéologique que par la discussion et la situation. Il s'ensuit pour l'objectif que nous nous sommes fixé que les travaux que RELIEF mènera devront nous permettre, avec l'aide d'un réseau de correspondants, de constituer une véritable base de données : un monde de textes permettant des pérégrinations qui ne connaîtront pas de terminus. Interterritorial, le discours sur l'identité culturelle est le discours de la déterritorialisation intellectuelle. Il est aussi celui du « fait frantique » de Jean Babineau dans *Bloupe* ou celui de la « pseudo-capitale » Moncton de Michel Roy dans *l'Acadie perdue*.

Si l'identité culturelle existe, sa conceptualisation reste extrêmement difficile. Quand il s'agit de définir, la poésie fait souvent mieux les choses.

> Ma vie s'appelle Moncton
> J'habite un cri de terre aux racines de feu

Ces deux phrases sont de Gérald Leblanc. C'est encore lui qui, à ne pas en douter, réussit le mieux à définir le lexique identitaire. Écoutons-le dans la fin d'un poème qui s'intitule *Pratique de la poésie* :

> Je veux nommer jusqu'au vertige
> tout ce qui m'a touché
> les traces indélébiles
> de certains moments
> les épiphanies du quotidien
> au long de la
> LONGUE COMPLAINTE DE MON APPARTENANCE.

« La longue complainte de mon appartenance ». Et si le lexique du discours identitaire naissait là, donc dans l'élégie du territoire perdu à regagner.

Bibliographie

BABINEAU, Jean (1993), *Bloupe*, Moncton : Éditions Perce-Neige.

BEAUSOLEIL, Claude (1984), « Écritures d'Amérique / l'infini nous regarde », *Les cent lignes de notre américanité*, Moncton : Éditions Perce-Neige.

BOURDIEU, Pierre (1982), *Ce que parler veut dire*, Paris : Fayard.

GABEL, Joseph (1988), *Idéologie*, Paris : Encyclopédie Universalis, vol. 9, 760.

GODIN, Pierre (1972), *Les révoltés d'Acadie*, Éditions Québécoises.

L'HÉRAULT, Pierre (1991), *Fictions de l'identité au Québec*, Montréal : XYZ.

LEBLANC, Gérald (1993), *Complaintes du continent*, Moncton : Éditions Perce-Neige.

ROY, Michel (1978), *L'Acadie perdue*, Montréal : Éditions Québec / Amérique.

WIJNANDS, Paul (1993), *Dictionnaire des identités culturelles de la francophonie*, Paris : CILF.

La prise en compte de l'Acadie
dans les nouveaux dictionnaires québécois

Gabrielle Saint-Yves
Drew University (New Jersey)

Introduction

Le Québec a connu, au cours des dix dernières années, une période d'effervescence dans le domaine de la lexicographie. De nombreux dictionnaires de langue ont vu le jour durant cette période ; certains d'entre eux ont suscité de vives réactions de la part d'organismes gouvernementaux, de la presse, ainsi que du public enseignant. Une grande polémique s'est développée autour de la question du contenu de ces ouvrages ainsi que des marques sociolinguistiques et normatives qu'on y trouve. En rapport avec les questions de langue et d'identité québécoises, qui sont centrales dans ces dictionnaires, se sont dégagées des opinions et des idéologies distinctes qui manifestent un profond désaccord quant à l'image sociologique que devrait refléter le dictionnaire de langue.

Ce débat linguistique, qui fait rage depuis le début des années 1980 (suscité par la parution du *Dictionnaire de la langue québécoise*, de Léandre Bergeron), n'a pas encore fait toute la place qu'il faudrait aux problèmes langagiers des minorités francophones hors Québec, notamment en ce qui a trait à la réception et à la fonctionnalité sociale, pédagogique et culturelle d'un dictionnaire fait au Québec et qui est appelé à être utilisé ailleurs au Canada et aux États-Unis. Les lexicographes québécois peuvent-ils ne pas écouter la voix des minorités francophones du continent nord-américain ?

Nous avons examiné la place qu'occupe l'Acadie dans les nouveaux dictionnaires québécois, en particulier dans le *Dictionnaire du français plus* (DFP 1988), dérivé d'un dictionnaire Hachette et adapté pour le public francophone du Canada par le lexicographe Claude Poirier, et le *Dictionnaire québécois d'aujourd'hui* (DQA 1992), qui dérive des dictionnaires Robert, adapté « en fonction de l'usage du français en Amérique du Nord » par le lexicographe Jean-Claude Boulanger. L'analyse métalexicographique que nous avons faite a été confrontée avec les intentions des auteurs telles qu'elles sont explicitées dans les préfaces.

Cette étude fait partie d'une recherche plus large sur la question de l'impact social du dictionnaire québécois qui a été inscrite comme thèse de doctorat à l'Université de Toronto sous la direction du professeur Russ Wooldridge, spécialiste reconnu dans le domaine de la métalexicographie et de l'histoire des dictionnaires en France.

Le sujet dont nous traiterons dans cet article est le suivant : comment a-t-on, dans les nouveaux dictionnaires du Québec, pensé la situation des minorités francophones du Canada et plus spécifiquement celle de l'Acadie ? Nous essayerons de dégager, à travers l'analyse de la partie liminaire du DFP et du DQA, quelles sont les intentions des auteurs. Nous examinerons ensuite la place de l'Acadie dans la macrostructure et la microstructure de ces deux dictionnaires.

Pour aborder la question d'un point de vue plus large, nous avons parcouru les préfaces de quelques dictionnaires faits en France, comme le *Nouveau Petit Robert* (1993), le *Dictionnaire Hachette encyclopédique* (1994) et le *Petit Larousse* (1993), pour voir la place que pouvait occuper la réalité acadienne dans ces ouvrages et avoir un point de comparaison. Nous présenterons donc un aperçu sommaire de cette recherche avant de passer à l'examen des dictionnaires québécois.

1. Examen de quelques dictionnaires faits en France

Le *Nouveau Petit Robert* (1993) indique, dans sa partie liminaire, qu'il tient compte de la variation régionale de la langue mais qu'il ne vise pas à se substituer aux dictionnaires couvrant des aires spécifiques ; pour le Québec notamment, l'auteur de la préface incite les lecteurs à se reporter au DQA, qui est un produit de la maison Robert. Le nom *Acadie* figure une fois dans ce développement en parlant des territoires où l'on parle le français comme langue maternelle. On remarque cependant que le terme *acadianisme* ne figure pas dans la liste des termes désignant les particularités régionales : « [...] belgicismes, helvétismes, québécismes, africanismes, antillanismes, etc. [...] » (p. XIII).

Dans le dictionnaire lui-même, le mot *acadien* reçoit un traitement acceptable. Des mots acadiens typiques comme *chiac* et *poutine* ne font pas partie de la nomenclature du dictionnaire. Cette absence est révélatrice de la place qu'occupent la langue et la culture de cette minorité francophone. Par contre, l'Acadie est implicitement présente à l'article *sagouin*, par l'allusion qui est faite au roman d'Antonine Maillet, *La Sagouine*.

Il nous a été possible de consulter la liste des canadianismes qui sont inclus dans le *Dictionnaire Hachette encyclopédique* (1994). Cette liste, qui comprend 212 unités lexicales, a été tirée, pour l'essentiel, des textes préparatoires au DFP (qui est un produit Hachette). On ne rencontre, parmi ces mots du Canada, qu'un seul acadianisme, soit le mot *poutine râpée*. On trouve cependant dans l'ouvrage un long développement encyclopédique à propos du nom *Acadie* (inspiré de l'article *acadien* du DFP) ; de plus, le terme *acadianisme* fait l'objet d'un article. D'autre part, il n'y a pas de référence littéraire à l'œuvre d'Antonine Maillet dans la définition du mot *sagouine*.

Le *Petit Larousse* (1993) n'indique pas dans sa partie liminaire qu'il a tenu compte des acadianismes ; le terme *acadianisme* n'est pas non plus inclus dans sa nomenclature. La définition du mot *acadien* est très succincte ; les mots *chiac*, *aboiteau* et *poutine râpée* sont absents du dictionnaire. Le *Petit Larousse* ne parle pour ainsi dire pas de la réalité francophone canadienne hors Québec.

Ce parcours des préfaces et du contenu de quelques dictionnaires français nous a permis de voir que l'Acadie occupe une place marginale dans ces ouvrages. La situation est-elle meilleure dans les dictionnaires faits au Québec ? Pour répondre à cette question, nous avons examiné de la même façon les parties liminaires ainsi que le contenu du DFP et du DQA.

2. Examen du DFP et du DQA

Les données que nous avons réunies ici proviennent d'un travail que nous avons effectué à Québec, à l'été 1994. Nous avons rencontré les auteurs des deux dictionnaires, Claude Poirier et Jean-Claude Boulanger, qui nous ont fourni des renseignements précieux pour notre recherche. Nous avons par la suite examiné nous-même les deux ouvrages en comparant les articles et en faisant divers sondages.

2.1 Les parties liminaires

2.1.1 Le DFP

Les textes d'introduction du DFP sont au nombre de trois : la note de l'éditeur, l'avant-propos de Pierre Auger et de Normand Beauchemin et la présentation du dictionnaire par le rédacteur principal, Claude Poirier. C'est surtout ce dernier texte, écrit par l'artisan même de l'ouvrage, qui nous aidera à vraiment comprendre l'orientation du dictionnaire, le public cible, le contenu de l'ouvrage et, ce qui nous importe surtout ici, l'intérêt porté à l'Acadie.

Le DFP est le premier dictionnaire qui se soit intéressé à la dimension lexicale, culturelle, littéraire, historique et géographique de l'Acadie. Si l'on examine la note de l'éditeur, on remarquera que c'est la « réalité canadienne et nord-américaine » qui fait l'objet de la description. L'avant-propos met l'accent sur l'importance de la francophonie canadienne et de ses apports d'ordre lexical ; le terme *canadianisme* y est présenté comme un terme général recouvrant les québécismes et les acadianismes (DFP : IX).

Le public cible est celui du Québec et de la francophonie d'Amérique : le DFP « est en effet le premier dictionnaire de français à s'adresser en priorité aux Québécois et aux Canadiens francophones [...] ». Poirier consacre, dans sa préface du DFP, une grande place à l'Acadie. Il faut mentionner que le contenu québécois de ce dictionnaire découle d'un projet lexicographique beaucoup plus vaste, en cours depuis une vingtaine d'années, qui vise à réaliser un dictionnaire historique des particularités du français québécois. Si l'on en juge par l'échantillon donné en 1985, l'Acadie occupera une place significative dans cet ouvrage intitulé *Dictionnaire du français québécois*.

Pour revenir au DFP, on constate que Poirier a voulu recueillir les acadianismes les plus représentatifs. Toutefois, l'auteur souligne que les Acadiens ne se sont pas encore prononcés quant à ce qui devrait être inclus dans le dictionnaire. Dans son compte rendu du DFP publié dans le *Bulletin* du Centre de recherche en linguistique appliquée de l'Université de Moncton, Glenn Moulaison (étudiant à la maîtrise) ne fait pas de commentaire sur le contenu acadien de l'ouvrage. Il note la présence d'acadianismes avec un certain étonnement mais ne porte malheureusement pas de jugement sur la pertinence des choix. Dans son introduction, Poirier laisse entendre que le nombre d'acadianismes est appelé à augmenter dans les éditions subséquentes de l'ouvrage. Parmi les exemples qu'il donne dans la présentation du dictionnaire figurent les acadianismes *coquemar*, *poulamon* et *verne*.

2.1.2 Le DQA

La partie liminaire du DQA est divisée en deux sections : la première a été écrite par un chansonnier québécois bien connu d'origine acadienne, c'est-à-dire Gilles Vigneault. La deuxième partie est rédigée par l'auteur du dictionnaire avec la participation de ses collaborateurs.

Dans le texte poétique de Vigneault, l'Acadie occupe une place importante. Quant à l'introduction de Boulanger, elle tient à informer les utilisateurs du public cible : ce dictionnaire s'adresse « tant au public des niveaux secondaire et collégial qu'à l'ensemble des francophones de l'Amérique du Nord » (p. IX). C'est essentiellement l'usage courant du français en Amérique du Nord, notamment au Québec et en Acadie, que l'auteur dit avoir décrit dans le dictionnaire.

Les particularismes québécois ne sont pas marqués dans le dictionnaire. C'est le français du Québec qui est envisagé « comme un tout très cohérent du point de vue historique » (p. XXI). Les notations d'usage géographique sont réduites au minimum. Même si la préface semble attribuer une place importante au patrimoine culturel acadien, Boulanger reconnaît lui-même qu'il n'a retenu pour l'Acadie que quelques exemples : *aboiteau* et *chiac* (ibid.).

Vers la fin de la deuxième partie liminaire du DQA, on comprend que l'usage décrit dans l'ouvrage est celui du Québec, mais que l'on considère que cet usage correspond à celui de l'ensemble du Canada.

2.2 La macrostructure et la microstructure du DFP et du DQA

Les auteurs des deux dictionnaires examinés semblent avoir considéré que le fait de décrire le français du Québec constituait *de facto* une contribution à la description du français canadien dans son ensemble, puisque les traits distinctifs du français canadien par rapport au français de France sont, pour la plupart, connus dans tout le Canada francophone.

À plus forte raison est-on en droit de penser que les parlers français hors Québec sont pris en compte quand on parle d'usages canadiens, ou encore quand on parle de réalités canadiennes ou nord-américaines. L'Acadie occupe ainsi, de façon indirecte, une certaine place dans ces ouvrages. Nous avons relevé quelques-unes de ces mentions implicites dans chacun des deux dictionnaires.

Mais ce qui nous importait davantage était de faire le bilan des références directes à l'Acadie et à ses usages linguistiques spécifiques dans ces ouvrages. Nous avons donc établi la liste de toutes les mentions explicites à ce sujet que nous avons pu trouver à la lumière des indications que nous ont données les auteurs et des recherches que nous avons faites dans le DFP et dans le DQA.

2.2.1 Le DFP

2.2.1.1 Références implicites à l'Acadie comme faisant partie de l'ensemble canadien

Un certain nombre de faits acadiens sont couverts par des mentions de type géographique qui sont utilisées dans la définition de mots renvoyant à des réalités nord-américaines ; par exemple, sous le mot *province*, on peut lire : « province du Nouveau-Brunswick » (p. 1351).

Les exemples suivants font état de réalités communes relatives à la faune :

s.v. *avocette* : « L'avocette d'Amérique [...] habite la partie méridionale des Prairies canadiennes » (p. 135) ;

s.v. *bec-scie* : « Canard plongeur nord-américain [...] » (p. 161) ;

s.v. *castor* : « Emblème animal du Canada, le castor figure sur les pièces de 5 cents » (p. 257) ;

s.v. *chevreuil* : « Cervidé américain [...]. [...] un des plus importants gibiers en Amérique du Nord » (p. 294).

Les passages suivants évoquent de façon manifeste des réalités communes relatives à la flore :

> s.v. *ail* : « *Ail des bois* : au Canada, variété sauvage d'ail [...] utilisé traditionnellement en cuisine » (p. 40) ;

> s.v. *bleuet* : « Le bleuet nain a une aire de distribution très vaste dans l'est de l'Amérique du Nord » (p. 182) ;

> s.v. *érable* : « La feuille de l'érable à sucre a été choisie comme emblème du Canada ; on la retrouve, stylisée, sur le drapeau canadien » [...] « Les érables indigènes au Canada ont tous des feuilles simples et lobées [...] » (p. 616).

L'expression *Confédération canadienne* (s.v. *confédération*) fournit, quant à elle, l'occasion de faire mention de réalités communes relatives à l'administration et à la politique :

> « *La Confédération (canadienne)* : l'association des provinces canadiennes, qui reconnaît d'importants pouvoirs au gouvernement central (le fédéral) » (p. 353).

On trouve, dans les définitions portant sur des termes géographiques spécifiques, des références relatives au territoire où vivent les Acadiens :

> s.v. *atlantique* : « *Les Provinces atlantiques* : Terre-Neuve et les Provinces maritimes » (p. 115) ;

> s.v. *maritime* : « *Les Provinces maritimes*, ou *les Maritimes* : les provinces du Nouveau-Brunswick, de la Nouvelle-Écosse et de l'Île-du-Prince-Édouard » (p. 1003).

Enfin, il est fait mention d'un roman acadien à propos du mot *sagouine*, lequel n'est pas proprement acadien : « *La Sagouine*, roman d'Antonine Maillet » (p. 1489).

2.2.1.2 Références explicites

On fait mention de l'Acadie dans un certain nombre de développements encyclopédiques du dictionnaire, dans la formulation de certaines définitions et dans des explications de nature linguistique qui complètent des définitions. Voici les passages concernés.

Dans des développements encyclopédiques :

s.v. *anglican* : « C'est à l'occasion de la conquête de l'Acadie (1710) et de celle de la Nouvelle-France (1760) que l'Église anglicane prit racine au Canada [...] » (p. 71) ;

s.v. *bayou* : « C'est le long des bayous que s'étaient fixés les Acadiens arrivés en Louisiane au XVIIIe siècle [...] » (p. 159) ;

s.v. *bombe* : « [...] *coquemar* est de nos jours confiné à l'Acadie [...] » (p. 187) ;

s.v. *cajun* : [Étymol.] « Altér. de *acadien*. [Encycl.] [...] plusieurs centaines de réfugiés acadiens arrivèrent en Louisiane : ils furent à l'origine du groupe *cajun* (déformation américaine d' 'Acadien') » (p. 226) ;

s.v. *cayen* : [Étymol.] « De *Cadien*, 'habitant de l'Acadie, anc. la Cadie'. » ; [Encycl.] « Le gentilé [...] rappelle les origines géographiques des premiers habitants du lieu, des Acadiens » (p. 263) ;

s.v. *diphtongue* : « La diphtongaison n'est pas [...] universelle, au Québec ; par exemple, les parlers [...] qui sont apparentés au français acadien [...] ne l'utilisent pas » (p. 510) ;

s.v. *épinette* : « Dans le domaine acadien, le mot en usage est *prusse*, variante de *pruche* [...] » (p. 610) ;

s.v. *franco-américain* : « Nombreux aussi furent les Canadiens d'origine acadienne à traverser la frontière pour s'installer aux États-Unis [...] » (p. 706) ;

s.v. *halloween* : « Elles [ces pratiques] se sont perpétuées [...] en Acadie (Nouvelle-Écosse) où Halloween s'appelait le 'soir des tours' » (p. 783) ;

s.v. *pêche* : « Pendant la période de colonisation française, l'Acadie et la Gaspésie se développèrent grâce aux pêcheries du golfe [...] » (p. 1214) ;

s.v. *religieux* : « Les *jésuites* séjournèrent d'abord en Acadie [...] » (p. 1427) ;

s.v. *seau* : « Des prononc. en *-iau* sont attestées de façon sporadique en français du Québec (et aussi en français acadien) aux XVIIe et XVIIIe s. » (p. 1516).

Dans des définitions ou dans des compléments à la définition :

s.v. *acadianisme* : « Mot, locution ou tournure propre au français d'Acadie » (p. 9) ;

s.v. *canadianisme* : « Le terme canadianisme est aujourd'hui une appellation générale englobant les acadianismes et les québécismes » (p. 234) ;

s.v. *canadien* : « Le français canadien (ou franco-canadien) comprend deux variétés principales, le québécois et l'acadien » (p. 234) ;

s.v. *franco-* : « Franco-canadien. Franco-acadien. Franco-québécois » (p. 706) ;

s.v. *franco-canadien* : « De nos jours, on emploie plutôt les appellations spécifiques *(français) québécois* [...] *(français) acadien, français ontarien* [...] » (p. 706) ;

s.v. *québécisme* : « Le terme canadianisme [...] est aujourd'hui une appellation générale englobant les acadianismes et les québécismes » (p. 1371) ;

s.v. *rhinante* : « Plante à fleurs jaunes [...] dont une variété est cour. appelée *crête de coq* et *graines de Boston* par les Acadiens des îles de la Madeleine » (p. 1460).

De plus, on évoque à quelques reprises le cas de l'Acadie dans la partie annexe du dictionnaire, dans le développement intitulé : « L'expansion du français hors de France » (p. 1854-1855).

Fait plus important, on trouve dans ce dictionnaire des mots spécifiquement acadiens, du moins de nos jours (puisque certains d'entre eux ont pu être connus au Québec, à l'époque ancienne), ou employés surtout en Acadie. En voici la liste :

aboiteau : « En Acadie, digue élevée pour la récupération des terres littorales à des fins de culture » (p. 4) ;

bouscueil : « *Rare (acad.* ou *litt.)* Mouvement des glaces sur la mer lors du dégel printanier [...] » (p. 199) ;

coquemar : « *(Acadie)* Bouilloire » (p. 380) ;

s.v. *croquignole* : « Pfs *croquecignole*, surtout en Acadie » (p. 417) ;

fayot : « (*Acadie*) Plante légumineuse du genre *Phaseolus* [...] » (p. 665) ;

mitan : « *Vx* ou *rég.* (notam. en Acadie). Milieu » (p. 1053) ;

nonante : « adj. num. cardinal. *Acadie (vieilli), Belgique, Suisse.* Quatre-vingt-dix » (p. 1118) ;

paire : « *Rég.* Mamelle d'une bête d'élevage [...]. Usité surtout dans l'est du Québec [...] jusqu'en Acadie (où l'on utilise plutôt le mot *remeuil*) [...] » (p. 1176) ;

poulamon : « Poisson ressemblant à une petite morue [...]. [Étymol.] Mot acadien, probabl. d'origine amérindienne » (p. 1309) ;

s.v. *poutine* : « *Poutine râpée* : mets acadien [...] » (p. 1313) ;

prusse : « Nom cour. de l'épinette en Acadie » (p. 1352) ;

remeuil : « (*Acadie*) Mamelle d'une bête d'élevage [...] » (p. 1429) ;

septante : « adj. num. cardinal. *Acadie (vieilli), Suisse, Belgique.* Soixante-dix » (p. 1530) ;

verne : « (*Acadie*) Aulne [...]. Var. : vergne. [...] [Encycl.] Le mot *verne* [...] est courant en Acadie et dans quelques localités québécoises où se sont implantées des familles acadiennes [...] » (p. 1751).

L'auteur a inclus des exemples littéraires acadiens sous les deux mots suivants :

s.v. *mitan* : « Non, un *houme* peut pas, *coume* ça, lâcher la mer en plein mitan de sa vie » (Antonine Maillet, *Gapi et Sullivan*, 1973) (p. 1053) ;

s.v. *prusse* : « Ils nous l'avont grignotée [la terre], bouchée par bouchée, pis ils y avont replanté du pruce pour leu moulin à scie. » (Antonine Maillet, *Évangéline Deusse*, 1975) (p. 1352).

2.2.2 Le DQA

2.2.2.1 Références implicites

On rencontre des références géographiques aux régions habitées par les Acadiens, par exemple dans les articles suivants :

s.v. *atlantique* : « Les Provinces atlantiques : Les Provinces maritimes* et Terre-Neuve » (p. 70) ;

s.v. *maritime* : « *Les Provinces maritimes*, celles qui touchent l'océan Atlantique (Nouveau-Brunswick, Nouvelle-Écosse, Île-du-Prince-Édouard) » (p. 717).

Les articles portant sur la faune et la flore canadiennes concernent l'Acadie comme les autres parties du Canada, par exemple :

s.v. *castor* : « Emblème animal du Canada. Le castor figure au revers de la pièce de 5 cents » (p. 167) ;

s.v. *érable* : « La feuille d'érable est l'emblème national du Canada » (p. 431).

D'autres articles illustrent des références communes à la politique, entre autres :

s.v. *confédération* : « La Confédération canadienne : l'association politique formée par les dix provinces du Canada [...] » (p. 233) ;

s.v. *fédération* : « Les dix provinces canadiennes forment une fédération » (p. 481).

Dans la partie annexe du dictionnaire concernant la chronologie des faits historiques de l'humanité (pages bleues), on trouve des références communes à l'histoire du Canada et de l'Acadie, par exemple à propos de l'année 1867 :

« Naissance de la Confédération canadienne : le Québec, l'Ontario, le Nouveau-Brunswick et la Nouvelle-Écosse en font partie ».

2.2.2.2 Références explicites

Dans la partie « langue » de l'ouvrage, on fait référence à l'Acadie à propos de mots qui renvoient à des réalités acadiennes ou de mots qui sont mis en relation avec des réalités acadiennes.

> s.v. *acadien, ienne* : « De l'Acadie. *L'histoire et les coutumes acadiennes* » (p. 6) ;
>
> s.v. *acadianisme* (classé sous le précédent) : « Mot, sens, locution ou tournure propre au français acadien. [...] *Le mot chiac est un acadianisme* » (p. 6) ;
>
> s.v. *canadianisme* (classé sous *canadien*) : « Mot, sens, locution ou tournure propre au français du Canada. – **Acadien** » (p. 155) ;
>
> s.v. *canadien* : « *Les Canadiens français.* – **Acadien** » (p. 155) ;
>
> s.v. *franco-acadien* (classé sous *franco-*) : « adj. et n. m. Relatif à une variété de français en usage en Acadie. *Des mots franco-acadiens.* – N. m. *Le franco-acadien*, cette variété de français » (p. 513) ;
>
> s.v. *québécisme* (classé sous Québec) : « Fait de langue (mot, sens [...]) propre au français du Québec. – [...] **acadianisme** » (p. 966).

On rencontre dans le DQA quelques emplois lexicaux qui sont spécifiques à l'Acadie :

> s.v. *aboiteau* : « (Surtout en Acadie) Digue [...] » (p. 3) ;
>
> s.v. *chiac* : « **1.** (Avec une majusc.) Surnom, sobriquet donné aux Acadiens. *Des Chiacs.* [...] **2.** N. m. *Le chiac*, le parler populaire acadien. *Ils parlent le chiac.* En appos. *Parler chiac* » (p. 191) ;
>
> s.v. *poutine* : « **2.** Acadie. Boulette de pommes de terre râpées farcie de viande de porc, cuite à l'eau bouillante » (p. 922).

Dans la partie des noms propres, le DQA présente les articles suivants :

> *Antonine* **Maillet** : « Écrivaine acadienne (née en 1929) [...] » (p. 192) ;
>
> *l'***Acadie** : « Région du Canada [...]. – *les* **Acadiens**, habitants francophones de l'Acadie [...] » (p. 2).

Dans la partie annexe relative aux gentilés et aux toponymes, on retrouve les gentilés *Acadien, Néo-Brunswickois, Néo-Écossais,*

Prince-Édouardien, *Terre-Neuvien* de même que les toponymes qui leur ont donné naissance, *Acadie*, *Nouveau-Brunswick*, *Nouvelle-Écosse*, *Île-du-Prince-Édouard* et *Terre-Neuve*.

Conclusion

On se rend compte, au terme de cette analyse, que la réalité acadienne occupe une place plus importante dans les nouveaux dictionnaires québécois que dans les dictionnaires français que nous avons examinés sous le point 1. Il reste que le français acadien et les références à l'Acadie, implicites ou explicites, demeurent complémentaires à la description d'une autre réalité linguistique et culturelle, à savoir celle du Québec. Des deux dictionnaires québécois examinés, le DFP est celui qui va le plus loin sur ce plan ; on peut même dire que ce dictionnaire ouvre une voie intéressante à cet égard, mais malgré tout insuffisante pour les utilisateurs acadiens.

Les lexicographes québécois ont adopté, depuis une quinzaine d'années, une orientation plutôt autonomiste par rapport à l'usage de France dans le but de donner une certaine légitimité aux usages linguistiques québécois. La situation nouvelle qui est ainsi créée remet en question les façons de faire traditionnelles en ce qui a trait à l'utilisation des dictionnaires. La révolution lexicographique québécoise oblige à repenser la notion de norme linguistique, le modèle linguistique qui est proposé aux apprenants dans la salle de classe et le type d'ouvrage de référence dont on veut disposer dorénavant pour enseigner le français en Ontario, au Manitoba et plus particulièrement en Acadie.

Pour qu'il soit possible de progresser dans cette réflexion, il est nécessaire que les Acadiens, les Franco-Ontariens, les Franco-Manitobains, pour ne mentionner que quelques-unes des minorités francophones d'Amérique, fassent connaître leur avis et leurs réflexions théoriques concernant l'ensemble de ces questions. Comme cette problématique se situe au centre de notre recherche, nous sommes à l'écoute de ceux qui accepteraient de nous faire connaître leurs réactions afin que nous puissions analyser, d'un point de vue éclairé, la dimension sociolinguistique de l'impact des nouveaux dictionnaires du Québec sur les minorités francophones du continent nord-américain.

Bibliographie

BERGERON, Léandre (1980), *Dictionnaire de la langue québécoise*, Montréal : VLB éditeur.

Dictionnaire du français plus à l'usage des francophones d'Amérique, (POIRIER, Claude, rédacteur principal) (1988), Montréal : Centre éducatif et culturel Inc.

Dictionnaire Hachette encyclopédique, sous la direction de MOINGEON, Marc (1994), Paris : Hachette.

Dictionnaire québécois d'aujourd'hui, rédaction dirigée par BOULANGER, Jean-Claude (1992), Saint-Laurent : DicoRobert Inc.

Le Nouveau Petit Robert, sous la direction de REY-DEBOVE, Josette et REY, Alain (1993), Paris.

Le Petit Larousse illustré (1993), Paris : Larousse, 1992.

MOULAISON, Glenn (1989), compte rendu du *Dictionnaire du français plus,* dans *Bulletin du CRLA*, vol. 1, n° 1, Université de Moncton, 34.

L'apport du *Dictionnaire du français québécois* à la description du français acadien

Claude Poirier
Université Laval

Introduction

La tradition lexicographique québécoise a pris naissance dans la première moitié du XIXe siècle avec la publication de listes de fautes et de locutions vicieuses. À partir de 1880, on note chez certains auteurs de lexiques une tendance à atténuer, sinon à abandonner, le discours prescriptif et à enrichir leurs observations par des remarques à contenu culturel. Dans le *Glossaire franco-canadien* de Dunn (1880), cette tendance s'exprime par de brèves mentions sur les origines françaises d'un bon nombre de mots ou de locutions. Chez Clapin (1894), l'ouverture est beaucoup plus manifeste ; son *Dictionnaire canadien-français* contient de nombreux articles traduisant un intérêt non seulement pour l'histoire des mots, mais aussi pour la variation géolinguistique et les rapports entre la langue et la culture.

Clapin a notamment parsemé son dictionnaire de remarques sur l'usage acadien qu'il met régulièrement en rapport avec la façon de parler des « Canadiens » du « bas Saint-Laurent » (v. *chatonner*), ou région du « bas de Québec » (v. *drôle*, *esse*). Mais il relève aussi des emplois qui ne concernent que les Acadiens, par exemple l'appellation *Neutres* qui fait référence à une période mouvementée de l'histoire acadienne[1]. Il semble donc que, pour cet auteur, il s'imposait d'évoquer la présence acadienne dans un dictionnaire visant à décrire les usages ayant cours chez les francophones de la province de Québec.

Cette préoccupation se maintient chez Dionne (1909) qui puise largement dans les relevés de son prédécesseur auquel il rend d'ailleurs crédit (p. XXI) ; Dionne fait même figurer explicitement le terme *acadianisme* dans le titre de son ouvrage[2]. Le *Glossaire du parler français au Canada* (Rivard et Geoffrion 1930) poursuit dans la même voie, mais, curieusement, les mots acadiens ou surtout acadiens (par ex. *aboiteau*, *amouneter*, *éloèse*) ne sont pas signalés comme tels au lecteur. Il ne faut pas s'étonner outre mesure du silence du *Glossaire* sur ce point puisque ses auteurs n'ont pas précisé davantage la variation régionale sur le territoire du Québec[3].

C'est dans le prolongement de cette tradition lexicographique qu'est né le projet du Trésor de la langue française au Québec (TLFQ), qui consiste à préparer un dictionnaire historique des mots, sens et expressions qui caractérisent le français du Québec par rapport au français de France. Il est aisé de constater, en parcourant le volume d'échantillons du *Dictionnaire du français québécois* (DFQ) paru en 1985, que le français acadien occupe une place importante dans cet ouvrage. Malgré les limites que l'équipe a dû imposer à ses ambitions de départ, les particularités du français acadien reçoivent encore un traitement privilégié dans ce dictionnaire qui sera un ouvrage de référence dans lequel tous les Canadiens d'expression française pourront reconnaître, dans une très large part, leur propre usage.

1. Le profil du dictionnaire

D'après le plan de travail établi par Marcel Juneau (1977 : 60), l'œuvre était « appelée à rassembler tous les archaïsmes de la langue française, tous les dialectalismes galloromans, tous les amérindianismes, tous les anglicismes qui, lexicaux ou sémantiques, caractérisent ou ont dans le passé caractérisé le français québécois, ainsi que toutes les innovations, de forme ou de sens, qu'a subies dans le pays le vocabulaire importé de France ou emprunté aux langues d'adstrat (langues amérindiennes et anglais) ». On précisait en outre dans ce projet initial que les acadianismes et les emplois propres au français ontarien devaient former, avec les québécismes, la base de la nomenclature du dictionnaire, avec cette réserve que les dépouillements seraient moins exhaustifs pour les variétés du français canadien parlées à l'extérieur du Québec.

À cette époque, l'équipe ne soupçonnait pas l'ampleur de la tâche qui l'attendait. Personne n'avait encore mis en évidence le fait que la majorité des mots de la langue courante présentent des différences avec l'usage de France, différences qui touchent tantôt les aspects lexématiques, sémantiques et syntagmatiques, tantôt le statut des mots dans l'usage (registre, domaine, fréquence et connotation). Les premières, bien qu'elles ne soient pas toujours évidentes, sont plus faciles à détecter ; les secondes sont beaucoup plus subtiles et risquent d'échapper même à l'observateur expérimenté[4].

Il faut se rappeler en effet qu'il n'existe pas de description d'ensemble du français du Québec ; le travail des rédacteurs du DFQ consiste à organiser l'abondante documentation rassemblée au TLFQ à propos de chacun des québécismes à la suite de dépouillements dans les documents anciens, dans les journaux, dans la littérature, dans les glossaires, etc., à formuler des définitions et à dégager les syntagmes qui rendront compte du fonctionnement de ces mots, à bien identifier l'aspect sous lequel l'usage québécois diffère de l'usage de France et à chercher les origines de chacun des emplois répertoriés. La recherche historique requiert à elle seule un investissement de temps considérable, puisqu'il faut tenir compte à la fois du français de jadis, des parlers régionaux et dialectaux de France, de l'anglais britannique et de l'anglais nord-américain de même que des langues amérindiennes.

On sait en outre que le lexicographe est régulièrement amené à traiter de vocabulaires relatifs à des réalités qu'il connaît mal ; il lui faut donc parfaire ses connaissances avant de se lancer dans la description des mots qui servent à les exprimer. Ainsi, la préparation des articles portant sur les noms des tribus amérindiennes a exigé une recherche approfondie sur l'histoire et le mode de vie des premiers habitants du pays.

L'équipe a créé des outils de recherche informatisés pour accélérer le travail : un index lexicologique de tous les mots et expressions ayant fait l'objet d'une étude ou d'un commentaire dans l'une ou l'autre des sources du corpus métalinguistique québécois[5], une base de données textuelles regroupant actuellement une soixantaine d'œuvres de fiction publiées au Québec depuis le milieu du XIXe siècle, un inventaire du fichier lexical du TLFQ, lequel contient environ 1 200 000 fiches, etc. Elle a pu compter en outre sur la collaboration de collègues qui ont mis à sa disposition des corpus oraux et écrits et elle a bénéficié des résultats de grandes enquêtes dialectologiques : celles de Massignon (1962), de Dulong et Bergeron (1980) et de Lavoie, Bergeron et Côté (1985).

Au début des années 1990, l'équipe avait évalué à plus de 15 000 le nombre des mots à traiter pour satisfaire aux exigences du plan initial, et encore, en se limitant au domaine québécois et sans entrer trop avant dans la variation régionale. Il était évidemment impossible d'envisager qu'on puisse traiter un aussi grand nombre de mots dans un dictionnaire visant à une étude en profondeur sur les plans synchronique et historique, compte tenu des contraintes du financement. C'est pourquoi il a été décidé de restreindre la nomenclature à environ 5 000 mots. Malgré cette réduction, il va de soi que le dictionnaire doit continuer à accueillir un certain nombre de mots caractéristiques du français acadien.

2. Le français du Québec et les autres variétés de français dans le DFQ

Le DFQ s'appuie sur un grand nombre de sources. Les unes (les sources explicitées) constituent le corpus qui fournit les exemples de mots devant faire l'objet d'un article ; les autres (les sources explicitantes) sont celles qui servent à expliquer, notamment sur le plan historique, les emplois formant la nomenclature. Les *sources explicitées* se composent essentiellement de textes et d'enregistrements québécois, mais ce corpus contient aussi un bon nombre d'éléments acadiens : glossaires et articles, œuvres littéraires, enregistrements oraux (plus de deux cents bandes magnétiques conservées aux Archives de folklore de l'Université Laval) et résultats d'enquêtes par correspondance effectuées dans les années 1970 et 1980, grâce à la collaboration du père Anselme Chiasson. Les *sources explicitantes* sont hétérogènes quant à leur objet et essentiellement de nature métalinguistique ; elles regroupent les dictionnaires et les études portant sur les français des États-Unis (surtout le français louisianais), les français et dialectes de France, de Belgique et de Suisse, les français d'Afrique, les créoles à base française, les diverses variétés d'anglais (britanniques et américaines) et les langues amérindiennes.

Il faut comprendre de ce qui précède que les articles du DFQ porteront sur des mots en usage au Québec et, dans une proportion moindre, en Acadie ; les autres variétés de français du Canada seront par le fait même largement couvertes, bien que de façon indirecte, puisque, pour l'essentiel, elles dérivent du français du Québec. L'équipe n'a jamais envisagé d'inclure dans la nomenclature de son dictionnaire des usages propres aux français parlés aux États-Unis ; ces usages sont cependant pris en compte pour l'explication historique des emplois québécois et acadiens quand la comparaison avec ces parlers permet d'en préciser l'origine et l'évolution.

3. Lexique acadien et dictionnaire québécois : problèmes de traitement

On a établi ci-dessus que des mots, des sens et des expressions du français acadien figureront dans le DFQ. Comme le dictionnaire vise à donner une analyse sémantique fine des emplois et à mettre en évidence le fonctionnement du lexique en dégageant la syntagmatique, en précisant les liens entre les mots et les rapports entre les emplois caractéristiques du français québécois et ceux qui sont les mêmes qu'en France[6], les acadianismes retenus ne peuvent être que complémentaires à la description, pour des raisons de compétence linguistique et de cohérence scientifique ; ils seront, pour cette raison, clairement identifiés comme tels.

3.1 La compétence des rédacteurs

Les Québécois ont souvent reproché aux Français la manière dont ils traitent les québécismes dans leurs dictionnaires (voir par ex. Dugas (1979) qui a fait la critique du *Petit Robert*, éd. de 1978). Les lexicographes de France ont amélioré leurs ouvrages sur ce point depuis les années 1970, mais il reste que la description qu'ils donnent des emplois québécois est encore loin d'être satisfaisante : définitions inexactes, exemples déficients, jugements normatifs qui ne rendent pas compte de la perception des Québécois, etc.[7] Le même danger guette les lexicographes québécois quand ils traitent d'emplois acadiens, surtout en ce qui a trait à leur statut sociolinguistique. Décrire un fait de lexique dans le DFQ, c'est faire une analyse à la fois sémantique, syntagmatique et morphologique, c'est appliquer les méthodes de la lexicologie, de la philologie et de l'étymologie. Il n'est pas facile pour un lexicographe qui ne pratique pas lui-même la variété étudiée de réussir cet exigeant programme de description, surtout de bien cerner l'emploi des mots et de bien juger de leur statut dans l'usage (connotations, registres). Ce sont finalement les aspects historiques qui peuvent être abordés avec le plus d'assurance par les Québécois quand il est question des usages acadiens.

3.2 La cohérence de la description

Un dictionnaire de langue est un ouvrage qui vise à donner la clef des usages dans le but de guider le décodage et l'encodage des énoncés. Pour qu'il puisse atteindre cet objectif, le lexicographe appuie sa description sur une variété de base ; il peut inclure dans la nomenclature de l'ouvrage des emplois caractéristiques d'autres variétés, pour permettre à l'utilisateur de comprendre les énoncés auxquels il est susceptible d'être exposé, mais ces emplois sont alors marqués comme extérieurs à la variété de base. C'est le cas des belgicismes, des helvétismes et des québécismes dans les dictionnaires de France. On doit en effet admettre que ces emplois ne fonctionnent pas à l'intérieur du même sous-système français ; le mot *magasiner*, qu'on trouve dans le *Petit Robert*, n'est pas, pour un Français, un synonyme de *faire du shopping* ou de *faire des courses*, puisque ce mot n'appartient pas à sa compétence active. Pour cette raison, ce mot ne servira pas à décrire d'autres emplois dans le dictionnaire. Sous *glace*, on n'y trouvera pas le syntagme *plaque de glace*, qui s'insère pourtant de façon tout à fait naturelle dans le sémantisme du mot, parce qu'il n'est pas d'usage en France ; si on le faisait, on signalerait à l'utilisateur qu'il s'agit d'un emploi québécois.

De la même façon, le dictionnaire québécois peut inclure des faits de lexique propres à la variété acadienne, mais il doit les étiqueter comme tels et il ne peut les expliquer de façon complète puisque la présence de ces mots modifie l'économie générale du lexique. On ne peut donc tenir pour acquis que les emplois qui sont en apparence les mêmes au Québec et en Acadie fonctionnent exactement de la même façon ; j'ai noté, par exemple, que le mot blonde est bien connu en Acadie, mais un énoncé comme *il s'a poigné une blonde* ne pourrait figurer sans mention dans le DFQ puisque le corpus québécois n'en livre aucune occurrence.

Les locuteurs québécois et acadiens sont très sensibles aux caractéristiques de « l'autre » variété ; Massignon (1962 : 740-741) a souligné ce « sentiment très vif » que les deux populations ont de la « limite sémantique entre les parlers d'Acadie et du Canada ». Cette perception des locuteurs justifie déjà à elle seule qu'on ne confonde pas dans une même description ces deux variétés de français, surtout que l'usage acadien est pour l'instant beaucoup moins bien connu que l'usage québécois sur le plan du lexique.

4. La sélection des acadianismes

En dépit des limites qui viennent d'être rappelées, il s'impose que la variété acadienne soit prise en considération dans l'établissement de la nomenclature d'un dictionnaire québécois qui vise à faire l'histoire de la langue et à établir des rapports entre la langue et la culture ; c'est la nature même de l'ouvrage qui l'exige. La présence d'acadianismes dans le DFQ aura par ailleurs l'avantage de rappeler régulièrement à l'utilisateur du dictionnaire que le français canadien comprend deux variétés principales, ayant chacune ses caractéristiques et sa personnalité propre.

4.1 La perspective historique

Bien que le poids relatif des diverses régions de France qui ont fourni les contingents de colons ne soit pas le même au Québec et en Acadie, les origines du français québécois et du français acadien sont pour ainsi dire identiques. C'est ce qui explique qu'il y ait une foule de canadianismes qui sont à la fois des québécismes et des acadianismes et qu'on retrouve dans le français québécois de jadis un bon nombre d'emplois qui sont aujourd'hui typiques du français acadien, par exemple *coquemar* et *septante*, bien attestés au Québec du XVIIe siècle jusque vers le milieu du XIXe. Ces mots pourraient donc faire partie de la nomenclature du DFQ.

Après la période de colonisation, il s'est produit des contacts entre les Acadiens et les Québécois à mesure que les aires respectives des deux domaines linguistiques s'étendaient, à la suite de la tragédie de la Déportation. Des groupes d'Acadiens ont gagné le nord du Nouveau-Brunswick et sont venus s'établir du côté québécois, dans la baie des Chaleurs et sur la basse Côte-Nord, et ont même formé un peu partout sur le territoire du Québec de petites communautés qu'on a appelées les *petites Cadies*. C'est à la faveur de ces mouvements de population que certains mots acadiens ont pris souche ici et là sur le territoire du Québec, par exemple le mot *bâsir* « cesser d'être visible, disparaître ; mourir », qui a été relevé sporadiquement entre Champlain et Montréal au début du siècle et qui subsiste de nos jours dans les régions où les Acadiens sont venus s'établir. Les mots de ce type se qualifient donc, en principe, pour la nomenclature du DFQ ; s'ils ne figurent pas tous dans l'ouvrage, c'est qu'on a dû la restreindre pour les raisons données plus haut.

Les exemples qui précèdent sont des cas où il est relativement facile de trancher entre l'usage acadien et l'usage québécois. Il y en a cependant d'autres où il y a une véritable intrication entre les deux et où l'explication des faits québécois serait impossible, ou du moins tronquée, si l'on faisait abstraction du français acadien.

Cette observation se vérifie notamment pour les mots du vocabulaire rural. *Anneuillère* (*annouillère*) se dit au Québec d'une vache qui ne donne plus de lait ; en Acadie, on connaît le mot sous sa variante *ne(u)illère*, plus rare au Québec ; on utilise en outre le mot *neuillasse*, inattesté dans l'usage québécois, en parlant d'un jeune bovin (mâle ou femelle) en âge de se reproduire. La mise en rapport de ces mots, qui appartiennent à la même famille lexicale, permet d'en reconstituer l'histoire et en éclaire les origines dialectales françaises. Le mot acadien *adonnance* (ou *adounance*) « hasard, chance » se rattache à la famille de *adon*, *adonner*, *adonnant*, mots répandus au Québec mais dont certains emplois ne sont connus que dans des régions (notamment dans Charlevoix et au Saguenay/Lac-Saint-Jean). *Cani* au sens de « moisi » est un emploi implanté surtout dans l'est du Québec et que l'on retrouve au Nouveau-Brunswick et en Nouvelle-Écosse ; en France, il a été relevé dans le nord et dans le nord-ouest, régions qui ont peu influencé la formation du lexique acadien, mais aussi dans le vocabulaire maritime, d'après les relevés de certains dictionnaires depuis le XVIIIe siècle. Cet exemple vient corroborer la thèse selon laquelle ce vocabulaire était largement répandu sur le territoire de France à l'époque de la colonisation, au sud comme au nord de la Loire, ce qui expliquerait que *cani* ait pénétré dans l'usage acadien.

Le mot *poutine* est un autre de ces mots qui appartiennent au fonds québécois traditionnel[8]. Un bon nombre de ses emplois sont aujourd'hui vieillis au Québec ou sont confinés à certaines parties du territoire, mais le mot a connu une nouvelle vitalité depuis une vingtaine d'années en parlant d'un plat composé de frites et de fromage en grains nappés d'une sauce brune ; si le plat ne s'impose pas au goût de tous, le mot est inévitable et on s'attend à le trouver dans le DFQ.

Poutine désigne d'abord un dessert à base de farine ou de mie de pain, dans *poutine au pain*, *poutine à la mélasse*, qui sont mieux attestés autrefois mais qui survivent dans l'usage populaire. Michel Tremblay a recours à ce mot dans *Le premier quartier de la lune* (1989 : 121) :

> Claire Lemieux brassait une pâte faite de vieux pain rassis, de lait, d'œufs, additionnée d'un peu trop de vanille, qu'elle allait mettre au four pour le repas du soir. [...] « J'fais d'la poutine au pain pour le souper, es-tu content ? »

C'est à cet emploi que se rattache *poutine en sac* qui a été relevé en Acadie. *Poutine* est vraisemblablement un mot d'origine dialectale française, mais cet emploi précis, soit le sens de « dessert », s'explique probablement par l'influence sémantique de l'anglais *pudding* qui désigne un mets semblable ; d'ailleurs, *poutine en sac* paraît renvoyer à l'ancien mode de cuisson du pudding, d'après une remarque qu'on trouve dans l'*Oxford English Dictionary* : « The earliest use [...] apparently implied the boiling of the composition in a bag or cloth [...] as is still often done [...]. »

Mais, pour un Acadien, la poutine, c'est d'abord la poutine râpée. L'appellation *poutine râpée* désigne un mets fait d'un mélange de pommes de terre crues râpées et de pommes de terre cuites réduites en purée que l'on façonne en boules dans lesquelles on insère de la viande de porc et que l'on fait mijoter dans de l'eau bouillante salée ; la préparation de ce mets connaît diverses variations régionales et familiales (qui, faut-il le mentionner, rendent difficile, pour un lexicographe québécois, la confection d'une définition satisfaisante pour les premiers concernés !). *Poutine râpée* est un acadianisme, mais on trouve au Québec divers emplois de *poutine* qui sont très voisins. Par exemple, comme en Acadie, le mot peut se dire dans certaines régions d'un mets fait de boulettes de pâte que l'on fait cuire dans un liquide en ébullition (eau, sirop, jus de viande), de même que de chacune des boulettes ainsi cuites (le mot est alors synonyme de *grand-père*) : *ajouter des poutines à un ragoût*. Au XIXe siècle, on disait en outre *poutine glissante* en parlant d'un dessert consistant en carrés de pâte bouillis dans l'eau, qu'on mangeait avec de la mélasse.

C'est cette appellation de *poutine râpée* qui fournit les meilleurs indices pour l'histoire du mot. On trouve en effet dans les parlers de France diverses formes apparentées (*pouture*, *poutue*, *poutis*, etc.) servant à nommer des bouillies à base de pommes de terre cuites. C'est donc l'usage acadien qui met le chercheur sur la piste de l'origine du mot. À la lumière de ce premier rapprochement, on est en mesure d'expliquer d'autres emplois québécois, par exemple le sens de « mélange peu appétissant de divers aliments », qui conduit à celui de « plat composé de frites et de fromage en grains nappés d'une sauce ». Dans le premier cas, c'est le sème d'« aliments écrasés », de « bouillie », qui est rappelé ; dans le second s'ajoute le rappel de la pomme de terre.

On imagine mal comment le DFQ pourrait rendre compte des usages québécois sans faire intervenir, au niveau même de la description, les attestations acadiennes, surtout dans des cas semblables où les usages acadiens permettent d'établir la filiation sémantique et historique des emplois. Comme la chose a été mentionnée plus haut, les emplois acadiens de *poutine* seront précédés de la marque *Acadie* dans l'article du DFQ ; ils seront évidemment illustrés par des exemples d'auteurs acadiens, notamment le suivant, de Pascal Poirier (1928 : 235-236) :

> Avec le hareng et les coquillages, ce qui sauva de la mort ceux des Acadiens qui s'en sauvèrent, ce furent les pommes de terre. [...] Avec *des patates* et de la viande de cochon, les Acadiens en exil trouvèrent ce plat merveilleux, dont Vatel fut mort de joie, s'il en eut découvert la recette : *la poutine râpée*. Ce mets, digne des dieux de l'Olympe, constitue encore aujourd'hui le régal par excellence du réveillon de la messe de minuit.[9]

4.2 La dimension culturelle

Clapin a bien vu qu'il était impossible de donner une bonne représentation des particularités lexicales du français québécois si l'on délaissait les aspects culturels. Comment en effet bien comprendre ces mots, en rendre toute la signification et en évaluer l'usage dans la population si l'on se prive de l'éclairage que fournit l'étude des traditions, des habitudes de vie, des institutions, de la géographie, de l'habitat ? Cette constatation, qui paraît aller de soi, a pourtant échappé à nombre de puristes et d'aménagistes qui, depuis le XIXe siècle, ont cherché à définir la norme du français au Québec sans se préoccuper de ces rapports entre langue et culture, se contentant de fixer le regard sur les modèles de France. Par ailleurs, on peut faire le pari que les efforts pour l'amélioration de la qualité de la langue obtiendront de meilleurs résultats s'ils s'appuient sur une description objective et un respect des usages qui diffèrent de la norme de France plutôt que sur leur condamnation rapide. C'est pourquoi il est important d'établir des liens entre ces usages et les manifestations de la culture.

Le DFQ accorde, on l'a souligné plus haut, une place importante aux explications historiques, lesquelles constituent une première exploration de la dimension culturelle ; ces explications sont nécessaires pour la compréhension des différences et l'interprétation juste de ce qui s'est passé. Le dictionnaire présentera également, le cas échéant, des développements encyclopédiques, ethnologiques et toponymiques qui permettront de situer les faits langagiers dans un cadre plus large.

En raison de la dynamique des relations entre les deux principales zones de peuplement francophone au pays depuis l'époque de la colonisation, les auteurs du DFQ ne pouvaient pas limiter cette ouverture au seul domaine québécois. C'est surtout sur le plan de la variation géolinguistique que le dictionnaire apporte une contribution à la connaissance de la culture acadienne et de ses rapports avec la culture québécoise. La variation spatiale de la langue renseigne en effet sur la construction d'une culture ; elle est à mettre en relation avec l'histoire du peuplement, les mouvements de population, l'habitat, etc.

Le DFQ contient de nombreuses remarques sur la répartition géographique des mots et renvoie régulièrement à l'usage acadien. Par exemple, sous *herbe*, on mentionne qu'en Acadie on dit *herbe à dindon(s)* plutôt qu'*herbe à dinde(s)* en parlant de l'achillée millefeuille. De même, on peut lire sous *atoca* (dans une rubrique encyclopédique) :

> Dans certaines régions du Canada français, l'airelle canneberge et l'airelle à gros fruit portent des noms distincts : dans Charlevoix et au Saguenay / Lac-Saint-Jean, la première variété est connue sous le nom de *atoca de cran* et la seconde sous celui de *atoca de savane* ; en Acadie, on les appelle respectivement *mocauque* et *pomme de pré*.

L'observation de la variation géolinguistique permet de voir que la frontière Québec / Acadie n'est pas la seule qui soit révélatrice. Bien sûr, certaines oppositions entre le domaine québécois et le domaine acadien sont marquées, par exemple celle entre *aune* (québécois) et *verne* ou *varne*, *vargne* (acadien). Mais, dans d'autres cas, à cette opposition s'en ajoute une autre, tout aussi nette, sur le territoire même du Québec, entre l'ouest et l'est ; c'est le cas des mots *pis*, *paire* et *remeuil* que les ruraux emploient pour parler de la mamelle d'une bête laitière selon qu'ils habitent à l'ouest d'une ligne reliant Berthier, Brome et Yamaska, à l'est de cette ligne ou en territoire acadien. Une troisième possibilité se présente, soit l'existence d'une opposition entre une partie du Québec et une autre partie qui fait bloc avec l'Acadie ; par exemple, pour parler de l'hameçon, on trouve *hameçon* à l'ouest de Trois-Rivières et *ain* à partir de cette région jusqu'en Acadie, ce qui illustre bien le fait que la dichotomie Acadie / Québec n'est pas toujours pertinente. Cette variation des isoglosses doit être mise en rapport avec le peuplement d'origine, sans doute, mais il y a certainement d'autres facteurs qui ont joué dans l'établissement des usages québécois et acadiens. De ce point de vue, la prise en compte des faits acadiens permet d'aborder l'étude de l'origine et de l'évolution du lexique québécois dans une perspective dynamique[10].

Le DFQ traite aussi de certaines pratiques culturelles des Acadiens. Le mot *poutine*, dont il a été question plus haut, illustrait déjà le fait que le dictionnaire avait certains égards pour les aspects typiques de la gastronomie acadienne. Le traitement d'*aboiteau* est plus révélateur, de ce point de vue, puisque le mot est purement acadien, bien qu'on le connaisse dans certaines régions du Québec qui ont bénéficié de l'expérience acquise par les francophones des Maritimes dans l'assèchement des terres marécageuses. La définition du mot se lit comme suit :

> En Acadie et dans certaines régions du Bas-Saint-Laurent, digue dressée en bordure de la mer (ou d'une rivière soumise aux variations du niveau de ses eaux) qui, par le moyen d'une vanne à clapets, permet d'assécher les terres marécageuses du littoral en vue de les rendre propres à la culture.

L'article contient une partie encyclopédique dans laquelle on trouve des précisions sur la technique des aboiteaux, sur ses origines européennes de même que sur sa diffusion dans certaines régions du Québec et en Louisiane.

Il convient de mentionner, en terminant, qu'on trouvera ici et là dans le dictionnaire, précédés de la mention (Acad.), des exemples tirés d'auteurs acadiens à propos de mots qui sont communs aux Québécois et aux Acadiens. C'est là une façon d'attirer l'attention sur des énoncés dont la qualité littéraire mérite d'être soulignée, ou encore d'améliorer l'illustration du dictionnaire en recourant à des exemples plus pertinents que ceux que livre la documentation québécoise disponible. Dans les deux cas, le DFQ donne la parole à des Acadiens en attendant qu'ils puissent s'exprimer de façon plus complète dans un dictionnaire qu'ils auront eux-mêmes conçus et façonnés à leur image.

Conclusion

Le français acadien est une source de renseignements de première importance pour la connaissance de l'histoire du français en Amérique depuis l'époque coloniale, notamment pour celle de la formation du lexique. De plus, cette variété de français est l'expression de la culture d'une communauté qui éclaire, par comparaison, celle des Québécois. Ce sont là deux raisons qui justifient que le DFQ, qui est un dictionnaire historique, lui accorde une attention particulière.

Les auteurs du DFQ ont par ailleurs bien conscience du fait que le jour n'est pas encore venu où les communautés francophones hors Québec pourront soutenir des projets de dictionnaire. Au moment où la lexicographie québécoise connaît un développement accéléré, il importe de réfléchir à la place que les diverses variétés du français au Canada pourraient occuper dans les ouvrages qui s'annoncent. En incorporant à la nomenclature de leur dictionnaire un certain nombre d'acadianismes et en établissant régulièrement des rapports avec l'usage acadien, les auteurs du DFQ suivent la voie qu'ont déjà tracée des devanciers et espèrent contribuer de cette façon à une meilleure compréhension réciproque des communautés francophones du pays[11].

Notes

1. Les exemples qui précèdent m'ont été fournis par Gabrielle Saint-Yves qui a fait un examen approfondi de l'ouvrage sous cet aspect.

2. Voir la bibliographie.

3. Voir Mercier (1992 : 466) qui estime que Rivard et Geoffrion « ont vraisemblablement opté pour ce silence parce qu'ils savaient ne pas être en mesure de traiter ces aspects de façon objective et cohérente du début à la fin de leur répertoire. »

4. Concernant la notion de « québécisme » et la typologie des particularités lexicales du français du Québec, v. Poirier (1995).

5. *L'Index lexicologique québécois* (ILQ) repose sur le dépouillement des glossaires, dictionnaires, manuels de bon usage et listes de mots constitués depuis l'époque du père Potier (milieu du XVIIIe siècle) jusqu'au début des années 1980, de même que sur un large échantillon d'articles dans des revues, de chroniques de langage, de thèses, etc. Plus précisément, le corpus de l'*Index* est formé d'environ 1 500 sources différentes et sa nomenclature comprend plus de 160 000 entrées. Parmi les sources de l'ILQ figurent de nombreux ouvrages et articles portant sur le français acadien (notamment ceux de Massignon, de Poirier, de Geddes, de Carbonneau). On peut, depuis quelque temps, avoir accès à cet outil de recherche via le réseau Internet.

6. Sur l'approche descriptive pratiquée dans le DFQ, v. Poirier (1995).

7. Sur ce point, v. Poirier (1989). Cette critique vaut également, *mutatis mutandis*, pour la nouvelle édition du *Bon usage* (1993), préparée par André Goosse, qui a, tout comme le *Petit Robert*, le mérite d'inclure un bon nombre de traits du français canadien (v. le compte rendu de Poirier et Prévost (1994)).

8. Les données qui suivent proviennent d'une recherche effectuée par Esther Poisson qui a rédigé l'article *poutine* pour le DFQ.

9. Comme on le voit, Pascal Poirier attribue une origine relativement récente à ce mets et, dans une note, il fait découler *poutine râpée* de l'anglais *pudding* (ce mot présente en effet des sens qui se rapprochent de celui de l'appellation acadienne). Le DFQ ne se prononce pas sur la provenance du mets, son explication portant uniquement sur l'origine du mot lui-même, qu'il rattache aux parlers de France.

10. À mesure que progressent les recherches sur les français nord-américains, on se rend compte du grand intérêt des données acadiennes pour la reconstitution de l'histoire du français en Amérique du Nord ; voir sur ce point Poirier (1994a : 261-267) qui montre que les données acadiennes sont, à la limite, suffisantes pour prouver que la langue parlée au début de la colonie était le français. Voir aussi Poirier (1994b) qui exploite l'éclairage de l'usage acadien, notamment à propos de l'origine de l'assibilation des [t] et [d] en français du Québec (p. 78-86).

11. Je tiens à remercier la Chaire pour le développement de la recherche sur la culture d'expression française en Amérique du Nord (CEFAN) dont l'appui financier m'a permis d'aller présenter ce texte à Moncton.

Bibliographie

CLAPIN, Sylva (1894), *Dictionnaire canadien-français ou Lexique-glossaire des mots, expressions et locutions ne se trouvant pas dans les dictionnaires courants et dont l'usage appartient surtout aux Canadiens-français*, Montréal et Boston : C.O. Beauchemin & Fils et Sylva Clapin, XLVI + 389 p.

DFQ (1985) : *Dictionnaire du français québécois. Volume de présentation*, sous la direction de POIRIER, Claude, Sainte-Foy : P.U.L., XXXVIII + 169 p.

DIONNE, Narcisse-Eutrope (1909), *Le parler populaire des Canadiens français ou Lexique des canadianismes, acadianismes, anglicismes, américanismes, mots anglais les plus en usage au sein des familles canadiennes et acadiennes françaises*, Québec : Laflamme & Proulx, XXIV + 671 p.

DUGAS, Jean-Yves (1979), « Les canadianismes au Petit Robert 1978 », *Meta*, 24 : 3, 395-410.

DULONG, Gaston et BERGERON, Gaston (1980), *Le parler populaire du Québec et de ses régions voisines. Atlas linguistique de l'Est du Canada*, Québec : Gouvernement du Québec, Ministère des Communications en coproduction avec l'Office de la langue française, 10 vol.

DUNN, Oscar (1880), *Glossaire franco-canadien et vocabulaire de locutions vicieuses usitées au Canada*, Québec : Imprimerie A. Côté, XXVI + 199 p.

JUNEAU, Marcel (1977), *Problèmes de lexicologie québécoise. Prolégomènes à un Trésor de la langue française au Québec*, Québec : P.U.L., 278 p.

LAVOIE, Thomas, BERGERON, Gaston et CÔTÉ, Michelle (1985), *Les parlers français de Charlevoix, du Saguenay, du Lac-Saint-Jean et de la Côte-Nord*, Québec : Gouvernement du Québec, Ministère des Communications, 5 vol.

MASSIGNON, Geneviève (1962), *Les parlers français d'Acadie. Enquête linguistique*, Paris : Klincksieck, 2 vol.

MERCIER, Louis (1992), *Contribution à l'étude du Glossaire du parler français au Canada (1930) : analyse de l'enquête linguistique (1902-1922) de la Société du parler français au Canada et de ses liens avec la genèse du dictionnaire*, thèse de Ph.D., Université Laval, 942 p.

POIRIER, Claude (1989), « Le rôle du dictionnaire dans la perception et la définition des normes langagières », *Le français en tête*, Actes du colloque sur l'apprentissage du français au Québec (Québec, 29-31 janvier 1988), Centrale de l'enseignement du Québec, 41-48.

POIRIER, Claude (1994a), « La langue parlée en Nouvelle-France : vers une convergence des explications », MOUGEON, Raymond et BENIAK, Édouard (dirs.), *Les origines du français québécois*, Québec : P.U.L., 237-273.

POIRIER, Claude (1994b), « Les causes de la variation géolinguistique du français en Amérique du Nord : l'éclairage de l'approche comparative », POIRIER, Claude (dir.), avec la coll. de BOIVIN, A., TRÉPANIER, C. et VERREAULT, C., *Langue, espace, société : les variétés du français en Amérique du Nord*, Sainte-Foy : P.U.L., 69-95.

POIRIER, Claude (1995, sous presse), « Les variantes topolectales du lexique français : propositions de classement à partir d'exemples québécois », FRANCARD, M. et LATIN, D. (dirs.), *Le régionalisme lexical*, Actes du colloque de Louvain-la-Neuve (janvier 1994), UREF-AUPELF.

POIRIER, Claude et PRÉVOST, Geneviève (1994), compte rendu de M. Grevisse, *Le bon usage*, grammaire française, refondue par A. Goosse, treizième éd., 1993, *Revue de linguistique romane*, t. 58, 552-560.

POIRIER, Pascal (1928), *Le parler franco-acadien et ses origines*, Québec : Imprimerie franciscaine missionnaire, 339 p.

RIVARD, Adjutor et GEOFFRION, Louis-Philippe (1930), *Glossaire du parler français au Canada*, préparé par la Société du parler français au Canada, Québec : L'Action sociale, XIX + 709 p.

TREMBLAY, Michel (1989), *Le premier quartier de la lune*, Montréal : Leméac.

La structure d'argument des verbes en anglais chez les Acadiennes et les Acadiens : divergente ou semblable à celles des anglophones ?

Patricia Balcom
Département d'anglais
Université de Moncton

Introduction

Dans le domaine de l'acquisition d'une langue seconde (ALS), on peut se poser la question suivante : pourquoi la plupart des apprenantes[1] n'arrivent-elles pas au même degré de compétence que les locutrices natives ? Jusqu'à ce jour, très peu de recherches ont été menées auprès d'apprenantes très avancées, bien que ce type de recherche puisse apporter des éléments de réponse à la question. Les études faites jusqu'ici (Coppieters 1987 ; Birdsong 1992 ; Sorace 1993 ; Connors et Ouellette 1993) ont révélé que la compétence des apprenantes très avancées (démontrée au moyen des évaluations de la grammaticalité) était quand même différente de celle des locutrices natives, même si leur performance était égale.

Cook (1991 ; 1992) a discuté la question de la compétence finale en ALS sous la rubrique de ce qu'il a appelé la multicompétence, c'est-à-dire « l'état composé d'un esprit qui possède deux grammaires [internalisées] » (« the compound state of a mind with two grammars ») (1991 : 112). Premièrement, Cook a proposé que la grammaire intériorisée de la langue seconde chez la bilingue diffère de celle d'une monolingue, bien que la performance de la bilingue soit semblable à celle de la monolingue (1992 : 62). Son deuxième point porte sur une question connexe, à savoir si les bilingues ont deux grammaires intériorisées distinctes ou si les deux forment un système intégré.

Cook a situé sa deuxième question dans la théorie des principes et des paramètres (Chomsky 1981). Étant donné que cette théorie présuppose des composantes diverses, Cook a pu modulariser (« modularize ») la question de la compétence finale en ALS. Il a suggéré qu'on examine la compétence des bilingues dans les modules distincts de la grammaire pour déterminer les modules où les grammaires convergent et/ou se séparent. En se fondant sur des recherches antérieures, Cook a conclu que le lexique mental est intégré pour les deux langues. Néanmoins, il a indiqué qu'on n'a étudié que les listes de mots (l'orthographie et les apparentés, par exemple), et que les études sur les entrées lexicales complètes, y compris la structure d'argument, sont lacunaires.

Dans la présente étude, j'explorerai la représentation de la structure d'argument de certaines classes de verbes chez les Acadiennes et les Acadiens apprenants très avancés en anglais langue seconde.

1. Le cadre théorique

Dans les deux phrases suivantes, il existe la même relation entre le syntagme nominal (en caractères gras) et le verbe ; l'état final de l'objet représenté par le syntagme nominal est le même, bien que sa position syntaxique soit différente.

(1) a. The giant broke **the window**.
    b. The **window** broke.

Il y a toutefois des contraintes à l'égard de ces alternances : on ne peut pas dire que la relation entre le verbe et le syntagme nominal (en caractères gras) est semblable dans les deux phrases au numéro (2) :

(2) a. The giant ate **the child**.
    b. **The child** ate.

Les théories de la structure d'argument cherchent à expliquer ce genre de relation entre un verbe et ses arguments (les arguments sont le sujet grammatical et les compléments d'un verbe). Bien qu'il existe plusieurs conceptions de la structure d'argument (notamment Hale & Keyser 1986a et 1986b ; Zubizarreta 1987 ; Pinker 1989 ; Jackendoff 1990 ; Hale & Keyser 1993 ; Levin 1993), j'ai choisi la théorie de Grimshaw.

Grimshaw (1990 : 1) a défini la structure d'argument comme « une représentation lexicale des renseignements grammaticaux d'un prédicat » (« a lexical representation of grammatical information about a predicate »). C'est le niveau de la représentation qui relie la structure lexico-sémantique (y compris les rôles thématiques) et la structure-D (y compris les positions syntaxiques à la structure profonde) et qui fait partie de l'entrée lexicale. Selon la théorie de Grimshaw, la structure d'argument représente des relations de proéminence (« prominence ») entre les arguments d'un verbe. On détermine la proéminence par les propriétés thématiques et aspectuelles du prédicat. En ce qui concerne la proéminence thématique, Grimshaw a supposé la hiérarchie thématique exposée au numéro (3). Cette hiérarchie détermine quel argument sera l'argument externe qui, par conséquent, sera associé à la position sujet.

(3) *Hiérarchie thématique*
(Agent (Expérienceure (But/Source/Locatif(Thème))))

Cette hiérarchie veut dire que, s'il y a un agent, on associera ce rôle à la position sujet, sinon à l'expérienceure[2] et ainsi de suite.

Cependant, Grimshaw a démontré que la hiérarchie thématique seule ne suffit pas pour expliquer les différences entre certaines classes de verbes, comme *frighten* et *fear* ; elle a donc proposé une dimension aspectuelle de la proéminence, où les activités sont plus proéminentes que les états ou les changements d'état, et où les causes sont toujours les plus proéminentes au niveau aspectuel :

(4) (Cause(autre (...)))

Avec cette approche d'association à deux dimensions, l'argument externe, partant le sujet grammatical, est ce qui est le plus proéminent (« maximally prominent ») aux niveaux thématique et aspectuel.

2. Le cadre opératoire

Les verbes que j'ai étudiés appartiennent aux diverses classes suivantes, tout en comportant des structures d'argument distinctes.

i. Des verbes expérientiels (« experiential » Radford 1988) *occur, happen, take place, arise* et des verbes transitifs avec un sens comparable mais avec un sujet [+humain] : *experience, undergo, meet with*. La structure d'argument des verbes comme *happen* est présentée au numéro (5), et celle des verbes comme *experience*, au numéro (6)[3] :

(5) The accident happened.
happen
((Thème))
    2

Ces verbes n'ont pas d'argument externe, tandis qu'un verbe comme *experience* a un argument externe qui vit l'expérience :

(6) Mary experienced this.
experience
(Expérienceure (Thème))
    1   2

ii. Les verbes d'état psychologique *please* et *scare* vs. *like* et *fear*. La première classe peut prendre un sujet [-humain], soit la cause de l'état psychologique de l'expérienceure, alors que la deuxième classe prend un sujet humain qui vit l'état psychologique. Leurs structures d'argument sont les suivantes :

(7) This scares Mary.
scare
((Expérienceure (Thème))[4]
    2   1
(8) Mary fears this.
fear
(Expérienceure (Thème))
    1   2

iii. Des verbes inaccusatifs qui ont une alternance transitive, avec *close*, *sink*, *stick* et *break*. Dans l'alternance inaccusative, le thème est déplacé en position sujet, comme au numéro (9) :

(9) The door opened.
open (inaccusatif)
((Thème))
    2

iv. Les constructions moyennes, comme les inaccusatifs, ont une alternance transitive et un thème déplacé en position sujet, mais elles se distinguent des premiers par le fait qu'il y a un agent sous-entendu et un adverbe obligatoire dans les constructions moyennes (Hale et Keyser 1986b ; Fagan

1988 ; Stroik 1992). J'ai utilisé les verbes *set up* et *cut*.

(10) This bread cuts easily.
cut (moyen)
((Thème))
 2

v. Des phrases où le sujet est un instrumental, avec les verbes *cut* et *open*. Grimshaw n'a pas inclus ce rôle thématique dans sa hiérarchie, mais on suppose généralement qu'un instrumental est plus proéminent qu'un thème (Fillmore 1968 ; Bresnan et Kanerva 1989). Puisque l'instrumental est une cause, il est proéminent sur le plan aspectuel.

(11) The key opened the door.
open
(Instrumental (Thème))
 1   2

vi. Les verbes de mesure (*weigh* et *cost*) et les verbes de perception (*taste* et *smell*) n'ont pas d'argument externe ; puisqu'ils décrivent un état, ils ne sont pas proéminents au niveau aspectuel. Ainsi, aux fins de cet exposé, ils ont la même structure d'argument que (5), (9) et (10).

3. Les instruments expérimentaux

1. L'évaluation de la grammaticalité

L'évaluation de la grammaticalité – mesure de la compétence – comprend 35 phrases contenant des verbes des classes mentionnées ci-dessus. Vingt des phrases sont grammaticales ; les quinze autres sont agrammaticales et se construisent avec la morphologie passive (*be* et le participe passé, dorénavant *be + en*), structure fautive dans le contexte de la phrase. Les sujets ont jugé les phrases « grammaticales », « agrammaticales » ou « incertaines » et ont corrigé celles qu'elles avaient jugées agrammaticales. Un exemple de chaque classe se trouve au numéro (12), où j'ai indiqué les phrases agrammaticales avec un astérisque :

(12) Les classes de verbes utilisées dans l'étude

(A) Verbes expérientiels avec sujet [-humain] :
The riot occurred after the police officers had been acquitted.

(B) Verbes expérientiels avec sujet [+humain] :
The students met with many adventures while they were travelling.

(C) Verbes d'état psychologique avec sujet [-humain] :
The results pleased the students, although the professor was unhappy.

(D) Verbes d'état psychologique avec sujet [+humain] :
Many people like their coffee before they get out of bed.

(E) Verbes inaccusatifs avec alternance de transitivité :
*The door was closed smoothly because Mary had remembered to oil the hinges.

(F) Constructions moyennes :
This bread cuts easily when it isn't frozen solid.

(G) Verbes avec sujet qui est un instrumental :
The key will open the door if you insert it properly.

(H) Verbes de mesure :
*This dress was only cost $40, because Janet bought it on sale.

(I) Verbes de perception :
*This soup was tasted good after the cook had added some salt.

J'ai décidé d'étudier la structure fautive *be* + *en* parce que Zobl (1989), Balcom (en soumission) et Hirakawa (1994) ont trouvé que des apprenantes de diverses langues maternelles ont produit, ou jugé grammaticales, des phrases ayant cette morphologie, surtout les inaccusatifs. De plus, selon Grimshaw (1990), les verbes sans argument externe prennent l'auxiliaire *être* aux temps composés en français, tandis que les verbes avec un argument externe prennent *avoir*. Par conséquent, il est possible que le choix d'auxiliaire dans la langue maternelle puisse influer sur le choix d'auxiliaire dans la langue seconde[5].

2. Le test de closure

J'ai également fait passer un test de closure – mesure de la performance – aux mêmes groupes. Ce passage contient 39 espaces vides à remplir par une forme appropriée du verbe entre parenthèses. J'ai utilisé des verbes appartenant aux mêmes classes que celles retenues pour l'évaluation de la grammaticalité. En outre, j'ai inclus des verbes de diverses classes qui ne sont pas pertinents à cette discussion. Un extrait du test de closure se trouve au numéro (13) :

(13)   The Great Fire _____ (take place) in St. John's on July 8, 1892. It _____ (begin) in Timothy O'Brien's stable, at the corner of Freshwater and Pennywell. The fire _____ (happen) because a lit pipe _____ (fall) into the hay. Soon a dozen houses _____ (burn), then twenty. [...]

4. Les sujets

1. Groupes expérimentaux

Les sujets francophones sont des étudiantes au Centre universitaire de Moncton. D'après un questionnaire sur l'utilisation des deux langues, j'ai exclu toute personne dont les deux parents n'étaient pas francophones et dont la langue principale à la maison, à l'université et pendant les activités sociales, culturelles ou sportives n'était pas le français[6]. Un groupe était inscrit au cours d'anglais EN 1042, et l'autre au cours EN 3311 de la session d'hiver 1994. Les sujets du premier groupe proviennent principalement (65 pour cent) de la Faculté des Sciences de l'Éducation et ont été inscrits dans ce cours à la suite d'une entrevue orale. Leurs notes d'anglais de douzième année et la qualité de leur anglais écrit ont également été pris en compte. Ce groupe comprend 16 étudiantes et 6 étudiants, dont l'âge varie entre 17 et 31 ans (médiane 18, moyenne 19).

Les sujets de l'autre groupe expérimental étaient inscrits dans un programme avec concentration (50 pour cent), majeure (30 pour cent) et mineure (20 pour cent) en anglais. Ce deuxième groupe comprend 14 étudiantes et 6 étudiants, dont l'âge varie entre 20 et 33 ans (médiane 21, moyenne 22,2).

2. Locutrices natives

J'ai comparé les réponses des francophones à celles des anglophones ayant eu très peu de contact avec la langue française. Ce groupe comprend 23 étudiantes et 23 étudiants inscrits aux programmes de premier cycle à Memorial University of Newfoundland, dont l'âge varie entre 18 et 44 (médiane 22, moyenne 23).

5. L'analyse préliminaire des données

1. Évaluation de la grammaticalité

J'avais demandé aux sujets d'indiquer si, à leur avis, les phrases étaient grammaticales ou agrammaticales, et de corriger celles qu'elles avaient jugées agrammaticales. Une analyse préliminaire des réponses a montré que l'évaluation de la grammaticalité risquait, à elle seule, d'embrouiller la question, c'est-à-dire le fait d'accepter *be + en* comme inappropriée. En effet, tous les sujets ont marqué des phrases grammaticales comme agrammaticales et ont fait des changements divers. La plupart ont apporté des modifications structurelles, par exemple l'ordre des deux propositions :

(14) a. Stimulus   The results pleased the students, although the professor was unhappy.

b. Correction   Although the professor was unhappy, the results pleased the students.

Dans d'autres cas, les sujets ont paraphrasé le stimulus :

(15) a. Stimulus   The gum stuck to the wall where Mary had placed it.

b. Correction   Mary placed the gum on the wall and it stuck there.

Les sujets ont changé également le temps ou l'aspect du verbe ; ou encore, elles ont substitué une préposition, une conjonction ou un déterminant à un autre. Dans tous ces cas, les sujets ont marqué le stimulus agrammatical et ont fourni ce qu'elles ont considéré comme des réponses correctes. La différence principale entre les apprenantes et les anglophones était la fréquence de leur acceptation de *be + en*. Pour cette raison, j'ai vérifié si les sujets ont accepté la structure *be + en* fautive ou non.

2. Test de closure

Comme dans l'évaluation de la grammaticalité, il y avait beaucoup de variation dans les réponses au test de closure. Dans ce dernier cas, la variation est attribuable aux différences de temps, d'aspects, de formes du participe passé et de verbes modaux. Par conséquent, j'ai analysé les réponses en fonction de la présence ou de l'absence de *be + en*.

3. Groupes expérimentaux

Comme je l'ai mentionné ci-dessus, il y avait deux groupes expérimentaux : un groupe dont la majorité des sujets étaient en première année (75 pour cent) et l'autre dont presque 90 pour cent étaient au moins en troisième année. J'ai comparé les réponses des deux groupes au test de closure et à l'évaluation de la grammaticalité sans trouver aucune différence significative entre eux. Pour faciliter l'analyse, j'ai donc combiné les réponses de deux groupes expérimentaux.

6. Les résultats

1. Test de closure

J'ai comparé les apprenantes aux anglophones en tenant compte de la fréquence de l'utilisation du *be + en* (tableau 1).

Tableau 1

**Fréquence de *be + en*
Test de closure**

	Sans *be + en*		Avec *be + en*	
	N	(%)	N	(%)
Anglophones	1025	(99,0)	10	(1,0)
Apprenantes	1180	(99,7)	4	(0,3)

Il est évident qu'il n'y a pas de grandes différences entre les deux groupes. Un test-T a bien démontré qu'il n'y a pas de différence statistiquement significative (t = 1).

2. Évaluation de la grammaticalité

Par contre, selon les résultats présentés dans le tableau 2, on doit constater qu'il y a des différences entre les apprenantes et les anglophones dans leurs évaluations de la grammaticalité.

Tableau 2

**Fréquence de *be* + *en*
Évaluation de la grammaticalité
Diverses classes de verbes**

	Anglophones				(N = 56)		Apprenantes				(N = 42)	
Classe de verbe	Sans *be* + *en*		Avec *be* + *en*		Pas certain		Sans *be* + *en*		Avec *be* + *en*		Pas certain	
	N	(%)	N	(%)	N	(%)	N	(%)	N	(%)	N	(%)
Exp.[+h]	160	(95)	2	(1)	6	(4)	116	(92)	3	(2,5)	7	(5,5)
Exp.[-h]	423	(94)	5	(1)	20	(4)	295	(88)	19	(6)	22	(7)
Inacc.	463	(83)	54	(10)	43	(8)	340	(81)	61	(14)	19	(6)
Instru.	104	(93)	4	(3,5)	4	(3,5)	83	(99)	0	(0)	1	(1)
Mesure	105	(93)	2	(2)	5	(5)	77	(92)	6	(7)	1	(1)
Moyen	123	(55)	67	(30)	34	(15)	72	(43)	91	(54)	5	(3)
Percep.	111	(99)	0	(0)	1	(1)	84	(100)	0	(0)	0	(0)
Psy.[+h]	106	(95)	0	(0)	6	(5)	80	(95)	0	(0)	4	(5)
Psy.[-h]	104	(93)	1	(1)	7	(6)	79	(94)	2	(2)	3	(4)
TOTAL	1699	(87)	135	(7)	126	(6)	1226	(83)	182	(12)	62	(4)

LÉGENDE :

Exp. = verbe expérientiel
Inacc. = verbe inaccusatif avec alternance transitive
Instru.= verbe avec sujet instrumental
Percep.= verbe de perception
Psy. = verbe d'état psychologique
[+h] = sujet grammatical humain
[-h] = sujet grammatical non-humain

Il y a des différences significatives au seuil de 0,001 entre les deux groupes dans leur acceptation de *be + en* (chi^2 = 36,02, 2 dl).

Étant donné que la grammaticalité du stimulus pouvait influer sur les résultats, j'ai comparé les réponses aux stimuli grammaticaux seulement, puis aux stimuli agrammaticaux seulement. On peut observer les mêmes différences statistiquement significatives (chi^2 = 19,09, 2 dl et chi^2 = 21,54, 2 dl respectivement).

Pour clarifier les différences entre les deux groupes, j'ai comparé leurs réponses en les divisant entre les verbes dont le sujet porte le rôle thématique du thème[7] et les verbes dont le sujet porte un autre rôle thématique. Le tableau 3 présente les réponses aux phrases qui contiennent un thème à la position sujet.

Tableau 3

Fréquence de *be + en*
Évaluation de la grammaticalité
Thème à la position sujet

	Sans *be + en*		Avec *be + en*		Pas certain		TOTAL	
	N	(%)	N	(%)	N	(%)	N	(%)
Anglophones	1329	(85)	129	(8)	110	(7)	1568	(100)
Apprenantes	947	(81)	179	(15)	50	(4)	1176	(100)

On a observé une différence à un seuil de 0,001 entre les deux groupes par la fréquence de leurs réponses avec *be + en* (chi^2 = 39,54, 2 dl). En revanche, les différences entre les deux groupes avec les verbes où le sujet porte un autre rôle thématique ne sont pas significatives (chi^2 = 0,181).

Étant donné qu'il est possible que le choix d'auxiliaire aux temps composés avec les mêmes verbes en français influe sur les évaluations des apprenantes, j'ai également comparé les résultats des deux groupes en divisant leurs réponses selon que le verbe commande l'auxiliaire *avoir* et/ou *être*[8]. Ces résultats sont présentés au tableau 4.

Tableau 4
Fréquence de *be* + *en*
Évaluation de la grammaticalité
Choix d'auxiliaire aux temps composés
en français standard

	Auxiliaire	Sans *be* + *en*		Avec *be* + *en*		Pas certain		TOTAL	
		N	(%)	N	(%)	N	(%)	N	(%)
Anglophones	Avoir	791	(94)	14	(2)	35	(4)	840	(100)
	Être	908	(81)	121	(11)	91	(8)	1120	(100)
Apprenantes	Avoir	594	(94)	18	(3)	18	(3)	630	(100)
	Être	632	(75)	164	(20)	44	(5)	840	(100)

On a observé une différence significative entre les deux groupes dans leur acceptation de *be* + *en* (chi^2 = 279,14, 6 dl, p. = < 0,001). Si l'on ne compare que les réponses aux phrases qui contiennent les verbes prenant l'auxiliaire *être* en français, les différences sont significatives au même seuil de signification (chi^2 = 63,22, 2 dl). Par contre, si on compare les réponses aux phrases où le verbe prend l'auxiliaire *avoir* en français, les différences entre les anglophones et les apprenantes ne sont pas significatives (chi^2 = 3.29, 2 dl).

En examinant chaque classe de verbe et en analysant toutes les réponses ou en considérant la grammaticalité du stimulus comme variable, on constate qu'il y a des différences significatives entre les apprenantes et les anglophones dans leur acceptation de *be* + *en* dans toutes les classes de verbes où il y a un thème à la position sujet, et où l'équivalent français prend l'auxiliaire *être* aux temps composés.

7. L'interprétation des résultats

Mon étude comporte deux volets. Le premier se réfère à la compétence et le second à la performance en se servant des mêmes classes de verbes. Les résultats montrent clairement que les sujets de la présente étude n'ont pas les mêmes intuitions de la grammaticalité que les anglophones, bien que leur performance langagière soit semblable. Cette recherche confirme donc le premier point de Cook. Sont confirmées également les études de Coppieters (1987), Birdsong (1992) et Sorace (1993), mais avec une différence. Dans ces études, on a utilisé une évaluation globale de la performance des sujets, soit la capacité de parler couramment, et une évaluation de l'aptitude effectuée ou bien par elles-mêmes ou bien par le chercheur. Il n'y avait pas de comparaison entre leur performance en ce qui concerne les mêmes phénomènes linguistiques étudiés dans l'évaluation de la grammaticalité. Cependant, dans la présente étude, j'ai choisi les sujets selon des critères semblables à ceux des enquêtes antérieures, mais j'ai également testé leur performance vis-à-vis des mêmes phénomènes examinés dans l'évaluation de la grammaticalité. De plus, les études antérieures ont examiné quelques phénomènes morphologiques et syntaxiques. Cette étude rejoint les résultats antérieurs dans un autre module de la grammaire, le lexique.

Quant à la deuxième question de Cook – si, dans le lexique des multicompétentes, il y a deux grammaires distinctes ou une grammaire intégrée –, la présente étude ne permet pas de généraliser. L'acceptation de *be* + *en* fautive se limite à certaines classes de verbes : celles qui ont un thème à la position sujet et celles qui prennent l'auxiliaire *être* aux temps composés en français standard. Ce n'est pas clair si les réponses des apprenantes sont influencées par des propriétés universelles de l'inaccusativité ou par le choix d'auxiliaire en français standard (dans les deux cas, l'acceptation de *be* + *en* est reliée à la classe des inaccusatifs). Étant donné qu'on a trouvé le même phénomène chez les apprenantes d'anglais langue seconde de diverses langues maternelles (Zobl 1989 ; Balcom en soumission ; Hirakawa 1994), il est possible que, dans les grammaires intériorisées de toutes les apprenantes d'anglais langue seconde, *be* + *en* indique l'inaccusativité.

Conclusion

Dans la présente étude, de type exploratoire, j'ai pu préciser les divergences entre les anglophones et les bilingues concernant leurs représentations des structures d'argument. Dans les recherches ultérieures, j'étudierai en détail ces divergences, en comparant les multicompétentes aux unilingues anglophones et francophones. Les résultats d'une telle enquête démontreront si les multicompétentes possèdent une représentation lexicale intégrée pour les verbes en question, ou si les deux représentations sont distinctes.

Dans le cadre de la présente étude, il n'a pas été possible de tenir compte ni de la variable de l'âge auquel les sujets ont commencé à apprendre l'anglais ni de leur région de provenance. Dans les recherches à venir, j'explorerai également ces variables.

Notes

1. Le féminin a été utilisé sans aucune discrimination et uniquement dans le but d'alléger la lecture du texte.

2. « Experiencer », mot anglais, dorénavant « l'expérienceure », est le rôle thématique de celle qui vit un état ou une expérience quelconque.

3. Les rôles thématiques entre parenthèses représentent le niveau thématique, et les doubles parenthèses représentent un argument interne. Les numéros représentent la proéminence relative au niveau aspectuel, où 1 est le plus proéminent.

4. L'expérienceure est l'argument le plus proéminent au niveau thématique, mais pas au niveau aspectuel. L'argument qui est la cause de l'état psychologique (le thème) est plus proéminent au niveau de l'aspect, mais pas au niveau thématique. Puisque aucun argument n'est le plus proéminent aux deux niveaux, il n'y a pas d'argument externe. Les causes sont toujours liées à la position sujet.

5. Il est possible que la division ne soit pas valable pour cette enquête, parce que le parler acadien utilise toujours l'auxiliare *avoir* aux temps composés, sauf le passif (Jory 1987 ; Péronnet 1991 ; Gérin 1994).

6. Je voudrais remercier Annette Boudreau et Lise Dubois, qui ont partagé avec moi leur questionnaire sur l'utilisation du français et de l'anglais chez les jeunes acadiennes, et mes étudiantes et étudiants du cours EN 3311 (Varieties of English), qui ont proposé des modifications pertinentes en ce qui a trait aux buts de mes recherches.

7. Y compris les verbes expérientiels comme *happen*, les verbes inaccusatifs avec alternance de transitivité, les verbes de perception et de mesure, les constructions moyennes et les verbes comme *frighten*.

8. Cette classe comprend les verbes expérientiels comme *happen*, les inaccusatifs avec alternance de transitivité et les constructions moyennes, bien que plusieurs de ces verbes, comme *coller* ('stick'), prennent alternativement l'un ou l'autre auxiliaire en français.

Bibliographie

BALCOM, P. (en soumission), « Lexical Alternations in Second Language Acquisition ».

BIRDSONG, D. (1992), « Ultimate Attainment in Second Language Acquisition », *Language*, 68, 706-755.

BRESNAN, J. et KANERVA, J. (1989), « Locative Inversion in Chichewa : A Case Study of Factorization in Grammar », *Linguistic Inquiry*, 20, 1-50.

CHOMSKY, N. (1981), *Lectures on Government and Binding*, Dordrecht : Foris.

CONNORS, K. et OUELLETTE, B. (1993), « Meaning and Grammaticality in the Awareness of Native Speakers and Advanced Learners », Communication présentée au 10e Congrès mondial de l'Association internationale de linguistique appliquée, Amsterdam.

COOK, V. (1991), « The Poverty of the Stimulus Argument and Multicompetence », *Second Language Research*, 7, 103-117.

COOK, V. (1992), « Evidence for Multicompetence », *Language Learning*, 42, 557-591.

COPPIETERS, R. (1987), « Competence Differences Between Native and Non-native Speakers », *Language*, 63, 544-573.

FAGAN, S. (1988), « The English Middle », *Linguistic Inquiry*, 19, 181-203.

FILLMORE, C. (1968), « The Case for Case », BACH, E. et HARMS, R. (réd.), *Universals in Linguistic Theory*, New York : Holt, Rinehart, Winston, 1-88.

GÉRIN, P. (1994), « Le franco-acadien "endimanché" », Communication au Colloque *Les Acadiens et leur(s) langue(s)*, CRLA, le 19 août, Moncton.

GRIMSHAW, J. (1990), *Argument Structure*, Cambridge : MIT Press.

HALE, K. et KEYSER, S.J. (1986a), « Some Transitivity Alternations in English », Lexicon Project Working Papers 7, Center for Cognitive Science, MIT.

HALE, K. et KEYSER, S.J. (1986b), « A View from the Middle », Lexicon Project Working Papers 10, Center for Cognitive Science, MIT.

HALE, K. et KEYSER, S.J. (1993), « On Argument Structure and the Lexical Expression of Syntactic Relations », HALE, K. et KEYSER, S.J. (réd.), *The view from Building 20 : Essays in Linguistics in honor of Sylvain Bromberger*, Cambridge : MIT Press, 53-109.

HIRAKAWA, M. (1994), « Why do L2 Learners Passivize Unaccusatives ? » Communication au Second Language Research Forum, le 8 octobre, Montréal.

JACKENDOFF, R. (1990), *Conceptual Semantics*, Cambridge : MIT Press.

JORY, D. (1987), *Écoutons parler les Acadiens*, Pointe-de-L'Église, N.-É : Les presses universitaires de l'Université Sainte-Anne.

LEVIN, B. (1993), *English Verb Classes and Alternations*, Chicago : University of Chicago Press.

PÉRONNET, L. (1991), « Système des modalités verbales dans le parler acadien du sud-est du Nouveau-Brunswick », *Revue de l'Association de linguistique des Provinces atlantiques*, 13, 85-99.

PINKER, S. (1989), *Learnability and Cognition : The Acquisition of Argument Structure*, Cambridge : MIT Press.

RADFORD, A. (1988), *Transformational Grammar : A First Course*, Cambridge : Cambridge University Press.

SORACE, A. (1993), « Incomplete vs. Divergent Representations of Unaccusativity in Non-native Grammars of Italian », *Second Language Research* , 9, 22-47.

STROIK, T. (1992), « Middles and Movement », *Linguistic Inquiry*, 23, 127-137.

ZOBL, H. (1989), « Canonical Typological Structures and Ergativity in English L2 Acquisition », GASS, S. et SCHACTER, J. (réd.), *Linguistic Perspectives on Second Language Acquisition*, Cambridge : Cambridge University Press, 203-221.

ZUBIZARRETA, M.L. (1987), *Levels of Representation in the Lexicon and in the Syntax*, Dordrecht : Foris.

Les archaïsmes lexicaux et phonologiques en français cadien de la Louisiane

Catherine Bodin

Introduction

Cette communication vise à faire le point sur les progrès faits sur un atlas linguistique abrégé du français acadien de la Louisiane (AcL). Cet atlas se différencie des ouvrages antérieurs sur l'AcL : l'enquête linguistique sur le terrain a été menée de façon uniforme, tout en intégrant la dimension géo-linguistique, méthode qui favorise les recherches diachroniques. Compte tenu de la grande variation linguistique et de la répartition géographique de cette variation, le questionnaire privilégie les archaïsmes et les éléments lexicologiques et phonologiques les plus propres à différencier les dialectes locaux.

En faisant un recensement des changements linguistiques depuis l'époque de l'entre-deux-guerres, soit les années trente et quarante, cette recherche vient combler une lacune de la documentation actuelle. La recherche repose donc sur le dépouillement d'une vingtaine de glossaires sur le français louisianais. Le présent atlas sera en effet la deuxième enquête sur le terrain mais se différencie de la première en ce qu'elle prend en compte le terrain au complet, exploite un questionnaire uniforme et présente les données dans un format cartographique.

Lorsqu'on parle de dialectes français louisianais, il est utile de signaler la survie d'autres parlers français aux côtés du 'cadien' louisianais (AcLa), qui sont, encore aujourd'hui, une source d'influence et de variation. Il s'agit du français colonial du XVIIIe siècle, du créole français louisianais et du français plutôt normalisé des milliers d'émigrés français du XIXe siècle. La pluralité des sources du français louisianais a toujours compliqué l'analyse du français « cadien » (AcLa) et, de plus, nécessite une documentation plus poussée.

L'atlas linguistique présente certains avantages pour les recherches diachroniques. Sur le plan de la variation, l'atlas montre non seulement les réalisations multiples de la réalité communicative, mais aussi les coordonnées géographiques de cette variation. Sur le plan de la précision, les multiples réponses à des questions uniformes nous permettent d'écarter les exemples d'idiolectes en fournissant des renseignements supplémentaires sur la sous-région enquêtée. Plus évident encore est l'avantage de puiser dans plusieurs sources pour les exemples d'innovations ou d'archaïsmes qui dépassent la compétence d'un seul répondant.

En disant que le format de l'atlas favorise les recherches diachroniques, je fais allusion aux informations linguistiques supplémentaires qui sont fournies grâce à la *coordination* des données que présente un terrain uni. Là où on peut signaler une langue commune, on a un terrain plus ou moins uni qui répond comme un tout intégral aux questions d'une enquête. Les indices des changements linguistiques et des origines différentes sont mis en évidence par les multiples réflexes, voire la variation. De ce fait, les coordonnées géographiques des archaïsmes, des usages disparus et des innovations peuvent servir à signaler des aires géographiques de conservatisme, de perte ou d'innovation. Ces données sont utiles pour la datation et même la prédiction de certains éléments non-attestés.

1. L'exemple de l'atlas linguistique de l'Ouest de France

La possibilité d'analyser sur le plan géolinguistique des données multiples est illustrée par l'*Atlas Linguistique de l'Ouest* (Massignon et Horiot 1970), qui traite le Poitou, l'Aunis, le Saintonge, l'Angoumois et les régions limitrophes. Ces régions sont des sources importantes des colons français en Acadie. Massignon a ciblé les vocabulaires techniques et agraires en vue d'obtenir les éléments dialectaux qui seraient les moins influencés par l'usage normalisé national. En se penchant sur les archaïsmes et les emprunts dans de multiples contextes et dans de multiples attestations, elle a réussi, avec Horiot, à évoquer une phonologie cohérente qui nous renseigne sur le dialecte poitevin dans ses dernières réalisations.

L'atlas en question présente un terrain essentiellement uni, mais sujet à une variation complexe certaine. L'examen détaillé de plusieurs cartes montre le conservatisme d'une zone archaïsante autour des points 49, 50 et 51. En revanche, plusieurs points témoignent d'une perte du vocabulaire traditionnel, souvent dans une zone qui assimile volontiers des éléments du dialecte national. La corrélation de plusieurs cartes nous mène à classer ces points comme des centres d'archaïsme, d'innovation ou de perte. Ainsi, compte tenu de ces centres, le profil du terrain lui-même fournit des indications linguistiques qui sont utiles à l'évaluation d'autres données.

Dans l'analyse géolinguistique des faits linguistiques multiples, la documentation historique revêt une importance considérable. Dans le cas du poitevin, elle confirme les caractérisations suggérées par les données géolinguistiques. Ainsi, le /h/ saintongeais, qui provient de la glottalisation de la fricative palatale affriquée /tʃ/ ou /dZ/, remonte au XVIIe siècle selon les attestations contemporaines. De même, le /h/ issu du /r/ glottalisé était utilisé jusqu'en Normandie et en Saintonge à la même époque et fait partie du langage maritime du même siècle. L'ouïsme, caractérisé par la réalisation du /o/ tonique ou atonique par le /u/, est caricaturé à la cour de France du XIIIe siècle, où un trouvère de l'Ouest se donne en spectacle en prononçant « chouse » pour « chose ». Enfin, l'ouest de la France présente l'assimilation mutuelle des voyelles nasales postérieures au Moyen Âge, tout comme les parlers acadiens aujourd'hui ; cette tendance a été plus marquée après l'époque médiévale, où le Poitou a vu une convergence de toutes les voyelles nasales. Ce trait survit dans l'AcM comme variante affective. Les exemples de la parenté poitevine-acadienne se multiplient.

En effet, le profil phonologique de l'AcLa, tout comme celui de l'AcM, semble avoir les mêmes origines.

2. L'atlas abrégé de l'AcL

Cet ouvrage suivra le modèle d'un atlas linguistique classique, c'est-à-dire une série de cartes où figurent les réponses à chaque question suivies de l'emplacement du village enquêté. L'auteur a choisi d'offrir cette publication en deux formats, le format traditionnel et le format informatisé, sur disquette.

Le questionnaire de cet atlas est le fruit de l'étude des glossaires différentiels sur le FrLa, d'autres publications qui traitent l'AcL et de quelques archaïsmes intéressants extraits du fichier Lexique de l'Acadien du Centre d'études acadiennes de l'Université de Moncton. Le questionnaire a été revu et modifié après une série de tests en 1990, en vue d'assurer sa pertinence pour toutes les régions.

Les répondants sont âgés de soixante à soixante-dix ans et sont, de préférence, de condition socio-économique modeste. Ils sont natifs de leur village ; en principe, j'évite de recourir aux répondants qui habitent les villes, car ils ont tendance à employer presque uniquement l'anglais comme langue d'usage. J'ai cependant fait des exceptions dans le passé pour des répondants d'une valeur extraordinaire, surtout dans la région de la ville de Houma, foyer de culture acadienne peut-être le plus important. Je trouve les répondants sur place à partir des recommandations faites par le clergé, le chef de police, le chef de la poste, ou l'épicier.

2.1 Conservatisme et perte lexicologique

On constate la présence d'un trait caractéristique fondamental dans le terrain linguistique louisianais : le lexique actuel semble être homogène tout en admettant une certaine variation. Les répondants s'accommodent de cette variation et savent parfois citer des expressions surprenantes du village d'à côté ; on a l'impression d'un mixage de parlers composés de particularismes locaux.

Le lexique courant comprend de nombreux exemples du vocabulaire maritime employés dans tous les contextes, étendant leur sens bien au-delà du contexte maritime. Le questionnaire cible ce vocabulaire ainsi qu'un grand nombre de notions domestiques, car ces domaines sont les plus susceptibles de conserver un vocabulaire traditionnel. Ainsi, sont étudiés les vocabulaires de la cuisine, des aliments, des tâches domestiques et de la ferme, en plus de quelques termes anatomiques, des désignations des animaux domestiqués et de quelques notions météorologiques. Un exemple de la variation lexicale est présentée par l'auto-examen suivant. [Notez : articles indéfinis : 'ein,' m., 'eine,' f.]

Tableau 1

Test lexicographique :
extrait de l'Atlas abrégé de l'AcLa

Questions extraites du questionnaire :	Réponses typiques de l'aire AcLa :
1. Un ami vient et cogne à ta porte. éou il entre ?	Chambre de devant/Grand bord/Salon+

2. Qui c'est tu as sur la galerie/galdrie ?	Eine galance/ Eine balance/ Ein balançoire+
3. Qui c'est qui sépare les chambres dans eine maison ?	Les murs/ Le plafonnage */ Les cloisons
4. Dans eine chambre, on marche sur le plancher, mais en haut de la chambre, on a ... (le) Il n'y a pas d'autre mot pour 'ceiling ?'	Gri'er, grainier/ Ceiling (Non)
5. Qui tu as en haut du grenier de ta maison ?	Ein toit/ Eine couverture/ Ein faîte
6. Qui c'est que tu uses pour faire lever le pain ?	Le yisse/ L'isse/ Le levain/ Le levure
7. On quitte (laisse) lever le pain dans (ein/e).	Pétrille/ Pétrin **/ Grosse bol
8. Tu cuis le pain dans quoi ? ... (Le...)	Four/ Fourneau/ Stove
9. Avant le temps des 'stoves,' ti cuisais dans eine ma'ière de 'fireplace' en bas de la ch'minée, c'était quoi, ça ?	La ch'minée, la chuinée/ Le foyer/ L'âtre
10. Il fallait faire un feu avec quoi ?	Des écopeaux/ Des éclats
11. Avant de cuire des fèves plates, il les faut..	Eplucher/ Egousser/ Outer les écales
12. Dihors, dans le baril d'eau, on pouvait boire du baril avec quoi ? ... (Ein/e).	Pinte/ Chopine/ Calebasse/ Moque

+ Du Français standard
* 'C'est pour ça qu'on dit, « Il a des arniers (araignées) dans le plafond ! »
** 'C'est pour ça qu'on dit, « Je suis dans le pétrin ! » (i.e., dans un embarras)

3. Conservatisme et variation phonologique

Jusqu'à maintenant, la discussion a porté sur le lexique, sans que ne soient présentés des exemples des mêmes phénomènes sur le plan phonologique. Le conservatisme linguistique est très menacé, concurrencé de nos jours par l'emploi de l'anglais et, anciennement, par la pression assimilatrice d'autres formes de français. Les archaïsmes que l'on trouve bien attestés dans l'AcM sont peu nombreux dans l'AcL ; du point de vue étymologique, les archaïsmes louisianais présentent une faible attestation d'une unité dialectale antérieure, phénomène qui est apparent dans les exemples suivants :

Tableau 2
Exemples du conservatisme phonologique de l'AcL –
Inventaire des archaïsmes [(^) = nasalisée]

1) Conservation du /h/ fort aspiré <u>prononcé</u> (/h/ glottal)
   ex. /hèg/ 'aigre' ; /hair/ 'haïr' ; /ho/ 'haut' ; /hèrse/ 'herser' ; /harne/ 'harnais' ; 1b) /r/ glottalisé (> /h/), ex. / hôNô/, /rôNô/ 'hognon', « reins »

2) Développement précoce de /ôê/ > /ê/ (Les glossaires différentiels condamnent ce 'vulgarisme')
   ex. /ê/ 'un' ; /èn/ 'une' par analogie

3) L'ouïsme : /o/ > /u/, /o/ (/o/ tonique ou atonique se réalise comme /u/ dans des archaïsmes)
   ex. /rutir/ 'rôtir' ; /ute/ 'ôter' ; /fuje/ 'foyer' ; /pomô/ 'poumon'

4) L'affrication des consonnes /ʃ/ et /Z/, et /t/, /d/ /___ü, j (CV)(#) ; variante affective ; 4b) La glottalisation de /Z/ (> /h/) (Paroisse de Lafourche, régions limitrophes)
   ex. /he/ 'j'ai' ; /hôme/ 'jamais' ; systématique dans le discours familier

5) Élévation de /e/ muet en /ü/ en environnement labialisé
   ex. /süme/ 'semer' ; /fymèl/ 'femelle'

6) Dissimilation et métathèses fréquentes des consonnes liquides suivies d'autres liquides
ex. /plèri/ 'prairie' ; /plarin/ 'praline' ; /kolidor/ 'corridor'

7) Métathèses et assimilations des consonnes sibilantes suivies d'autres sibilantes
ex. /ʃèse/ 'sêcher' ; /ʃus/ 'souche' ; /ʃasparej/ 'salsepareille' ; /ʃasfam/ 'sagefemme'

8) « Refus de labialisation poitevin » i.e., /o + j/ > /o/ au lieu de /wa/
ex. /foje/ 'foyer' ; /potrinèr/ 'poitrinère,' « qui a le tuberculose » ; /môno/ 'moineau'

9) Évolution de labialisation arrêtée, /e + j/ > /e/ > /we/ ; le FrSt continue au stade de /wa/
ex. /neje/ 'noyer' (verbe) ; /bwèt/ 'boite' ; /vwèl/ 'voile' ; /vwezê/ 'voisin'

10) /k/ dite 'adventice' : /k/ pour /ʃ/ en finale et ses dérivations
ex. /nik/ 'nid' ; /Zük/ 'jouqu[oir]', « perchoir de poules » ; /s nike/ 'se nicher' (fam.)

Toujours est-il que ces formes ne sont pas universellement employées, sauf les exemples du /h/ fort et le mot /nik/, 'nid'. Néanmoins, elles apparaissent très souvent dans l'ensemble des réponses offertes par mes répondants.

4. Simplification morphologique

Mon atlas ne pose pas de questions sur la morphologie verbale, à tort. Évidemment, les archaïsmes parmi les pronoms personnels et les conjugaisons de verbes sont notés, là où ils se présentent. Ces notes suscitent quelques commentaires. Une tendance bien répandue est le suremploi du progressif présent ou de l'imparfait elliptique à la place du présent ou de l'imparfait : on a l'habitude de dire « ils sont après manger », ce qui permet de ne pas dire, « ils mangiont ». Il y a une différence de sens, bien sûr, mais la forme progressive empiète gravement sur les formes conjuguées, jusqu'au point de les remplacer dans certains cas.

Cette tendance entraîne la perte de quelques suffixes, notamment le suffixe inchoatif, si bien que dans les verbes du deuxième groupe, c'est le suffixe /zir/ au lieu de /ir/ qui marque l'inchoatif (aspect verbal qui indique une action qui commence ou qui est en train de se développer). Il s'agit là d'un dialectalisme du pays de la Loire qui, peut-être, était plus répandu encore dans la France de l'Ancien Régime. En vain, on cherche des gazettes qui *jaunzissent*, le temps qui *brunesit* (ou *brunésit*) ou les champs qui se *reverdzissent* – les derniers sont après *devenir*, *menir* ou *tourner* vert. Bien que les gens ne *palézissent* plus, ils rougissent toujours, la consonne palatale empêchant l'insertion de la consonne sibilante. *Rougir* n'a donc pas été retenu dans le questionnaire.

Évidemment, la perte de vitalité dans une communauté linguistique entraîne l'appauvrissement de l'expression, par exemple la perte de suffixes affectifs comme –asser, –oter/–ocher, et –té. Ces suffixes paraissent dans des formes figées, telles que 'beurdasser' (perdre son temps à faire des choses insignifiantes), 'vivocher' (« vivoter » ; rare) et 'picocher' (« picorer, » universel ; [fréquentatif]), et défricheter' (défricher ; [factitif]), car ces suffixes ne sont plus productifs dans la compétence de la plupart des interlocuteurs.

Conclusion

En dépit de l'étiolement linguistique, la richesse et la variété de l'expression cadjine sont à étudier et à documenter. Ayant constaté une simplification marquée dans le domaine de la morphologie et des indices d'une assimilation phonologique importante, au profit du modèle du FrSt, on constate aussi la perte d'une partie du fonds de vocabulaire traditionnel, à cause de l'oubli, de la révolution des cultures et de l'abandon de certaines pratiques. Il est temps de faire des efforts plus efficaces et plus poussés en vue de documenter le fait linguistique louisianais, avant que les Cadiens francophones ne disparaissent. D'ailleurs, c'est ce à quoi servent les atlas linguistiques.

Le français cadjin du bassin Lafourche : sa situation sociolinguistique et son système pronominal

Robert A. Papen
UQAM

Kevin J. Rottet
Indiana University

Introduction

L'article qui suit constitue un petit survol de la Louisiane française. Dans la première partie, nous donnerons des précisions sociolinguistiques à l'égard des variétés linguistiques en présence en Louisiane francophone, en nous concentrant sur le bassin Lafourche, un des anciens deltas du Mississippi qui comprend les paroisses de Terrebonne et de Lafourche. Les parlers louisianais étant peut-être moins bien connus des participants à ce colloque, nous avons cru bon de faire une esquisse grammaticale dans la seconde partie de notre intervention, mais vu les limites imposées, nous ne pourrons présenter tout le système grammatical de ce dialecte (voir Papen et Rottet à paraître) ; nous avons donc décidé de nous en tenir à quelques aspects du système pronominal. Les données présentées dans la deuxième partie proviennent de plusieurs sources : le corpus Terrebonne-Lafourche établi par Rottet lors de ses recherches pour sa thèse de doctorat dans le bassin Lafourche en 1993-94 ; le corpus obtenu par Papen en 1972 auprès d'une locutrice lafourchaise ainsi que les données contenues dans les thèses doctorales de Guilbeau (1950) et de Oukada (1977) sur le parler de la paroisse de Lafourche.

1. Situation sociolinguistique du français en Louisiane

L'Acadiana (connu aussi sous les noms de *Cajun Country* et de *French Triangle*) comprend une vingtaine de paroisses du sud de la Louisiane (la paroisse est la division administrative de l'état de la Louisiane, correspondant au *county* de tous les autres états américains). Ce triangle a pour côté sud la côte du Golfe du Mexique ; le côté est correspond plus ou moins aux pourtours du fleuve

Mississippi, jusqu'au sommet du « Triangle français » que représente la Paroisse d'Avoyelles, tandis que le côté ouest suit une ligne à partir d'Avoyelles jusqu'aux frontières du Texas. Les limites du pays cadjin[1] débordent largement la frontière louisianaise pour inclure bon nombre de comtés du Texas.

Dans cette région officiellement dénommée l'Acadiana, plusieurs variétés linguistiques se côtoient. Traditionnellement on en distingue trois. À la Nouvelle-Orléans et dans la région des plantations, on trouve un français ne différant que très peu du français standard, et qu'on appelle généralement **le français colonial** ou **le français louisianais**. Les locuteurs de cette variété sont les descendants de colons venus directement de France ou de Saint-Domingue ; ils s'appellent eux-mêmes « les Créoles », ou « les Créoles blancs », mais ce ne sont pas eux qui parlent la variété linguistique que la tradition appelle le créole. Ce sont plutôt les descendants des anciens esclaves d'origine africaine qui parlent le **créole louisianais**, la deuxième variété linguistique en présence en Louisiane. On trouve les créolophones, qui se disent souvent « les Créoles noirs », surtout autour de la ville de Lafayette et près de la frontière du Texas ; il y a également des créolophones blancs qui, eux, ont tendance à parler un créole plus proche du cadjin. La troisième variété du français qui existe en Louisiane, et la variété qui nous intéresse ici, c'est le **français cadjin**, ou le français acadien de la Louisiane. Les locuteurs du français cadjin sont éparpillés un peu partout en Acadiana, certaines régions ayant des concentrations plus fortes que d'autres. Les locuteurs du cadjin sont les descendants d'Acadiens expulsés d'Acadie en 1755, ainsi que d'autres groupes de personnes qui ont été assimilés à l'héritage francophone de la Louisiane, à savoir plusieurs tribus d'Amérindiens, des immigrants allemands et hispanophones, des Afro-Américains et un grand nombre d'immigrants francophones venus directement de France pendant le XIXe siècle. Ce courant d'immigration explique sans doute pourquoi le français cadjin ressemble beaucoup plus au français standard que ses congénères traditionnels des Provinces maritimes canadiennes ; par exemple, le passé simple et l'imparfait du subjonctif sont inconnus en Louisiane, et les formes *je parlons, je mangeons* n'y sont plus attestées. Les Cadjins disent plutôt *on parle, on mange*. Les diphtongues de l'acadien n'existent pas en cadjin, qui préfère les monophtongues du français standard.

Il est extrêmement difficile de savoir combien de locuteurs du français il y a en Louisiane, surtout à cause de la stigmatisation de toutes ces variétés langagières et de leurs locuteurs, parce que cela mène à un désir chez plusieurs de ne pas s'identifier comme étant francophones sur les formulaires de recensement. On estime le nombre de créolophones de 60 000 à 80 000 personnes maximum, dont 50 000 à 60 000 Noirs (Neumann 1985 : 20), et le nombre de personnes parlant encore le français colonial à 3 000 ou 4 000 personnes (Smith-Thibodeaux 1977 : 48). Les tentatives d'énumérer la population cadjinophone vont de 262 000 (selon le recensement de 1980, chiffre qui comprend toutes les variétés du français en Louisiane), jusqu'à 1 500 000 (selon l'organisme CODOFIL, de l'année 1968). La vérité se trouve sans aucun doute entre ces deux extrêmes, et probablement plus près de l'estimation inférieure. Smith-Thibodeaux (1977 : 43) suggère une estimation raisonnable de 300 000 à 500 000 personnes pour qui le français constitue une langue encore très vivante. En tout cas, le nombre de personnes qui comprennent le français cadjin mais ne le parlent pas (les bilingues passifs) est, selon nos impressions comme chercheurs sur le terrain, au moins le double du nombre de personnes qui le parlent couramment (les bilingues actifs). Toutes ces variétés linguistiques subissent une forte régression face à l'anglo-américain, qui remplace peu à peu le français dans la vie quotidienne de la plupart des francophones louisianais.

On pourrait ajouter à cette liste de variétés linguistiques **le français standard**, qui connaît une existence assez minime grâce surtout aux écoles et aux programmes d'immersion qui existent dans onze écoles en Acadiana (Broussard 1993) et qui créent des élèves bilingues anglais-français standard ou français standardisant. Il y a finalement une variété d'anglais, qu'on appelle **l'anglais cadjin**, qui contient plusieurs traits d'influence française et qui devient, peut-être pour certains membres de la communauté, la marque de l'identité cadjine au lieu du français cadjin. En anglais cadjin on observe, en plus des interférences phonologiques, des calques tels que *She made twenty (years)* pour *She turned 20*, sur le modèle du cadjin *Alle a fait ses 20 ans*, et *It smells the burnt* pour *Ça sent le brûlé* ; et des traits d'influence grammaticale tels que l'emploi des pronoms disjoints en début et en fin de phrase qui sont coréférentiels avec le pronom sujet ; par exemple, *Me, I don't do that* basé sur le français *Moi, je fais pas ça*.

Le français est en déclin en Louisiane depuis avant la Guerre Civile américaine du siècle précédent, d'après l'historien cadjin Carl Brasseaux (1992), car c'est déjà durant cette période que les francophones des classes favorisées ont été majoritairement assimilés à la population anglophone américaine. C'est en partie à cause de l'assimilation des classes aisées que l'identité francophone en Louisiane s'est trouvée associée à la pauvreté, au manque d'éducation et à la superstition. On a commencé à considérer les Cadjins comme des personnes paresseuses et arriérées qui vivaient dans les marais, qui refusaient d'envoyer leurs enfants à l'école, qui pratiquaient un catholicisme mêlé de vaudou et qui croyaient à toutes sortes de superstitions.

Si le français était déjà en déclin dans les régions urbaines de l'état au début du vingtième siècle, il demeurait tout à fait vivace à la campagne. Les personnes âgées que Rottet a interviewées lors de ses recherches dans les paroisses de Terrebonne et de Lafourche affirment que, pendant leur jeunesse, tout le monde de la région des bayous parlait français. La plupart de leurs grands-parents et de leurs parents ne parlaient pas l'anglais du tout et, parmi les informateurs âgés de plus de 55 ans, la plupart ont commencé l'école ne sachant pas le premier mot d'anglais. Et c'est effectivement pendant les années 20 et 30 qu'on a commencé à punir les enfants s'ils parlaient français à l'école. On leur faisait écrire *I will not speak French on the school grounds* sur le tableau. Nombreux sont ceux qui se rappellent encore les humiliations qu'ils ont subies à cause de leur incapacité de parler anglais au début de leur carrière scolaire. Ce n'est donc pas très surprenant si beaucoup d'entre eux ont décidé de parler anglais, et non pas français, à leurs propres enfants, pour leur épargner ces mêmes humiliations.

Mais il est évident que les politiques pratiquées dans les écoles et la stigmatisation de l'identité cadjine ne sont pas seules à avoir causé le déclin du français en Louisiane. D'habitude on cite aussi, pour la région de Terrebonne et de Lafourche surtout, la découverte du pétrole pendant les années 30 et l'afflux de personnes venues d'autres états américains pour travailler dans l'industrie pétrolière. Pendant cette même période, l'électricité, la radio et la télévision sont arrivées dans les bayous, et la vie traditionnelle des Cadjins est tombée en désuétude. On ne s'intéressait plus aux bals du samedi soir ou aux veillées chez les voisins quand on pouvait regarder la télévision, et les boucheries communales n'étaient plus nécessaires quand on avait un réfrigérateur à la maison.

Dans beaucoup de familles interrogées par Rottet, les parents avaient pris la décision de ne pas transmettre le français à leurs enfants. Dans d'autres familles, il s'agissait moins d'une décision réfléchie que d'une question de mode ; ce n'était plus la mode de parler français aux enfants pendant les années 50 et 60. Nombreux aussi sont les parents qui ont dit que ce sont leurs enfants qui ne voulaient pas apprendre le français, qu'ils avaient trop honte de le parler.

Comme dans la plupart des communautés qui subissent un étiolement linguistique, les membres de la communauté s'étendent d'un bout à l'autre d'un continuum linguistique (Dorian 1981). À un bout de ce continuum, se trouvent les locuteurs parlant la langue minoritaire couramment et selon ses normes traditionnelles. Parmi ces derniers, il y a encore de rares personnes unilingues en français cadjin. À l'autre bout du continuum, se trouvent ceux et celles qui sont plus ou moins des bilingues passifs. Entre ces deux pôles se trouvent tous les locuteurs ayant divers niveaux de compétence dans la langue minoritaire ; tous parlent couramment la langue dominante, c'est-à-dire l'anglo-américain, mais ils divergent les uns des autres de par leur niveau de compétence en français. Dans les écrits sur l'étiolement linguistique, on appelle ces locuteurs ayant une maîtrise imparfaite des normes de la langue rétrocédente les *semi-speakers*, c'est-à-dire les *semi-locuteurs*. Certains semi-locuteurs cadjins peuvent s'entretenir en français sans trop de difficultés, mais la communauté reconnaît le fait que leurs productions langagières sont déviantes par rapport à la norme que l'on trouve chez les plus âgés, et ces derniers disent des jeunes qu'ils parlent un français *baroque*, c'est-à-dire *bizarre*.

Le français cadjin n'est pas totalement homogène d'un bout à l'autre de l'Acadiana. On peut dire néanmoins que les différences sont pour la plupart assez minimes et se trouvent surtout sur les plans phonétique et lexical, mais il existe aussi quelques différences morphologiques. La région des bayous, c'est-à-dire le bassin Lafourche, a été peuplée par une forte concentration d'Acadiens (Neumann 1985 : 13) ; on trouve, en effet, plusieurs traits acadiens dans le français local qui ne sont guère attestés ailleurs en Louisiane : l'emploi de la terminaison *-ont* à la troisième personne du pluriel, qui est loin d'être catégorique, mais qui est bien attestée ; l'aspiration des chuintantes et l'emploi du mot *qui* au sens de *quoi*, qui serait une survivance poitevine, guère attesté en Acadie actuellement[2]. On dit par exemple *Qui t'apé faire ?* au sens de *Qu'est-ce que tu fais ?* et *Qui-ce qu'a tombé ?* au sens de *Qu'est-ce qui est tombé ?* aussi bien que *Qui est-ce qui est tombé ?* Pour désambiguïser, s'il le faut, on peut dire *équel* quand il s'agit d'une personne, retenant donc *qui* quand il s'agit d'une chose.

La population de Terrebonne-Lafourche comprend aussi plus de cinq mille Amérindiens de la tribu Houma, une tribu anciennement de langue muscoguéienne qui n'a pas encore été officiellement reconnue par le gouvernement américain, en partie à cause de son assimilation presque totale à la population francophone, non seulement culturellement mais aussi linguistiquement. C'est-à-dire qu'il y a bien longtemps que les Houma ne parlent plus leur langue d'origine, qui avait été très peu documentée avant sa disparition totale il y a plus de soixante ans. De nos jours, ce sont effectivement les Houma qui ont retenu le français mieux que les Cadjins eux-mêmes. Dans le bassin Lafourche, on ne rencontre que de très rares familles cadjines dont les enfants savent parler français. En revanche, il y a encore bon nombre de familles amérindiennes où les enfants parlent français aussi bien que l'anglais, sans doute parce que les Houma ont été encore plus minorisés que les Cadjins. Les Houma habitent les régions des bayous les plus éloignées dans la paroisse de Terrebonne, tandis que les Cadjins habitent surtout les hauts de bayous plus près de la ville de Houma (nommé pour les Amérindiens, bien que très peu y habitent actuellement). Les Houma sont, eux aussi, en train d'abandonner le français, mais à un rythme beaucoup plus lent que les Cadjins, avec un retard d'une ou deux générations sur ces derniers. Bien que tout membre de la communauté francophone locale soit pourvu d'une identité soit amérindienne soit cadjine, laquelle identité est connue de tous, il y a quand même bon nombre de mariages entre les deux groupes. C'est pourquoi les autochtones ont tous des noms de famille français et, de nos jours, les deux groupes coexistent assez paisiblement.

Dans cette première partie, nous avons essayé de donner une petite idée de la complexité de la situation sociolinguistique qui existe en Louisiane française et surtout dans le bassin Lafourche. Dans la deuxième partie, nous discuterons quelques aspects du système pronominal du français tel que parlé dans le bassin Lafourche.

2. Les pronoms du cadjin

Étant donné les contraintes de temps, notre discussion du système pronominal du cadjin se limitera aux pronoms personnels et aux pronoms adverbiaux (*en* et *y*). Comme pour toutes les variétés linguistiques à tradition exclusivement orale, il est particulièrement difficile de consigner les données à l'écrit. Si on utilise l'orthographe «standard», on ne rend pas les particularités phonétiques ou même morphologiques du parler en question. Si on utilise un système orthographique spécifiquement conçu pour le cadjin, on risque de lui donner un cachet trop exotique et trop éloigné de la langue standard. Nous avons donc opté pour un compromis. Nous donnerons, pour chaque exemple, une transcription en API et une équivalence en orthographe relativement proche de celle utilisée en français standard.

2.1 Les pronoms personnels

Dans le parler du bassin Lafourche, les formes pronominales sont sujettes à une très grande variation tant formelle que fonctionnelle. Cette variation est due à des facteurs tels que l'âge, le sexe et, bien sûr, le lieu d'origine du locuteur. Ici, comme ailleurs, le parler des aînés (ceux âgés de 55 ans et plus) est plus conservateur que celui des plus jeunes. Évidemment, nous ne pourrons discuter toutes les variantes possibles ni tous les facteurs qui peuvent jouer. Une étude sociolinguistique de type variationniste reste d'ailleurs à faire. Nous nous limiterons donc aux faits les plus saillants.

En français cadjin, comme dans toutes les variétés de français, on distingue les pronoms **clitiques** des pronoms **non clitiques**. Les premiers (appelés aussi **conjoints** ou **inaccentués**) peuvent avoir les fonctions de **sujet**, de **complément** (**direct** ou **indirect**) de verbe impératif ou non impératif ou peuvent aussi être **réfléchis**. Les pronoms **accentués** (appelés aussi **disjoints**) sont utilisés lorsqu'ils sont objet d'une préposition, lorsqu'ils sont conjoints à un substantif ou à un autre pronom, lorsqu'ils sont seuls, etc.

Le tableau 1 présente l'ensemble des formes personnelles. Nous commenterons ci-dessous les particularités intéressantes.

Les Acadiens et leur(s) langue(s)

Tableau 1

Les pronoms personnels en cadjin

	CONJOINTS							DISJOINTS	
	SUJET		OBJET DIRECT NON-IMP.		OBJET INDIRECT NON-IMP.	OBJET DE VERBE IMPÉRATIF		RÉFLÉ-CHIS	
	MASC.	FÉM.	MASC.	FÉM.		DIRECT	INDIRECT		MASC.	FÉM.
1ʳᵉ sing.	ʒ ≈ ʒ ≈ ʃ ≈ s ≈ z ≈ h ≈ mõ ≈ ∅		m(e)		(e)m	mõ ≈ mwa ≈ mwõ		m(e)	mõ ≈ mwa ≈ mwõ	
2ᵉ sing.	t(y) ≈ t(i)		t(e)		t(e)	twa		t(e)	twa	
2ᵉ sing. formel	vu(z)		vu(z)		vu(z)	vu		vu(z) ≈ (e)s	vu	
3ᵉ sing.	i(l) ≈ i(n) ≈ ɛ(l) ≈ a(l) ≈ sa ≈ ∅		lə ≈ l ≈ ll	la ≈ l ≈ ll	i ≈ j	le	i	s(e)	lɥi	ɛl ≈ al
1ʳᵉ plur.	õ ≈ õn ≈ õl		nu(z)		nu(z)	nuzɔt		s(e) (nu)	nuzɔt	
2ᵉ plur.	vu(z) ≈ vuzɔt ≈ tɛwt ≈ ty		vu(z)		vu(z)	vuzɔt		(e)s	vuzɔt	
3ᵉ plur.	øs ≈ øzɔt ≈ hɔt ≈ i(z) ≈ i(l) ≈ sa		le(z)		jø(z) ≈ le(z) ≈ lœr(z)	le(z) ≈ jø ≈ lœr		s(e)	ø(s) ≈ øzɔt	

2.1.1 Les pronoms personnels sujet

- La première personne du singulier est de loin celle qui démontre le plus de variabilité formelle. La forme la plus générale est [əʒ] ; [ʒə] est d'ailleurs inexistant. Devant une voyelle, le schwa s'efface, donnant [ʒ]. Les Houma ont tendance à prononcer [s] devant une consonne sourde ([spø] *Je peux*), [z] devant une voyelle ou une consonne sonore ([zvø] *Je veux*). En débit rapide, [ʒ] peut se réaliser en [ʃ] devant une consonne sourde ([ʃse] *Je sais*) ou encore en [h] ([hkɔ̃ne]) *Je connais* ; [he], [ha] *J'ai*). Cette dernière variante semble être unique au parler du bassin Lafourche.

Chez les plus jeunes, on remarque l'emploi du pronom disjoint [mɔ̃] comme pronom clitique :

(1) mɔ̃valeaprã̄   *Je vas les apprendre.*

Le cadjin connaît depuis longtemps l'omission du pronom sujet avec des verbes réfléchis (*me doute, me rappelle*), certaines expressions impersonnelles (*faudra, y a*, etc.) et dans les narrations. Par contre, les plus jeunes locuteurs dans le corpus Rottet éliminent plus librement les pronoms personnels sujet (Rottet 1995).

- La forme de la 2ᵉ personne du singulier est [ty] (plus rarement [ti]) devant consonne, [t] devant voyelle.

- Les parlers cadjins possèdent une forme supplémentaire utilisée pour s'adresser à une personne très âgée et utilisée par certains locuteurs pour s'adresser à des personnes de sexe féminin qu'ils ne connaissent pas personnellement. C'est donc une 2ᵉ personne **formelle** dont la forme est [vu] devant consonne et [vuz] devant voyelle.

- La 2ᵉ personne pluriel est le plus souvent [vuzɔt] *vous-autres*, même si certains locuteurs plus âgés utilisent encore [vu(z)]. En débit rapide, [wɔt] peut remplacer [vuzɔt] *vous-autres*. Chez les plus jeunes, on entend également [ty].

Toujours chez les aînés, le pronom singulier formel *vous* sera accompagné de la terminaison verbale [e] *-ez* mais pas le *vous-autres* pluriel :

(2a) vuparle   *Vous (formel) parlez.*
(2b) vuzɔtparl   *Vous (tous) parlez.*

Chez les plus jeunes, le verbe n'a plus de flexion personnelle ; on dira donc :

    (2c) vuparl   *Vous (formel) parlez.*
    (2d) vuzɔtparl   *Vous (tous) parlez.*

- En cadjin, la distinction de genre n'existe qu'à la 3e personne singulier et, de plus en plus, l'emploi du pronom démonstratif *ça* au lieu de *il, elle* semble éliminer la distinction de genre totalement. Les formes [ɛ] ou [ɛl] ne se font entendre que très rarement, les formes [a] et [al] étant usuelles. On entend aussi *ça*.

Comme nous venons de le souligner, le pronom impersonnel ou périphrastique *il* est régulièrement omis :

    (3) fofærɔ̃z   *Faut faire onze.*
    (4) fofærkɛkʃoz   *Faudra faire quelque chose.*
    (5) folyrturnebæklaba   *Fallu retourner là-bas.*

- La forme de la 1re personne pluriel est [ʒ] devant consonne et [ʒn] ou [ʒl] devant voyelle. La forme *nous* est totalement inconnue, même chez les plus vieux.

- Les formes de la 3e personne pluriel sont également fort variables. Chez tous, la distinction de genre est totalement absente. Chez les aînés, les formes [i], [iz], [øs] et [øzɔt] sont plus ou moins en variation libre. La forme *ça* est plus rare mais bien attestée. En débit rapide, [hɔt] peut remplacer [øzɔt] *eux-autres*. Chez les jeunes, la forme [i] ou [iz] est extrêmement rare. Le pronom le plus commun est [øs] mais on entend également [øzɔt]. *Ça* prend de plus en plus d'ampleur, surtout si l'antécédent est inanimé.

Chez les aînés, le verbe à la 3e personne pluriel prend souvent la terminaison [ʒ] *-ont* :

    (6a) imãʒɔ̃   *Ils mangent.*
    (6b) itravajɔ̃   *Ils travaillent.*
    (6c) ifɛzɔ̃   *Ils font.*

À l'imparfait, [jɔ̃] (*-iont*) alterne avec [e] (*-aient*) :

(7) imɑ̃ʒjɔ̃ ≈ imɑ̃ʒe   *Ils mangeaient.*

Chez les jeunes, bien entendu, il n'existe plus de flexion personnelle sur le verbe, donc :

(8) øsmɑ̃ʒ ≈ øzɔtmɑ̃ʒ ≈ samɑ̃ʒ   *Ils mangent.*

- Comme dans tous les parlers français populaires, les substantifs sujet sont très souvent repris par le pronom personnel. Le substantif peut également être repris par le pronom disjoint, suivi du pronom clitique :

  (9) lafɑ̃m ɛl adiɑ̃tɛlmɛ̃m   *La femme, (elle), elle se dit...*

2.1.2 Les pronoms personnels complément d'objet

- Les formes objet direct du cadjin sont proches de celles du français standard. Le pronom *le* ou *la* se prononce régulièrement [l] lorsque le mot qui précède se termine par une voyelle et que le verbe est à initiale vocalique :

  (10) ɔ̃lɛm   *On l'aime.*
  (11) lezwazolavemɑ̃ʒe   *Les oiseaux l'avaient mangé.*

- Quant aux formes datives, la 3e personne singulier est réduite à [i] devant consonne et à [j] devant voyelle :

  (12) ɔ̃vaidɔ̃ne   *On va y donner.*
  (13) ɔ̃vajɑ̃lve   *On va y enlever.*

- Les formes les plus courantes à la 3e personne du pluriel sont [jøz] et [le(z)] ; [lœr(z)] n'est utilisé que par quelques locuteurs très âgés.

- Les compléments d'objet, direct et indirect, des verbes à l'impératif à la 1re et à la 2e personne singulier et pluriel sont identiques aux formes des pronoms disjoints. Dans les deux cas, la forme [mwɔ̃] est rare ; [mwa] est quelque peu vieillot ; [mɔ̃] est la forme la plus répandue.

À la 3ᵉ personne du singulier, la seule forme d'objet direct est [le]; il peut également être employé comme complément d'objet direct ou indirect à la 3ᵉ personne du pluriel :

(14) dɔ̃nle	*Donne-lé (le, la, les).*
(15) dɔ̃nledymɑ̃ʒe	*Donne-lé (leur) à manger.*

Au singulier, la forme est [i] (*y*) :

(16) dɔ̃nidymɑ̃ʒe   *Donne-y à manger.*

Par contre, chez les personnes âgées, on entend surtout [jø] (et plus rarement [lœr]) au pluriel :

(17) dɔ̃njødymɑ̃ʒe   *Donne-eux (leur) à manger.*

Les pronoms sont toujours post-posés au verbe à l'impératif, que celui-ci soit de forme affirmative ou négative :

(18) apɔrtmɔ̃ɛværdo	*Apporte-moi un verre d'eau.*
(19) tapnuzɔtpa	*Frappe-nous pas.*

- Lorsque deux pronoms objet sont combinés, c'est toujours la forme indirecte qui a la priorité sur la forme directe, quelle que soit la personne et que le verbe soit impératif ou non :

(20) dɔ̃nmɔ̃le	*Donne-moi-lé.*
(21) dɔ̃nnuzɔtlepa	*Donne-lé pas à nous-autres.*
(22) apɔrtevuzɔtle	*Apportez-lé pour vous-autres.*
(23) vatlaʃærʃe	*Vas te la chercher.*

- Lorsque ce sont deux pronoms de la 3ᵉ personne qui doivent se combiner, soit seul le pronom indirect est utilisé, le pronom direct étant alors sous-entendu, soit on utilise le démonstratif *ça* pour le pronom direct, soit encore on remplace l'indirect par une forme disjointe :

(24a) əʒvaidir	*Je vas (le) lui dire.*
(24b) əʒvaidirsa	*Je vas y dire ça.*
(24c) əʒlɑ̃waaɛl	*Je l'envoie à elle.*

2.1.3 Les pronoms réfléchis

Le paradigme des pronoms réfléchis est réduit à trois formes : [mə], [tə] et [sə]. On utilise [sə] pour la 2ᵉ personne singulier formelle ainsi que pour la 2ᵉ personne pluriel :

(25) fokvuzɔtsəlɛvdəbɔ̃matɛ̃   *Il faut que vous vous leviez de bonne heure.*

Chez certains locuteurs plus âgés, avec la forme exhortative, *allons* + INFINITIF, on peut avoir *nous* :

(26) alɔ̃nukuʃe ≈ alɔ̃skuʃe   *Allons nous / se coucher.*

2.1.4 Les pronoms disjoints

À la 1ʳᵉ personne singulier, c'est [mɔ̃] et [mwa] qui sont les plus connus, [mwɔ̃] étant rare. À la 3ᵉ personne pluriel, [øs] est plus connu que [øzɔt].

La syntaxe et les fonctions des pronoms conjoints sont en général celles que l'on retrouve dans les parlers français populaires.

Ils sont utilisés comme pronom de reprise après un sujet substantif ou pronominal. Ils se placent soit immédiatement après le sujet, soit en fin de phrase :

(27) lafij ɛl alavefɛ̃   *La fille, elle, elle avait faim.*
(28) nuzɔt ɔ̃pɛʃ   *Nous autres, on pêche.*
(29) vuzɔt vuzɔtvjɛ̃   *Vous autres, vous venez.*
(30) øs øsaparti   *Eux, ils / elles sont parti(e)s.*
(31) ɔ̃pɛjtu numɛ̃m   *On paie tout, nous-mêmes.*

Les pronoms disjoints sont également utilisés pour renforcer un pronom objet clitique, auquel cas ils seront précédés de la préposition *à*, même si le pronom renforcé est complément direct :

(32) aʒlevy aɛl   *Je l'ai vue, elle.*
(33) alɛ̃me alɥi   *Elle l'aimait, lui.*
(34) inuzavy anuzɔt   *Il nous a vus, nous.*
(35) ivuparle avuzɔt   *Il vous parlait, à vous.*

Ils servent également à renforcer un possessif :

(36) sesezɑ̃fɑ̃ aɛl C'est ses enfants à elle.

On utilise la forme disjointe lorqu'un pronom personnel est conjoint à un autre pronom ou à un substantif. Généralement, c'est le pronom qui précède :

(37) mɔ̃esɔ̃fræːrɔ̃lapavulyale Moi et son frère on n'a pas voulu aller.
(38) lɥiebilamny Lui et Bill sont venus.

Par contre avec le pluriel, c'est l'inverse :

(39) marieøsamny Marie et eux sont venus.

Comme dans toutes les variétés de français oral, on utilise le pronom disjoint avec un impératif, soit au début, soit à la fin de la phrase :

(40) twɑ vjɛ̃isi Toi, viens ici.
(41) rɛstela vuzɔt Restez là, vous autres.

On l'utilise également comme attribut :

(42) semɔ̃ C'est moi.
(43) seteɛlsœlkilavepaeseje C'était elle seule qui l'avait pas essayé.

Bien sûr, c'est la forme conjointe qui est utilisée comme objet d'une préposition :

(44) ivamarʃeavɛkɛl Il va marcher avec elle.
(45) vjɛ̃wɑrpurtwɑmɛ̃m Viens voir pour toi-même.

Finalement on utilise le pronom disjoint comme sujet d'un infinitif :

(46) dɔ̃nidlarʒɑ̃purɛlaleomagazɛ̃ Donne-y de l'argent pour elle aller au magasin.
(47) imadɔ̃nedylɛ̃ʒpurmɔ̃mʃɑ̃ʒe Il m'a donné du linge pour moi me changer.
(48) əʒvuzeɑ̃mneisipurvuzɔtsamyze Je vous ai emmenés ici, pour vous autres s'amuser.

2.2 Les pronoms *en* et *y*

Le pronom *en* remplace un syntagme prépositionnel introduit par *de* ou un syntagme nominal partitif, tout comme en français standard. Il peut se combiner avec d'autres pronoms objet auquel cas, il sera toujours second :

(49) ivajøzãdɔ̃ne   *Il va leur en donner.*
(50) alãwɛjlafijiãnãmne   *Elle envoie la fille y en amener.*

Sous la pression de la liaison avec les formes *nous* et *vous*, ou avec des verbes comme *prendre, mettre*, etc., on fait régulièrement un pataquès (un velours) :

(51) dɔ̃nmɔ̃zã   *Donne-moi-z-en.*
(52) dɔ̃nnuzɔtzãpa   *Donne-nous autres-z-en pas.*

Chez les locuteurs les plus jeunes, Rottet (1995, 1996) a noté qu'ils réanalysent le pronom en le considérant comme [zã] partout et qu'il se place après le verbe. Ce serait alors un calque de l'anglais *some* :

(53) mɔ̃ ʒedeʒaaʃtezã   *Moi, j'en ai déjà acheté.*
(54) pap ɔ̃vudrektynazã   *Papa, on voudrait que tu en aies.*
(55) typøledɔ̃nezã   *Tu peux leur en donner.*

Le pronom *y* dans son sens adverbial n'existe que dans l'expression figée *il y a*. On utilise plutôt d'autres adverbes comme *là, dedans*, etc.

2.3 Les pronoms personnels du français acadien

Nous terminons cette brève description des pronoms personnels en les comparant à ceux du français acadien du sud-est du Nouveau-Brunswick tels qu'analysés par Péronnet (1989). Nous nous sommes permis d'adapter son tableau (p. 141) au format que nous avons adopté dans le présent article.

Tableau 2
Les pronoms personnels du français acadien
(selon Péronnet 1989)

	SUJET		OBJET DIRECT NON-IMP.		OBJET INDIRECT NON-IMP.	OBJET DE VERBE IMPÉRATIF		RÉFLÉCHIS	DISJOINTS	
	MASC.	FÉM.	MASC.	FÉM.		DIRECT	INDIRECT		MASC.	FÉM.
1ʳᵉ sing.	ʒə ≈ ʒ ≈ ʃ		m(ə)		m(e)		mwa	m(e)	mwa	
2ᵉ sing.	t(y)		t(e)		t(e)		twa	t(e)	twa	
3ᵉ sing.	i ≈ j ≈ il	a ≈ al	l ≈ ll	la ≈ ll	ji ≈ ij	lɛ	ji ≈ ij	s(e)	lɥi	jɛl
1ʳᵉ plur.	õ(n)...õ ≈ ʒ(e)...õ		nu(z)		nu(z)		nu(z)	nu(z)	nuzot	
2ᵉ plur.	vu(z)...e		vu(z)		vu(z)		vu(z)	vu(z)	vuzot	
3ᵉ plur.	i(l), j...õ		le(z)		jø(z)	lɛ	jø(z)	s(e)	zø ≈ øzot	

Notons les quelques différences suivantes :

- La forme de la 1re personne singulier de l'acadien est moins variable qu'en cadjin ; les formes [əʒ], [h], [mɔ̃], n'existent pas. On ne fait aucune mention de la possibilité d'omettre le pronom sujet.

- Les pronoms de la 2e et de la 3e personnes sont identiques. Par contre, il n'existe pas de 2e personne singulier formelle en acadien.

- Si on retrouve le pronom *on* à la 1re personne du pluriel dans les deux parlers, l'acadien conserve la flexion verbale en [ɔ̃], absente en cadjin. Aussi, la flexion *-ons* avec *je* est encore utilisée en acadien, même si elle se fait de plus en plus rare.

- Pour la 2e personne pluriel, les pronoms sont identiques ; mais là ou l'acadien maintient la flexion verbale en *-ez*, le cadjin l'a éliminée.

- Les formes [øs], [øzɔt], [hɔt] du cadjin sont des innovations par rapport à l'acadien, qui ne connaît que le *ils*, avec une flexion en *-ont*.

- Les pronoms COD sont identiques dans les deux parlers. Les pronoms COI se ressemblent beaucoup, sauf à la 3e personne singulier où en acadien on a [ji], qui n'existe pas en cadjin. Par contre, pour la 3e personne pluriel, le cadjin a les formes [le(z)] ou [lœr(z)] en plus du [jø(z)] qu'il a en commun avec l'acadien.

- Les formes utilisées avec un verbe à l'impératif sont également plus ou moins identiques, sauf pour le [ji] de l'acadien.

- Les formes disjointes diffèrent légèrement : l'acadien ne connaît pas la nasalisation de la 1re personne comme en cadjin [mɔ̃], le cadjin a [ɛl] là où l'acadien a [jɛl] et [øs] plutôt que [zø].

- Notons finalement que la voyelle postérieure des formes *nous-autres*, *vous-autres* est mi-fermée [o] en acadien, mais mi-ouverte [ɔ] en cadjin.

Notes

1. Deux graphies s'opposent pour représenter le vocable [kadʒɛ] : cadjin, cadjine ou cadien, cadienne. Nous adoptons, avec Valdman 1993, la première de ces graphies puisqu'elle reflète davantage la prononciation locale.

2. On a cependant trouvé cette forme chez quelques Acadiens néo-écossais (Jean-Michel Charpentier, communication personnelle).

Bibliographie

BRASSEAUX, Carl (1992), *From Acadian to Cajun*, Jackson and London : University Press of Mississippi.

BROUSSARD, Earlene (1993), « Du bureau de la directrice », *La Gazette de Louisiane*, 4(1) : 28.

DORIAN, Nancy (1981), *Language Death: The Life Cycle of a Scottish Gaelic Dialect*, Philadelphia : The University of Pennsylvania Press.

GUILBEAU, John (1950), *The French Spoken in La Fourche Parish, Louisiana*, Thèse de doctorat, University of North Carolina, Chapel Hill.

JOHNSON, Jerah (1976), « The Louisiana French », *Contemporary French Civilization*, 1(Fall) : 19-37.

NEUMANN, Ingrid Holzschuh (1985), *Le créole de Breaux Bridge, Louisiane : étude morphosyntaxique, textes, vocabulaire*, Hamburg : Helmut Buske Verlag.

OUKADA, Larbi (1977), *Louisiana French: A Linguistic Study With a Descriptive Analysis of Lafourche Dialect*, Thèse de doctorat, Louisiana State University.

PAPEN, Robert A. (1972), *Louisiana « Cajun » French: A Grammatical Sketch of the French Dialect Spoken on Bayou Lafourche*, inédit.

PAPEN, Robert A., ROTTET, Kevin (à paraître), « A Structural Sketch of the Cajun French Spoken in Lafourche and Terrebonne Parishes », Valdman, Albert (ed.), *French and Creole In Louisiana*, New York : Plenum Publishing Co.

PÉRONNET, Louise (1989), *Le parler acadien du sud-est du Nouveau-Brunswick : Éléments grammaticaux et lexicaux*, New York : Peter Lang.

ROTTET, Kevin (1995), *Language Shift and Language Death in the Cajun French Speech of Terrebonne and Lafourche Parishes, Louisiana*, Thèse de doctorat, Indiana University.

ROTTET, Kevin (1996), «Language Shift and Language Death: Some Changes in the Pronominal System of Declining Cajun French», *Plurilinguismes*, n° 11, p. 117-152.

SMITH-THIBODEAUX, John (1977), *Les francophones de Louisiane*, Paris : Éditions Entente.

VALDMAN, Albert (1993), «La situation actuelle du créole en Louisiane», *Présence francophone*, 43 : 85-110.

L'enseignement du français aux étudiants franco-américains ou les étudiants franco-américains devant leur(s) langue(s)

Robert N. Rioux
Professeur honoraire de langues romanes
Université du Maine

Quand l'étudiant franco-américain s'inscrit à l'Université, il possède certaines forces et surtout, d'après les professeurs de français, des faiblesses très marquées et frappantes. Ses forces sont les suivantes : il passe d'une langue à l'autre, quelquefois dans la même phrase ; il traduit d'une langue à l'autre sans hésitation ; il comprend le français standard, le franco-québécois et le créole ; il a l'oreille très exercée aux sons ; il représente, symbolise et incarne le segment de population de souche française et canadienne-française aux États-Unis, et il est, le plus souvent, fier d'être français. Ses deux principales faiblesses : son attitude envers sa situation linguistique et son incapacité d'écrire sa langue.

D'abord, en tant que membre d'un groupe minoritaire, le Franco-Américain cherche à faire reconnaître et accepter par la culture anglaise dominante sa présence et son rôle dans la civilisation et l'histoire américaines. Certes, il se reconnaît différent parce qu'il a vécu et vit dans une culture dominante une expérience collective distincte. Cette expérience trouve ses origines dans les événements de l'histoire, dans les pensées et les sentiments de ses ancêtres.

Pour diverses raisons, le Franco-Américain éprouve le sentiment de ne pas appartenir entièrement à une entité appelée Amérique. Se sentant et se voyant coupé de ce lien national, cet Américain se tourne vers les siens afin de se refaire et de se reconstruire un mode de vie. Or, dans la reconstruction de sa propre vie, le Franco-Américain se replie sur lui-même ; il se cherche et se recherche. Et au cœur de cette recherche, dans un petit coin refoulé, il retrouve sa langue, le seul et unique élément qui, depuis la Deuxième Guerre mondiale, lui confère son identité.

Pourquoi, en Amérique, une langue étrangère est-elle refoulée ? La première et la principale raison réside dans la théorie du creuset. Mais, il faut l'avouer, il est temps d'enterrer ce symbole. Lorsque l'Oncle Sam met dans la marmite un Italien, un Africain, un Allemand ou un Chinois, il ne réussit pas à en faire une bouillie, c'est-à-dire un Américain homogène. Au contraire, et bien que le *leader Yankee* ne se l'avoue pas, il en sort un Italo-Américain, un Afro-Américain, un Germano-Américain ou un Sino-Américain. Le contact et le mélange voulus dans le creuset ne donnent qu'un ragoût – ce mets très apprécié pour sa sauce (c'est-à-dire : l'américanisme), mais dans laquelle on reconnaît très nettement par leurs particularités certains légumes et viandes (c'est-à-dire : l'ethnicité).

D'autres facteurs qui s'ajoutent à ce processus d'amalgame sont, pour le Franco-Américain, l'incertitude quant à ses origines, le manque de perspective mondaine, la honte, la peur, les questions de loyauté ou de politique, les mobiles économiques et, enfin – un facteur qui est d'une importance primordiale – le rôle et l'attitude des professeurs de français aux niveaux secondaire et universitaire. Ces professeurs, dont les noms de famille dénotent, pour la plupart, une ethnie non française, sont de véritables Henry Higgins, car ils ont devant eux des êtres qui « doivent » apprendre un français « standard », un « bon » français, ou un français « soigné », en d'autres mots un français universitaire et littéraire qui n'a rien de pratique dans la vie courante. Faut-il ajouter que cette attitude engendre des complexes chez le Franco-Américain ! Combien, mais combien de fois ai-je entendu dire par celui-ci : « Ouais, j'parle français, mais y est pas bon. »

« Bon » est une qualité morale. Que je sache, toute langue est amorale. Porter un jugement sur la valeur d'une langue est en réalité un jugement sur l'individu, sa société, sa culture, son « moi ». C'est un jugement à double tranchant, car si le professeur vise la « **différencité** » du Franco-Américain, ce jugement met à jour ses propres préjugés idéologiques.

Je souligne que le Franco-Américain se reconnaît différent. Ses différences viennent de cette culture française, franco-canadienne et franco-canado-américaine transmise de génération en génération et entrent dans son comportement, ses croyances et ses valeurs. Elles sont le résultat de l'emploi fonctionnel, au cours des siècles, d'une variante historique et de ses expériences de la collectivité franco-américaine d'avant-guerre dans les écoles paroissiales, avec l'Église catholique et la presse franco-américaine. De nos jours, elles se dégagent de l'oppression et des expériences ahurissantes vécues dans les écoles primaires et secondaires publiques, où on lui défend, sous peine d'être puni, l'emploi de sa langue. Enfin, elles découlent du fait que la plupart d'entre eux vont passer leur vie dans les limites géographiques, culturelles et linguistiques d'une communauté minoritaire distincte qui est « légume » ou « viande » au milieu d'une autre culture beaucoup plus large, celle-là ne saurait exister indépendamment de celle-ci qui est « sauce ».

Le Franco-Américain a une langue adaptée à lui-même ; elle est teintée d'une réalité culturelle. Il est obligé d'interpréter deux cultures qui correspondent aux deux milieux dans lesquels il vit. Sa langue gouverne ses idées, ses sentiments, sa façon de penser et sa conception du monde. Il sait, et d'ailleurs se doit de le savoir, grâce à une acculturation partielle, d'une part s'exprimer couramment en anglo-américain et d'autre part affirmer son identité française parce qu'il voudrait que lui-même, que son « moi », que son héritage culturel et linguistique soient acceptés par la culture dominante. Ce dualisme linguistique ne reste pas particulier aux Franco-Américains. Tout groupe linguistique minoritaire se crée une vie dans une société à laquelle il ne participe pas entièrement puisqu'il se sert de sa langue maternelle dans un pays qui considère celle-ci comme langue étrangère. De là résultent, pour le Franco-Américain, le conflit d'identité et la recherche de la définition de soi, d'être à la fois français et membre d'une société moderne. Évidemment, ce que l'on exige, c'est que le Franco-Américain refoule et nie son identité linguistique. Je me suis aperçu d'une toute petite faille dans cette question d'identité, car les Franco-Américains, du moins ceux qui suivaient mes cours, ont exprimé le sentiment que les Québécois commençaient à faire accroire qu'ils ne comprenaient plus les Franco-Américains, que les Québécois avaient un complexe de supériorité par rapport aux francophones du Maine.

Revenons au professeur qui donne la note, et devant lequel notre *native speaker*, au lieu de se réaliser, doit se plier, se nier et se reconstruire, parce que le professeur se sent menacé devant la facilité d'élocution de son étudiant. Considérés par la société comme étant les plus instruits et les mieux rémunérés, ces professeurs cherchent à imposer leur modèle linguistique à un autre qui, n'ayant pas ce même modèle, se voit relégué à un niveau socio-économique moins élevé. Gérault de Cordemoy, dans son *Discours physique de la parole* (1666 : 19) a écrit : « Parler n'est pas repeter les mesmes paroles dont a eu l'oreille frappee, mais... c'est en proferer d'autres à propos de celles-là. » Où, demanderions-nous au professeur, est l'être humain derrière cette façon de s'exprimer apprise, et je cite le professeur de phonétique, « dans les bas quartiers de Québec » ?

Eh **bin**, non, ce français n'est autre que le français du Moyen Âge, de la Renaissance et du XVIIe siècle. Lisez, dans une édition originale, les œuvres des auteurs de ces périodes, et vous allez retrouver le vocabulaire et la prononciation, indiquée par l'orthographe, que les professeurs de français reprochent à ces étudiants francos, ou faites un peu de phonétique historique, et vous allez retrouver toutes les étapes de l'évolution d'un son, d'une voyelle, par exemple, évolution qui démontre que, à un moment donné, tel ou tel son employé par le Franco-Américain existait.

L'accent du Franco-Américain est historiquement valable, car ses origines remontent à une époque où les patois français d'aujourd'hui étaient encore des dialectes parallèles à celui de l'Île-de-France, à une évolution phonétique arrêtée, mais qui se caractérise par des traits importants en ce qui concerne le normand, moins importants pour le poitevin et de moindre importance pour le picard. La syntaxe du parler franco-américain reste française, et sa lexicologie se modifie. Comme les langues occidentales, le franco-américain a le « défaut » d'avoir emprunté aux Anglo-Saxons. Néanmoins, cette langue renforce le dicton de Vaugelas (1970 : Préface I) selon lequel *l'usage reste le maistre et le souverain des langues vivantes.*

La langue française dans l'État du Maine est un outil, car le Franco-Américain n'a aucun problème de compréhension de sa langue sociale et régionale, de cette langue qui, selon Rivarol (1948 : 98) « (...) est plus faite pour la conversation, lien des hommes et charme de tous les ages. Parler (...) n'est autre chose que faire connoistre ce que l'on pense, à ce qui est capable de l'entendre. » (*Ibid.* : 21). Le Franco-Américain connaît à fond les règles complexes et vastes qui déterminent l'emploi de sa variante. En plus, il comprend presque sans aucune difficulté le français standard ; pourrions-nous souhaiter le contraire de la part du professeur ? Hélas, non, et jamais, car si celui-ci ne reconnaît ni l'être ni sa nature humaine, c'est qu'il veut le transformer en automate. C'est à la fin d'un devoir écrit qu'un étudiant a demandé, et je cite : « Est-ce qu'il existe une langue qui a [sic] été créée sur une grammaire ? » Un autre étudiant s'est servi de cette citation de James Baldwin, le célèbre auteur afro-américain, qui termine son essai *Fifth Avenue, Uptown* (1961) par cette affirmation : « It is a horrible, an inexorable, law that one cannot deny the humanity of another without diminishing one's own : in the face of one's victim, one sees oneself. » (C'est une loi inexorable, horrible que l'on ne peut nier l'humanité d'un autre sans diminuer la sienne, car en face de sa victime, on se voit).

Le Franco-Américain se révolte parce que son français, comme la variante américaine de la langue anglaise, est un moyen de communication dans lequel le contenu est beaucoup plus important que ne le sont l'accent, la syntaxe et le vocabulaire. Sa langue lui procure l'amitié, l'entente, la solidarité et, même, une expérience collective.

Dans ce milieu, le Franco-Américain s'épanouit, car son parler permet la réalisation de lui-même, ce besoin si primordial chez l'être humain. Bref, les Franco-Américains s'identifient par leur langue, et c'est cette langue qu'ils ont employée dans tous les cours ou section de cours réservés à leur intention.

Quelle est la réaction de l'étudiant franco-américain devant ce fait ? Étonnement, doute, incertitude. À la fin de la première heure d'un cours, j'ai entendu, dans le couloir, « Hé, el prof-làh, i nous tsire la patte ? » Bien sûr que non, car je ne cherchais qu'à leur donner l'occasion de parler leur langue. Ces étudiants ne voulaient pas devenir spécialistes de la langue, ils voulaient simplement la sauvegarder tout en suivant les cours de français afin de satisfaire aux exigences du diplôme du premier cycle. Il m'a été tout à fait impossible de faire comprendre cette situation à mes collègues ; non, tous les cours de littérature devenaient cours de langue ; très peu de Francos non-spécialistes y ont assisté.

Remontons un peu dans le temps. En 1968, j'ai commencé une série de réunions avec les étudiants francos et, après quatre réunions, ils m'ont demandé comment ils pourraient suivre un cours de civilisation franco-américaine. Je me suis donc adressé au Chef du Département ; grâce à ce monsieur si compréhensif et prévoyant, nous avons décidé d'attaquer de front le problème en proposant d'abord un cours sur la littérature québécoise, car le Québec était en pleine agitation, puis y greffer les cours franco-américains. En septembre 1971, était offert le premier cours destiné uniquement aux étudiants franco-américains : « La langue française du Maine ». J'ai enregistré sept façons de prononcer « patate », et trois phonèmes qui distinguaient les Francos d'origine québécoise des Francos d'origine acadienne (père/pére ; il est mòrt/mnèm ; et cœur/ tchœur).

Le deuxième cours s'intitulait « Civilisation franco-américaine ». À l'automne 1972, des sections ont été réservées uniquement pour les Franco-Américains dans les cours de « Français pratique » et de « Lectures françaises ». Nous voilà lancés.

Au printemps 1973, le Département a voté la création du diplôme Français, option études franco-américaines, car sept autres départements dans la Faculté des Lettres avaient ajouté un cours, ou une partie d'un cours, sur l'aspect franco-américain qui les intéressait.

Pendant plusieurs semestres, j'ai enseigné une section de « Composition/Conversation » réservée aux Franco-Américains. Je me suis servi de *Trente Arpents* de Ringuet ou de *Bonheur d'occasion* de Gabrielle Roy, avec les étudiants d'ascendance québécoise et, plus tard, de *Pélagie-la-Charrette* avec les étudiants d'origine acadienne. L'œuvre qui a procuré le plus de plaisir, c'était *Bonheur d'occasion*, car il y avait une identité linguistique, religieuse, économique et sociale. Au début de la deuxième heure, une étudiante a pleuré, parce que Rosanna Lacasse c'était sa grand-mère ; ensuite, elle a ajouté : « Pis a parle comme nous-autes. »

Ces étudiants n'en revenaient pas : leur langue dans les premières pages d'une œuvre écrite en français ! Ils avaient noté : *c'te question, et pis après, à c't'heure, à soir, je m'en va*, etc. « C'est comme ça qu'on écrit ce qu'on dit ? » m'a demandé une étudiante. Pour le professeur, voilà l'occasion de discuter la question de la langue orale ; leur faire voir leur langue chez Balzac, Molière et Maupassant ou leur donner en photocopies des extraits tirés de *Zazie dans le métro* de Queneau. Après tout, l'héroïne dit : *aboujplu, artisse, asteur, kèk chose*, etc. Réaction : « Ben, Zazie, a parle comme nous autes, pis à Paris, par dessus le marché ».

De ces discussions, on passait à certaines cartes de *l'Atlas linguistique de la France*. En voyant la carte pour le mot « droit », les étudiants ont constaté que, dans les provinces de l'Ouest, on disait *drette* ; de même pour *j'vas, s'assir* ou *la fleur* au lieu de la *farine*. Une anecdote à ce sujet : mes collègues trouvaient l'emploi de

« fleur » un peu bizarre et se moquaient de cet emploi, parce que, après tout, les Francos s'étaient trompés dans leur traduction, c'est-à-dire ils traduisaient *f-l-o-u-r* comme si c'était *f-l-o-w-e-r* ; or, un jour, j'en avais plein mon casque et j'ai dit à une collègue qui allait passer quelques mois en France de consulter un boulanger. Effectivement, quand elle est revenue, elle m'a dit, et je cite : « Le boulanger m'a dit que la meilleure farine, la farine la plus fine, s'appelle la fleur de farine. » Elle a ajouté : « Et moi, je croyais que les Francos se trompaient et qu'ils traduisaient f-l-o-w-e-r. »

Les étudiants remettaient une composition tous les dix jours. Le sujet se rapportait toujours à l'œuvre qu'on lisait. Question d'opinion, je crois que la lecture et l'orthographe vont de pair : celle-ci doit s'appuyer sur celle-là. Cette méthode permettait ainsi à l'étudiant de recourir à un système de références immédiatement disponibles. La faiblesse fondamentale des étudiants Francos consistait en leur inaptitude à écrire leur langue. Cette faiblesse a servi de base à la deuxième partie du cours : les compositions. Notons en passant que, si le Franco sait écrire sa langue, il devient spécialiste du français, ou le deviendra. D'après les compositions, les devoirs écrits et les travaux pratiques, ma première constatation était que les Francos écrivent phonétiquement. J'ai donc mis sur pied toute une gamme d'exercices de prononciation et d'orthographe qui, semble-t-il, répondait à leurs besoins. Le point de départ de tous ces exercices, c'était la langue orale familière, sans jamais employer « le jargon grammatical ».

Avec les fautes relevées, j'élaborais des exercices d'orthographe dans lesquels il était question des homonymes. C'était la confusion totale pour ce qui est des mots dont les prononciations sont plus ou moins identiques, comme « ce-se, on-ont, c'est-s'est-ces-ses ; dans-d'en ; tant-temps », etc. Je n'entre pas dans les détails, parce que la méthodologie que j'ai employée sera présentée au Colloque sur la Franco-américanie à l'Université, qui aura lieu du 10 au 12 novembre sur le campus à Orono.

Et que dire des expressions idiomatiques ? Les étudiants francos m'ont montré des compositions où il était noté, dans les marges, « cela ne se dit pas », ou « ce n'est pas le français normatif », ou simplement « dictionnaire » ou « français » suivi d'un point d'interrogation. Ce qui m'a plu dans les compositions, c'était l'emploi d'un vocabulaire qui reflétait les origines agricoles ou industrielles de ces étudiants. J'ai gardé une liste de toutes les expressions idiomatiques, dont beaucoup écrites dans le français de France, telles que *lui donner un coup de main, rentrer ses cornes, avoir un visage d'ange*. Les Français disent : *elle est maigre comme un clou* ; mais le Franco, dont le père est pêcheur, dit : *elle est maigre comme une arête*, mais celui dont le père est bûcheron, dit *elle est maigre comme un coin*. Peu importe que les Français disent *avoir la langue bien pendue* et que le Franco dise *ne pas avoir la langue dans sa poche*.

L'emploi des américanismes ? Est-ce que le Franco doit être puni parce qu'il dit *patate de divan*, et l'a dit bien avant que les Français ne disent *patate de canapé*. Son emploi de *drastique* avec le sens de « très rigoureux » est entré dans le Larousse, édition de 1992. *Magazine* est devenu populaire en France vers 1975 ; les Francos *portent deux chapeaux* alors que les Français *portent double casquette*. Il y a d'autres expressions employées depuis longtemps par les Francos, et à la mode en France : *têtu comme une mule, pleurer des larmes de crocodile,* et *à tout bout de champ*. En français standard, ce que mon père appelait *la prise d'air*, c'est *un starter*. Puisque j'habite dans une île, mes amis français ne prennent pas le bac, et certainement pas le traversier, pour arriver chez moi. Oh, non, ils prennent le « fé-ri-bo-ate », ou simplement le ferry. Qui a le droit d'employer ces américanismes : le Français ou le Franco ? Oh, que le sort linguistique est ironique : autrefois, les jeunes Francos se faisaient punir pour avoir employé un mot français ; aujourd'hui, les Français qui se servent du franglais sont mis à l'amende !

Le cours le plus passionnant, dans mon enseignement avec les Francos, c'était « Histoire du français nord-américain », offert pour la première fois en 1980, année où il y a eu plus d'Acadiens que de Québécois. Dans ce cours, offert tous les quatre semestres, nous avons fait de la phonétique historique et avons étudié les événements et les personnages les plus importants qui ont joué un rôle dans l'évolution de la langue française à partir du *Serment de Strasbourg* jusqu'au XVIIe siècle.

Lorsque les étudiants ont compris que (a) le français n'était que du latin mal parlé, ou du latin écorché, (b) les mots ont une vie, il y en a qui meurent et que, pour d'autres, c'est le sens ou la prononciation qui change, (c) la loi du moindre effort a joué un rôle énorme dans cette évolution, ça a été une pagaïe monstre.

Aux cours des années, les étudiants francos du deuxième cycle qui se destinaient à l'enseignement ont présenté les devoirs écrits ou travaux pratiques suivants :

1) Une étude sur les mots francos dont la prononciation était plus près du latin que du français actuel, par exemple : arteil (< L. *articulus*), relevé en 1160 et devenu orteil vers la fin du XIIe siècle ; concombre (< L. *cucumeris*) ; je sus (< L. *sum*) et damage (< L. *damnaticum*) attesté dans la *Chanson de Roland*. À la fois étonnement et fierté de la part des étudiants. Comme ils disent « Ces prononciations, on n'les a pah inventées ! »

2) Une deuxième étude sur le fait que le français actuel se base sur le français écrit d'un certain nombre de bons auteurs. Si oui, comment peut-on expliquer, notamment, que les Français disent « les spaghettis et les médias », mots qui portent deux fois la marque du pluriel, un pluriel d'origine plus le signe du pluriel français ? Pourquoi deux prépositions dans « divorcer d'avec » ? pourquoi « se laver la main », mais « lever la main » ? Pourquoi ? Pourquoi ?

3) Une troisième étude sur la prononciation actuelle, d'après un texte de phonétique de la langue française récent. L'étudiant avait relevé dans le texte ces trois particularités : (a) le manque de distinction entre les « a », comme dans patte et pâte, (b) la perte de distinction dans la prononciation entre les terminaisons du futur et du conditionnel et (c) l'harmonie vocalique qui est en train de changer la prononciation actuelle /otOn > OtOn ; otOmObil > OtOmObil/. Que dire de ces Français, et surtout les professeurs de français, qui refusent d'accepter ces changements ? Ces professeurs dont la prononciation est déjà démodée ?

4) Un quatrième devoir porte sur les mots français qui ne se trouvent plus dans les dictionnaires les plus récents, ou qui étaient classés vieux ou archaïques, mots qui sont vivants dans la région, tels que *achée, tannant, bourrier* ou le verbe *licher* que Jean Nicot note dans son *Trésor de la langue françoise* (1606). Cherchez dans les thèses, les glossaires, les études, etc., qui relèvent les exemples du français parlé dans les provinces, et vous allez trouver, comme moi, que ce verbe s'employait jusqu'en 1977. « Les Francos ne les ont pah inventés ! »

Mais ce que détestaient ces étudiants, c'était la marque d'usage *dialectal*. Chez les Francos, ce terme a un sens péjoratif ; il est rempli d'opprobre, d'ignominie, de honte, d'humiliation. Je n'ai jamais permis l'emploi de ce mot dans mes cours ; non, le français du Maine est une variante régionale. Le français parlé dans l'Île-de-France était un dialecte, comme le normand, le picard, le poitevin, l'angevin, mais puisque ce dialecte est devenu le plus important, le plus prestigieux, on l'appelle « langue ». Adoptons la terminologie des linguistes, c'est-à-dire, appelons ce français une variante régionale afin de faire place aux autres variantes dans la Francophonie.

Un devoir pratique auquel deux étudiants ont collaboré mérite d'être cité. En partant de la loi du moindre effort, ils ont noté la prononciation de leurs professeurs de français qui disaient parler anglais. Dire cela, c'est malhonnête. L'anglais parlé en Nouvelle-Angleterre est aussi éloigné de l'anglais britannique que la langue française nord-américaine l'est du français. Si vous ne me croyez pas, parlez-en à un Français qui enseigne l'anglais en France ou en Afrique francophone. Les deux étudiants se sont régalés du fait que leurs professeurs faisaient les mêmes « fautes » dans leur langue orale que les Francos faisaient dans la leur. La conclusion de ce devoir était la suivante : que les professeurs de français d'origine américaine étaient des hypocrites et parlaient l'anglo-américain. Cependant, ce qui a soulevé le plus d'indignation, c'était d'apprendre que leurs professeurs avaient écrit leurs thèses de doctorat et leurs articles en anglo-américain.

Les étudiants francos se demandaient pourquoi leurs professeurs acceptaient l'espagnol et le portugais de l'Amérique du Sud, comme l'américain, mais pas la langue franco-américaine. La seule mention favorable aux Francos se trouve dans le *Petit Robert*, édition 1984, où l'on mentionne sous l'entrée *franco : les Franco-Américains du Maine*. Est-ce qu'il faut attendre que les académiciens ou les lexicographes français, pour citer l'étudiant, « le Conseil national de planification linguistique », se décident avant que le Franco puisse employer tel ou tel mot ou expression ? Est-ce qu'il faut choisir une des trois prononciations françaises pour le mot *skunk* quand cet animal n'existe même pas en France ? Pourquoi pas la traduction de Cotgrave, en 1611, de *bête puante*, ou *mouffette* des Québécois ? Non, les dictionnaires français laissent beaucoup à désirer, car il existe d'autres réalités dans le monde francophone dont les lexicographes devront tenir compte.

Les professeurs américains ont aussi beaucoup à apprendre, car les Francos VIVENT leur langue ; ils ne l'ont pas apprise dans une salle de classe. Le Franco est plein d'un humour qui, par moments, est très gaulois. Cette anecdote en témoigne : le professeur expliquait qu'un « *flashlight* c'est la torche, et que l'on braque une torche sur quelqu'un ». Mais, protesta un Franco, pourquoi ne pas dire tout simplement « je l'ai torché ? » – « Bon, ça va » dit le professeur.

Le Franco n'a pas à sa disposition un vocabulaire ni sophistiqué, ni littéraire, ni abstrait, et n'a pas l'intention d'en avoir un. Mais que le professeur arrête de le corriger en lui disant que son français n'est pas standard ; standard, oui, quand il s'agit de la chaîne de montage, mais à peine peut-on appliquer ce sens à l'être humain. L'emploi d'une langue n'est pas une indication des capacités mentales de quelqu'un, c'est le moyen de communiquer ses pensées et ses idées. Il ne faut pas non plus que le professeur lui dise que « la crudité du temps est une expression inacceptable parce que crudité ne s'emploie qu'au pluriel et veut dire *raw vegetables* ». « Melon d'eau », c'est un américanisme ! « Perdre son sang-froid » est préférable à « perdre la carte ».

Non, messieurs dames, le Franco s'inscrit dans les cours de français pour pouvoir employer son français. Bien sûr, il va dire « caractère » pour « personnage » ; mais il ne faut pas le corriger, car trois semaines après, il va employer personnage.

Les cours de français créés uniquement pour les Francos ont cessé en automne 1989. Je suis d'avis que la situation linguistique franco-américaine s'empire, et que le professeur qui essaie d'y remédier est en train de nager debout. Je ne vois pas de renouveau, ni de régénération à la québécoise. De temps à autre, il y a un/une Franco qui demande qu'on lui enseigne la langue de ses parents, ou une anglophone qui veut apprendre le français de ses futurs beaux-parents. On n'offre que le cours de civilisation franco-américaine, une fois tous les quatre semestres. Ce sont les Anglos qui s'y intéressent, ces Anglos qui demandent au professeur « Voulez-vous répéter la question ? » et le professeur, sans commentaire, répète la question.

En guise de conclusion, je répète et souligne que tout mon enseignement du français aux étudiants franco-américains est parti de l'idée que la langue franco-américaine est historiquement valable, orale et fonctionnelle. Mon rôle, pendant les heures de cours, était de remonter le moral du Franco-Américain, de lui inspirer la fierté de ses racines, de l'aider à s'identifier et à trouver sa place dans le monde. Pour ce faire, j'ai adopté cette citation de Malraux :

« Le but d'une vie n'est-il pas de tenter de donner confiance aux hommes de la grandeur qu'ils ignorent en eux ? » Mais je l'ai adaptée à la situation, ce qui donne : « Le but d'une vie [de professeur de français] n'est-il pas de tenter de donner confiance aux hommes de la grandeur [de la langue française] qu'ils ignorent en eux ? »

L'historien américain Daniel J. Boorstin, à qui on a décerné le prix Pulitzer, dit, et je traduis : « Un des symboles des possibilités de réussir en Amérique est que notre langue a été empruntée ; elle n'a pas été créée ici, mais on l'a transformée. Non, nous avons une langue importée comme l'est notre population. Nous ne vivons pas sur les frontières entre la France et l'Allemagne où l'on s'est tué pour décider si on allait parler français ou allemand. » Moi, je n'aimais pas, et je n'aime pas, qu'on tue les Francos parce qu'ils ne parlent pas le français de France, ou qu'ils ne parlent pas selon l'idée que le professeur se fait du français.

Étant donnée la condition linguistique des étudiants franco-américains à l'Université du Maine, et dans presque toutes les écoles secondaires où l'on enseigne le français, je suggère que ces professeurs de français sont coupables de harcèlement linguistique et de discrimination linguistique. Mais ces mots ne sont pas assez forts pour décrire ou caractériser l'état des choses. Ainsi, j'ai créé deux nouveaux mots, des néologismes : le premier *linguicisme* qui selon moi désigne cette *théorie de la hiérarchie des langues qui conclut à la nécessité de préserver la langue dite supérieure de toute influence étrangère, et à son droit de dominer les autres*. Le deuxième mot : *linguiciste* désigne *la personne qui soutient le linguicisme, ou dont la conduite est imprégnée de linguicisme*.

Non, messieurs dames, il est temps que les professeurs de français américains acceptent une nouvelle réalité que j'appelle le français nord-américain, dans lequel on trouve la variante franco-québécoise, la variante franco-américaine de la Nouvelle-Angleterre, et la variante acadienne du Maine, de la Louisiane et du Nouveau-Brunswick.

Pendant une trentaine d'années, je me suis intéressé, à l'Université du Maine, campus à Orono, à la situation linguistique du groupe minoritaire qui de sa propre volonté s'appelle Franco-Américain.

Qui sont les Franco-Américains ? Ce sont les descendants des Canadiens français venus chercher une nouvelle vie dans les villes textiles de la région connue sous le nom de la Nouvelle-Angleterre, ou ce sont des Francophones d'ascendance acadienne qui habitent la région agricole du nord de l'État du Maine. Dans cet État, les deux groupes se désignent comme franco-américains, mais celui du nord précise qu'il est aussi acadien.

Quand je suis arrivé à l'Université en septembre 1959, j'ai constaté que la plupart des étudiants du sud de l'État n'avaient pas, pour certains phonèmes, la même prononciation que ceux du nord de l'État. Autre constatation : les deux groupes se servaient d'une prononciation qui relevait de l'orthographe du Moyen Âge ou de la Renaissance. Dès ce premier semestre, j'ai commencé à noter sur des bouts de papier, et plus tard, sur fiches, le vocabulaire dit « archaïque », les idiotismes, et la prononciation de tout ce qui remontait à ces deux périodes littéraires.

Nommé conseiller pédagogique en septembre 1968, je me suis consacré à l'orientation scolaire et professionnelle des étudiants franco-américains inscrits à l'Université. Voilà ce que j'ai appris.

Problématique de l'emprunt et de l'alternance lexicale chez des francophones de Sudbury, Ontario

Natalie Melanson, Denise Deshaies et Claude Poirier
CIRAL, Université Laval, Québec

Introduction

L'étude de l'alternance de codes et de l'emprunt linguistique a donné lieu à nombreuses recherches, dont certaines se sont surtout penchées sur les critères qui permettent de distinguer ces deux phénomènes. La majorité des chercheurs est d'accord avec la définition de l'alternance de codes qui consiste dans l'emploi alternatif de deux langues différentes au sein d'un même tour de parole. L'alternance de codes peut, entre autres, mettre en cause deux phrases différentes (alternance extraphrastique) et des propositions ou segments de propositions différents (alternance intraphrastique), comme dans les exemples suivants tirés de notre corpus :

Alternance extraphrastique :

(1) Il y a six fourchettes puis on est rien que cinq. * *Good I get two, two at a time.*

(2) Attends, attends un peu. * *You want to get in the bedroom ?*

Alternance intraphrastique :

(3) Paul, Lianne dans le milieu, * *and the little girl I don't know.*

(4) Non non, nous autres on tire * *from the right side*, toi tu tires * *from the wrong side.*

Dans ces exemples, tous les segments appartenant au français et à l'anglais sont conformes à la phonologie, à la morphologie et à la syntaxe de chaque langue, cette conformité au système linguistique propre à une langue constituant l'essence même des alternances de langue.

Par ailleurs, on distingue normalement les emprunts des alternances sur la base de leur intégration morphologique et syntaxique à la langue emprunteuse, de leur attestation dans des sources écrites ou de leur fréquence d'usage. Dans leurs études du français de la région d'Ottawa-Hull et de la Nouvelle-Écosse, Poplack, Sankoff et Miller (1988), ainsi que Flikeid (1989), ont noté « la forte tendance à intégrer morphologiquement les noms et les verbes, mais non pas les autres catégories grammaticales » (Flikeid 1989 : 203), comme les adverbes. Sur le plan phonologique, Poplack *et al.* (1988) ont démontré que l'intégration phonologique d'un emprunt au système phonologique de la langue emprunteuse était plus variable et que celle-ci était fonction du temps depuis lequel l'emprunt était attesté ainsi que de sa fréquence d'usage. Ainsi, plus un emprunt à l'anglais est ancien et fréquent, plus il a de chances d'être intégré au système phonologique du français.

Si la distinction entre emprunt et alternance de codes est relativement limpide lorsque des marques morphologiques sont présentes, comme dans le cas de verbes anglais qui prennent la morphologie des verbes du premier groupe en français, ou lorsque l'occurrence est fréquente, celle-ci devient problématique lorsqu'une unité lexicale simple, une locution ou une expression ne comportant aucune marque d'intégration est attestée une seule fois dans un corpus. Dans ce cas, ni les critères d'intégration morphologique et syntaxique, ni le critère de fréquence ne permettent de décider s'il s'agit d'un emprunt momentané ou d'une alternance de codes. Poplack *et al.* (1988 : 95) soulignent d'ailleurs ce problème en mentionnant que certains cas qui ont été classés comme emprunts momentanés dans leur corpus appartiennent peut-être à la catégorie des alternances lexicales, étant donné que les critères opératoires utilisés pour distinguer alternances et emprunts ne permettent pas de désambiguïser tous les cas en ce qui concerne le français et l'anglais. Cette difficulté est particulièrement importante dans le cas de communautés où les emprunts plus récents ne sont pas adaptés phonologiquement à la langue emprunteuse, comme c'est le cas des francophones d'Ottawa ou de la Nouvelle-Écosse.

Flikeid (1989) a également mis en évidence le fait que la distinction entre emprunt et alternance de codes oppose un mot unique, l'emprunt, à des séquences qui conservent la syntaxe et la morphologie anglaises, soit les alternances de codes, et que cette opposition binaire laisse de côté des phénomènes qui sont difficilement classables dans l'une ou l'autre de ces catégories. En effet, sur la base de la définition de l'emprunt fournie par Poplack *et al.*, à savoir « a single L2-origin item used in an L1 slot » (1988 : 93), des expressions récurrentes, telles « *that's right, never mind* », ou des séquences verbales comme « *swinger back and forth* » (Flikeid 1989) ne peuvent être classées comme emprunts, alors qu'elles ne constituent pas non plus des alternances véritables, compte tenu soit de l'intégration morphologique d'une partie de la séquence, soit de leur fréquence ou de leur caractère répétable. Flikeid suggère d'appliquer un critère de fréquence ainsi qu'un critère de cohésion sémantique aux séquences de mots qui seraient répétées ou potentiellement répétables et de traiter ces cas comme des « emprunts de séquences, spontanés ou répandus » (p. 225).

L'analyse de notre corpus de franco-ontarien fournit un certain nombre de cas similaires à ceux trouvés dans le français de la Nouvelle-Écosse et dont il sera entre autres question dans le présent exposé.

1. Corpus et critères d'analyse

Le corpus sur lequel est fondée cette recherche consiste en environ 4 heures d'enregistrements sur vidéocassettes auprès d'une famille de francophones de la région de Sudbury, en Ontario. Le corpus comprend 6 contextes de communication dans lesquels sont étudiés 36 membres d'une famille étendue, âgés de 5 à 64 ans, tous nés dans la région de Sudbury. Les enregistrements ont été faits entre 1989 et 1992 lors de réunions ou de fêtes de famille, ou lors de visites, à titre de souvenirs. Il s'agit donc d'enregistrements de situations spontanées, d'autant plus que cette famille est habituée à être filmée lors de tels événements. Rappelons également que les francophones représentent 28 pour cent de la population de la région de Sudbury.

Ce corpus étant relativement limité comparativement à ceux obtenus dans le cadre d'autres recherches, certaines questions relatives à l'emprunt ou à l'alternance soulevées précédemment ne pourront trouver de réponses définitives ; cependant, ce corpus a l'avantage de fournir des exemples de discours spontané, contrairement aux corpus d'Ottawa-Hull et de la Nouvelle-Écosse qui sont issu d'entrevues sociolinguistiques, et il nous permettra de vérifier si les phénomènes observés sont similaires ou différents de ceux des autres corpus.

Sur le plan de l'analyse, nous avons considéré comme *emprunt* toute unité lexicale simple et toute unité nominale composée qui présente une marque d'intégration à la langue emprunteuse, qui est attestée dans d'autres sources ou qui est fréquente, suivant en cela la définition de l'emprunt utilisée par Poplack *et al.* (1988) et par Flikeid (1989). Également, *l'alternance lexicale* comprend les unités lexicales simples et les groupes nominaux composés qui conservent la morphologie et la syntaxe anglaises. Enfin, une catégorie contient les cas problématiques pour lesquels aucun critère ne permet de décider définitivement s'il s'agit d'un emprunt ou d'une alternance.

2. Analyse et discussion

2.1 Répartition des unités lexicales

Graphique 1

Répartition des unités lexicales

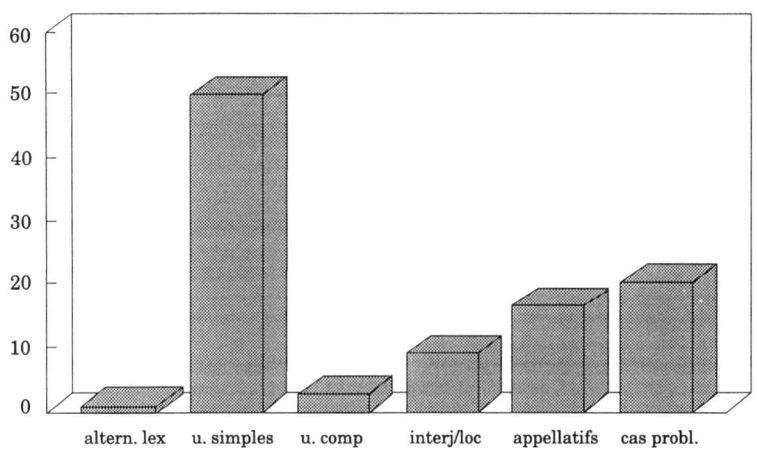

Le graphique 1 illustre la répartition des unités lexicales selon qu'il s'agit d'alternances, d'emprunts ou de cas qui n'ont été classés ni comme alternances, ni comme emprunts (cas problématiques). Parmi les emprunts, ont été distingués les unités simples, les unités composées, les interjections et locutions ainsi que les appellatifs. Mentionnons que la catégorie des appellatifs comprend tous les noms référant à des personnes, à des commerces, à des lieux, à des personnages de la télévision ou du monde de la fiction, etc., mais que les noms des participants à l'interaction et les appellatifs *mom* et *dad* n'ont pas été inclus dans cette catégorie, parce que la haute fréquence de ces derniers aurait risqué de fausser les résultats.

Sur le total des 407 unités lexicales et locutions que nous avons relevées, 3 (0,7 pour cent) constituent des alternances lexicales :

(5) Oui, *sloppy* bonbons.

(6) Oh, on va l'avoir du : du gros *problem* ici' là.

(7) On joue au : on joue à : euh : euh : *nothing*.

Les exemples 5 et 6 représentent des cas inhabituels pour les raisons suivantes. « *Sloppy* bonbons » est une structure typique de l'anglais, telles que le manifestent l'absence de déterminant et la place de l'adjectif (*sloppy candies* vs *des bonbons mous*). Il pourrait s'agir là d'une non-conformité à la règle voulant que l'alternance intraphrastique ne soit possible qu'aux points où les grammaires des deux langues coïncident (contrainte d'équivalence syntaxique). Pour ce qui est de *problem*, son emploi avec le déterminant « du », répété après une hésitation, emploi qui est inhabituel avec le mot *problème*, la structure de la phrase elle-même (Oh, on va l'avoir du : ...) ainsi que la situation dans laquelle il apparaît peut laisser croire à un jeu : en effet, le locuteur vient de terminer une entrevue ludique en anglais avec une de ses sœurs et il amorce une autre entrevue du même type avec un de ses frères qui est enseignant, entrevue qui débute par une négociation sur le choix de la langue de l'entrevue, l'interviewé faisant comme s'il ne connaissait pas l'anglais. Sa réaction en jouant sur la similarité entre *problème* et *problem* permet la poursuite de la négociation où on observe l'usage du français et de l'anglais par les deux locuteurs, ce avant que l'entrevue proprement dite ne suive son cours en français. Enfin, l'exemple 7 représente une alternance balisée par des hésitations.

Plus des trois quarts des cas (79,1 pour cent ; N=321) constituent des emprunts, alors que le cinquième (20,4 pour cent ; N=83) représente des cas problématiques dont nous traiterons ultérieurement.

Parmi les emprunts, 50,2 pour cent (N=204) sont des unités simples, telles *bacon* et *garbage*, 3 pour cent (N=12) sont des unités composées, telles *bobby pin* et *hockey player*, 9,1 pour cent (N=37) des cas concernent des interjections et locutions, comme *atta girl*, *my gosh* et *that's it*, alors que 16,7 pour cent (N=68) sont des appellatifs, à savoir des noms propres, des surnoms, etc., comme *Tooth Fairy*, *Toronto Maple Leafs*, *Care Bears*. Les unités simples dominent donc largement dans la catégorie des emprunts.

Si on compare la répartition des unités simples, des unités composées et des interjections/locutions pour les emprunts (N=253) à la répartition des cas problématiques (N=83), on note que, si les unités simples dominent encore dans la catégorie problématique avec 44,6 pour cent (N=37) des cas, les unités composées et les interjections/locutions sont plus largement représentées que dans le cas des emprunts avec 27,7 pour cent (N=23) des cas pour chacun, comparativement à seulement 4,7 pour cent (N=12) et 14,6 pour cent (N=37) pour les emprunts (voir graphique 2). Ce résultat illustre le problème soulevé par Flikeid (1989) concernant les locutions toutes faites ou les séquences manifestant une cohésion sémantique. Quelques exemples illustreront cette problématique.

Dans le cas des unités composées, *hockey player* a été classé comme emprunt parce qu'attesté dans d'autres sources, alors que *hockey net* ou *hockey stick* ont été classés comme cas problématiques, parce que non attestés ailleurs que dans le corpus et utilisés une seule fois. Pourtant, le procédé est exactement le même, à savoir l'emploi d'un syntagme nominal anglais complet, sans adaptation phonologique au français. De même, des expressions ou locutions comme *atta girl*, *come on* ou *I guess* ont été classées comme emprunts, alors que des cas tels *got it*, *holy jeeper* ou *I don't care* constituent des cas problématiques.

Graphique 2
Comparaison de la répartition des unités lexicales attestées et non attestées

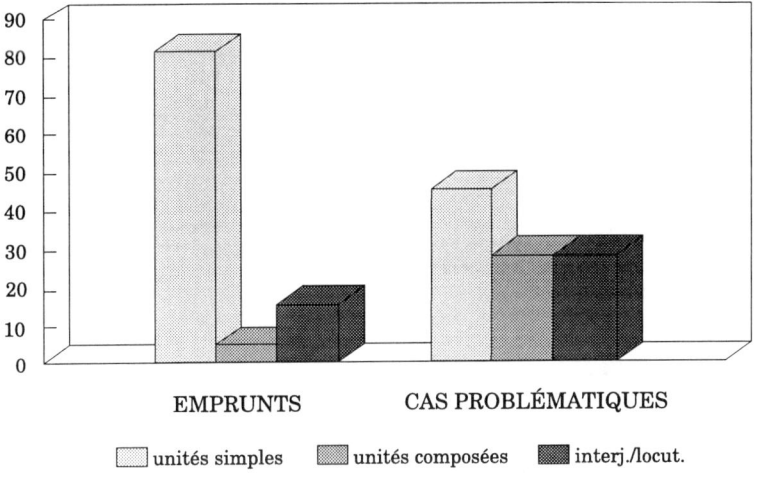

2.2 Attestations selon les sources

Si l'on examine la répartition des emprunts simples, composés et des interjections/locutions selon que ces derniers sont attestés en français européen, québécois ou ontarien (voir graphique 3), nous remarquons que la grande majorité des unités simples et des interjections/locutions, quoique dans une moindre mesure, sont attestées dans diverses sources, alors que les unités composées sont très peu attestées. Pour ce qui est des unités simples, une bonne proportion d'entre elles (44,4 pour cent) est attestée en français québécois, alors que les attestations des interjections/locutions en français européen (18,3 pour cent), québécois (23,3 pour cent) et ontarien (20 pour cent) sont relativement équivalentes. Notons que, dans le cas des interjections/locutions attestées en français européen, il s'agit de 6 cas de *bye* et de 5 cas de *bye-bye*, alors que celles attestées en français québécois concernent huit unités différentes. Pour ce qui est des unités qui n'apparaissent que dans notre corpus (corpus), il s'agit toujours de cas où on observe une intégration morphologique au français, tels les verbes adaptés morphologiquement, qu'ils soient à l'infinitif (p. ex. : *curler, waterskier*) ou conjugués (p. ex. : tu *blinkes*, tu *curles*, tu *shares*). Seuls les critères morphologique et syntaxique ont en effet pu être utilisés dans ces cas, étant donné que le critère phonétique est moins fiable.

Graphique 3
Attestation des unités lexicales selon les sources (%)

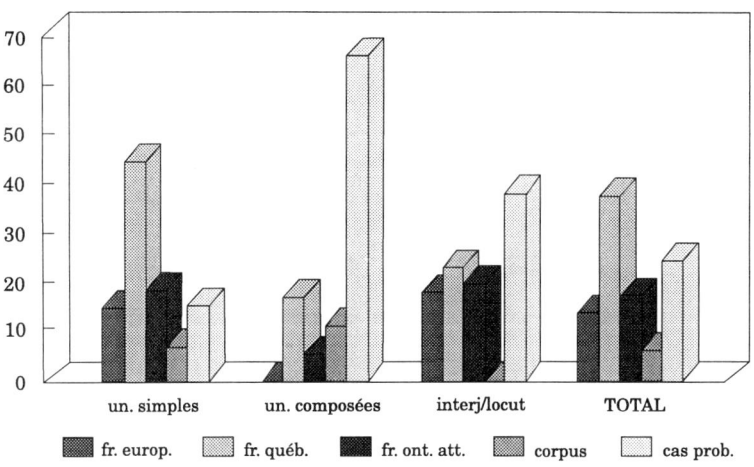

2.3 Distribution grammaticale

La comparaison des types d'emprunts avec le corpus de Poplack et celui de Flikeid, illustrée dans le graphique 4, permet de constater la très grande similarité entre ces trois corpus, bien que ceux-ci aient été obtenus à l'aide de méthodologies différentes. La tendance à emprunter surtout des noms, suivis des verbes et des adjectifs et à peu emprunter des unités d'autres catégories grammaticales semble encore confirmée par les données de notre corpus. En ce qui concerne les interjections/locutions, les proportions plus faibles observées à Pubnico et à Chéticamp sont probablement dues au fait que Flikeid a d'abord classé plusieurs cas appartenant à cette catégorie dans les alternances plutôt que dans les emprunts, avant de proposer de traiter ceux-ci comme des emprunts de séquence.

Graphique 4
Distribution grammaticale des emprunts : comparaison des données (%)

	noms	verbes	adj.	adv.	conj.	prép.	pron.	int./loc.
Sudbury	56.2	17.1	4.8	1.6	4.4	0.4	0.8	14.7
Ottawa-Hull	64	14	8	0.5	1.5	0.5	0.5	12
Pubnico	61	19	9	6	1	1.5	1	2.5
Chéticamp	67	18	9	2	0.5	0.5	0.5	3.5

Graphique 5
Distribution grammaticale : comparaison des emprunts et des cas problématiques (%)

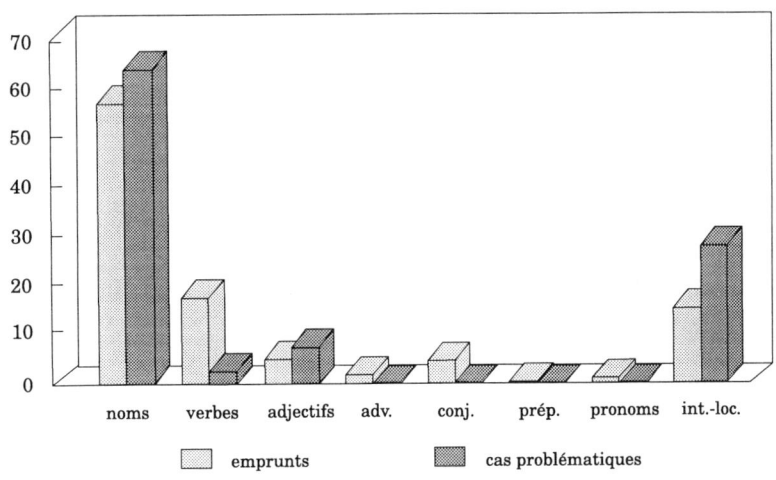

Si on examine maintenant la distribution des cas problématiques comparativement aux emprunts de notre corpus selon la catégorie grammaticale (voir graphique 5), on observe grosso modo la même tendance que celle illustrée précédemment, à savoir la tendance au recours à des noms, verbes, adjectifs et interjections/locutions de l'autre langue, mais non à des unités des autres catégories grammaticales. On note également que ce sont surtout les noms (63,1 pour cent) et les interjections/locutions (27,4 pour cent) qui constituent la majorité des cas problématiques, bien que quelques verbes (2,4 pour cent) et adjectifs (7,1 pour cent) soient également en cause.

2.4 Intégration phonologique

Graphique 6

Intégration phonologique des emprunts contenant les phonèmes /r/, /l/, /th/ (%)

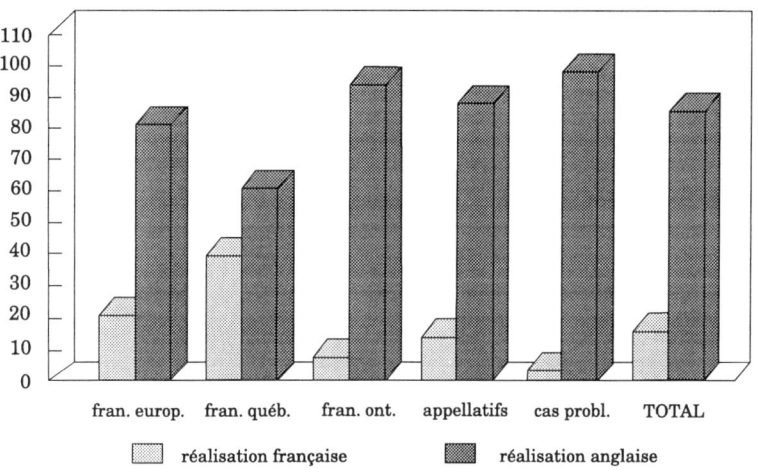

On a déjà mentionné que le recours au critère phonologique pour distinguer les emprunts des alternances n'était pas toujours possible, compte tenu de la variabilité des réalisations phonétiques, telle que signalée par Poplack *et al.*, et du lien qu'on semble pouvoir établir entre le degré d'intégration phonologique, le degré d'usage et le temps depuis lequel un emprunt est attesté. Dans le but de vérifier si les locuteurs de notre corpus avaient tendance à adapter phonologiquement ou non les emprunts, nous avons analysé toutes les unités qui comportaient les phonèmes /r/, /l/ et /th/ parce que la réalisation phonétique de ceux-ci est plus facilement repérable lors d'une analyse auditive que la qualité d'une voyelle ou la place de l'accent de mot. Les résultats obtenus sont présentés dans le graphique 6.

De façon générale, les résultats montrent la très forte tendance de nos informateurs à maintenir la phonologie de l'anglais dans tous les emprunts, même dans ceux qui sont attestés en français européen (ex. : *poster, score, volley-ball*). Par ailleurs, on remarque que les emprunts attestés en français québécois sont plus souvent adaptés à la phonologie française que les autres types d'emprunts (ex. : *batterie, creek, runner*) et que les emprunts attestés dans le seul français de l'Ontario sont presque toujours réalisés à l'aide de phonèmes de l'anglais (ex. : *blinker, puddle, whatever*).

Ces résultats qui concernent 229 unités lexicales sur un total de 407 (en excluant les 3 cas d'alternances), soit 56,3 pour cent des cas, sont suffisamment représentatifs et explicites pour nous permettre de penser que le critère phonologique est peu opérant dans le cas de communautés dont les membres sont tous bilingues et pour lesquels l'usage de la langue seconde est très fréquent dans la majorité des situations de communication extérieures à la famille. Si on ne peut se fier au critère phonologique, comme semblent d'ailleurs le penser d'autres auteurs, le problème du classement des unités en termes d'emprunt momentané (ou spontané) et d'alternance lexicale, lorsque aucune marque morphologique n'intervient, demeure entier. En outre, si on limite la définition de l'emprunt aux unités lexicales simples, il devient difficile de classer des unités composées ou des interjections/locutions récurrentes.

Conclusion

L'analyse des données issues d'un corpus franco-ontarien spontané montre qu'il existe très peu d'alternances lexicales comparativement aux emprunts, résultat similaire à celui obtenu par Flikeid. De plus, la majorité des emprunts trouvés dans le corpus est également attestée dans d'autres sources et leur répartition selon la catégorie grammaticale est semblable à celle qui a été observée dans d'autres recherches. La convergence de ces résultats illustre les mécanismes généraux en œuvre dans le processus de l'emprunt.

Ce qui semble plus typique de notre corpus et de celui de Flikeid concerne les unités composées et les interjections/locutions qui semblent à mi-chemin entre l'emprunt d'une unité lexicale simple et l'alternance, d'où la proposition faite par Flikeid de traiter ces cas comme des emprunts de séquences. En fait, le problème touche plus particulièrement la distinction entre emprunt momentané et alternance, et on peut se demander si celle-ci est pertinente en l'absence de tout indice morphologique ou syntaxique permettant de trancher entre les deux options.

Les cas que nous avons identifiés comme problématiques l'ont été sur la base du fait qu'ils n'apparaissaient qu'une fois dans le corpus et qu'aucun indice morphologique ne permettait de savoir s'il s'agissait d'un emprunt momentané ou d'une alternance. Par contre, d'autres cas ont pu être classés comme emprunts même s'ils n'apparaissaient qu'une fois, grâce à l'emploi de l'unité au pluriel, par exemple :

(8) Tu t'es pas fait' poigner par les *game wardens* ? (le **s** de *wardens* n'est pas prononcé, d'où l'adaptation morphologique au français ; unité également attestée en français québécois)

(9) Ah tu joues pas aux video *games* ? (**s** non prononcé ; attesté dans le seul corpus)

Dans d'autres cas, l'unité ayant été « malheureusement » utilisée au singulier, elle a été classée dans les cas problématiques, comme dans les exemples suivants :

(10) Daniel, avec la *BB gun* dans le milieu de la nuit.

(11) On va voir mon *double chin*.

(12) Mathieu ! Viens mettre ton *life jacket*.

Ce genre d'exemples illustre non seulement un problème d'ordre opératoire, mais également une question d'ordre théorique : en effet, si emprunt et alternance constituent deux processus distincts, le premier faisant intervenir une seule grammaire alors que la deuxième implique deux systèmes grammaticaux différents, est-il possible de concevoir l'existence d'un mécanisme d'emprunt qui déborderait le cadre de l'unité lexicale simple ? Cette question devra être approfondie, mais la tendance à avoir recours à des unités composées ou à des séquences ayant une forte cohésion sémantique et susceptibles d'être répétées illustre la possibilité d'un tel fait, comme c'est le cas également de la tendance à utiliser des noms propres « complexes », tels *Tooth Fairy*, *Care Bears*, les *Chicago Black Hawks*, des *Beauty and the Beast*, etc., même quand il existe des équivalents français. Il semble donc possible de croire que, dans certaines communautés fortement bilingues et en situation minoritaire, il soit possible d'emprunter des séquences plus complexes que la simple unité lexicale, développant par là des normes de communication propres à ces communautés et distinctes de celles d'autres communautés.

Bibliographie

FLIKEID, Karin (1989), « Moitié anglais, moitié français ? Emprunts et alternance de langues dans les communautés acadiennes de la Nouvelle-Écosse », *Revue québécoise de linguistique théorique et appliquée*, 8 (2) : 177-227.

POPLACK, Shana, SANKOFF, David et MILLER, Christopher (1988), « The social correlates and linguistic processes of lexical borrowing and assimilation », *Linguistics*, 26 : 47-104.

Dynamique de l'utilisation du français en Afrique noire

Nazam Halaoui
Université de Montréal
Département de linguistique et de traduction

Introduction

Deux constats ont guidé le choix du thème de la présente étude. Le premier a trait à l'estimation qui est faite, dans de nombreux écrits, de la qualité de l'utilisation de la langue française dans les États francophones d'Afrique noire. On a tendance à croire que, bien que ces pays possèdent des langues nationales, le français s'y porte bien, il y est largement parlé, sinon compris. Le second constat concerne la conception de l'aménagement linguistique en cours dans les mêmes États. Celui-ci traite soit des langues nationales, soit du français, mais il ne traite jamais de ces langues ensemble et dans les mêmes actions.

L'image de l'utilisation de la langue française et la séparation des actions en fonction de la langue sont à l'origine de la situation dans laquelle se trouve aujourd'hui le français en Afrique noire. L'hypothèse sous-jacente à notre réflexion est celle selon laquelle, dans les situations plurilingues et l'évolution des langues qui caractérisent les pays ici concernés, le français est, sinon devient, une langue minoritaire du point de vue de son utilisation, et ce caractère ira s'accentuant si n'est pas entrepris un aménagement linguistique prenant en compte dans les mêmes actions cette langue et les langues nationales.

Dans ce qui suit, on traitera d'abord, bien que rapidement car là n'est pas l'objet de notre étude, des langues en présence dans les États francophones d'Afrique noire. On s'emploiera ensuite à décrire l'utilisation effective, libre et aménagée, de la langue française dans ces États, à laquelle on associera l'évolution des langues, ce qui fera ressortir l'évolution de l'utilisation des variétés du français. Enfin, on conclura dans la présentation des grandes lignes de l'aménagement de cette langue qui semble s'imposer dans la perspective d'une politique d'essence multilinguiste.

1. Les langues en présence

La situation sociolinguistique des pays ici concernés est plus ou moins complexe – souvent plus que moins – selon le pays. Compte tenu des objectifs assignés à ce texte, on présentera d'abord les situations nationales, toutes langues confondues, et ensuite les différentes variétés du français identifiable aujourd'hui.

1.1 Les situations nationales

S'il est des pays qui montrent une évolution d'une situation vers une autre ou la coexistence de deux situations différentes, l'analyse permet de reconnaître dans les situations nationales trois types distincts, caractérisés l'un par la dissémination, l'autre par la conglomération et le dernier par la couverture.

1.1.1 La situation de dissémination linguistique est conçue, schématiquement, comme la situation nationale plurilingue dans laquelle chaque langue n'est parlée que sur son propre territoire. Les langues qui sont constitutives d'une telle situation sont des langues locales. Elles sont disséminées sur le territoire national qui, de ce fait, est morcelé en raison des aires linguistiques qui le découpent. Il va de soi qu'on se trouve là face à la définition d'un modèle. Les situations de ce type ne sont pas fréquentes. Le plus souvent, une langue déborde de son territoire traditionnel ou reçoit une autre langue sur celui-ci, ce qui crée des zones frontalières bilingues.

Le Cameroun est un exemple de pays à langues disséminées. Ce pays connaît près de deux cent cinquante langues, lesquelles sont, compte tenu de la dizaine de langues véhiculaires recensées, dans leur grande majorité, des langues locales. Pendant longtemps, la Côte d'Ivoire aussi était donnée comme exemple de pays à situation linguistique disséminée. Si cela était vrai il y a vingt-cinq ans, aujourd'hui le développement du julakan véhiculaire dans la moitié nord du pays et celui du français populaire dans la moitié sud interdisent de ranger ce pays dans ce type de situation.

1.1.2 Une situation nationale plurilingue dans laquelle quelques langues sont parlées non seulement sur leur propre territoire, mais aussi sur ceux d'autres langues, telle est la configuration de la situation de conglomération linguistique. Les langues parlées sur les territoires d'autres langues se superposent à celles-ci et constituent de ce fait des agrégats de langues, des conglomérats linguistiques. Apparaissent ainsi des langues conglomérées, qui sont des langues locales, et quelques langues conglomérantes, qui sont des langues régionales. En règle générale, ces dernières permettent la communication sur la totalité, sinon la quasi-totalité du territoire national.

En Afrique centrale, on peut prendre comme exemples premièrement le Zaïre, qui compte plus de deux cents langues et où le lingala, le ciluba, le kikongo et le kiswahili constituent chacune un conglomérat, et deuxièmement le Congo, pays fortement plurilingue où deux langues, le munukutuba et le lingala, sont dans le même cas. Les langues nommées couvrent le territoire national et permettent la communication sur la quasi-totalité, voire la totalité de celui-ci.

En Afrique de l'ouest, on retiendra la Guinée où le sosokui, le màninkakan et le pulaar couvrent, respectivement, la Guinée maritime, la Moyenne Guinée et la Haute Guinée, les trois langues, mais surtout la première et la troisième, étant parlées, sinon comprises en Guinée forestière, région du pays fortement plurilingue. Le Burkina Faso où dominent le moore, le jùlakan et le fulfulde, dans un pays qui compte plus de soixante langues, montre aussi une situation de conglomération.

1.1.3 La situation de couverture linguistique présente des similitudes avec celle de conglomération. Elle apparaît comme une situation plurilingue dans laquelle une langue est parlée non seulement sur son propre territoire, mais aussi sur celui des autres langues du pays. Cette langue se superpose à ces autres langues, elle constitue un conglomérat linguistique au niveau national, elle apparaît comme une langue couvrante. Enfin, elle peut être considérée comme une langue nationale, ce dernier qualificatif renvoyant à l'espace géographique couvert.

Les situations de couverture linguistique sont attestées en Afrique centrale. Au Centrafrique, le sango domine dans un pays qui compte une cinquantaine de langues. Au Burundi et au Rwanda, le kirundi et le kinyarwanda dominent dans des pays qui sont toutefois beaucoup moins plurilingues que le Centrafrique.

En Afrique de l'ouest, certains pays sont dans une phase de transition. Le Mali, la Mauritanie et le Sénégal montrent aujourd'hui une situation de conglomération dans laquelle une langue se démarque et tend à assumer une couverture nationale. Ainsi, le bámanankan, surtout le hassaniya et le wolof tendent à devenir des langues comprises sur la quasi-totalité du territoire national.

1.2 Les variétés du français

En l'absence de travaux identifiant par pays les variétés de la langue, on reconnaîtra dans chacun des États francophones au moins deux, sinon trois variétés de français, le français académique, le français local et le français populaire.

1.2.1 Le français académique est le français écrit de l'intellectuel de France. Cependant, cette variété montre en Afrique noire quelques différences, pour la simple raison qu'elle est utilisée dans un milieu différent du milieu naturel, le milieu français, auquel la langue réfère.

En effet, si cette langue est caractérisée par l'utilisation de la syntaxe du français académique de France, elle est dotée surtout d'un lexique réduit par rapport au lexique de celui-ci. La réalisation de la langue peut être celle du français parisien, manifestant alors le « r » grasseyé, mais elle peut aussi montrer la présence du « r » roulé du français méridional.

Les locuteurs de ce français ne l'ont ni acquis ni appris en Afrique. L'assimilation et la maîtrise de la langue se sont faites, dans la plupart des cas, dans les pays francophones d'Europe. Certains de ces locuteurs ont séjourné très tôt dans ces pays ; d'autres, issus de familles d'intellectuels maîtrisant cette langue, entretiennent pour la plupart des relations très étroites avec la France.

Enfin, il est difficile de distinguer aujourd'hui un français académique propre à chaque pays, en raison de l'insuffisance des données descriptives et de l'utilisation plutôt réduite de la langue. Ceci étant, le Bénin et le Congo, déjà pendant l'ère coloniale, de même que la Côte d'Ivoire et le Gabon d'aujourd'hui, sont des pays dans lesquels le français académique peut être observé.

1.2.2 Autre français d'Afrique, le français local est d'abord et avant tout une variété du français qui révèle à l'observation des caractéristiques qui en font une langue propre à un pays donné. Cette langue est acquise par le canal classique de l'école, l'école locale, l'école du pays. Le français local est une langue qui porte des marques spécifiques à un pays donné, des marques locales, d'où la possibilité de l'appeler français marqué.

La variété fait usage de la syntaxe du français la plus usitée, dans laquelle apparaissent cependant chez certains locuteurs des modifications de la position des mots au sein de l'énoncé. Elle montre un lexique réduit par rapport à celui du français de France, mais enrichi de mots renvoyant à des réalités locales. De plus, la langue révèle des glissements de sens, générant de ce fait des sens propres au pays, mais véhiculés par des formes connues.

Enfin, sur le plan de la réalisation phonétique, elle manifeste clairement l'influence des langues nationales en présence, principalement les langues dominantes. Le français du Sénégalais, influencé par le wolof, se distingue aisément du français du Burundais, marqué par le kirundi.

1.2.3 Le français populaire est aussi un français d'Afrique. Il est une langue des grandes villes du continent, des villes pluriethniques et plurilingues dans lesquelles aucune langue africaine ne permet la communication entre locuteurs de langues différentes. Ce français est surtout connu pour les variétés qu'il présente au Cameroun et en Côte d'Ivoire. Ceci étant, l'observation des situations révèle l'existence de cette langue, sous des formes plus ou moins élaborées, dans tous les pays ici concernés.

Le français populaire est un français surtout en raison de son lexique d'origine française. D'origine, car il s'agit d'un lexique réduit, d'un lexique adapté, enfin, d'un lexique enrichi de formes non françaises. La syntaxe de cette langue est une syntaxe hybride. Elle fait usage d'éléments pris à la syntaxe du français local et elle emprunte aussi largement à la syntaxe des langues africaines en présence.

Sur le plan phonétique, cette langue est grandement influencée par ces langues, à tel point que la prononciation constitue un sérieux problème de compréhension de la langue pour quiconque, locuteur de la langue française, ne la connaît pas.

Le français populaire s'acquiert dans tout contexte où l'homme, locuteur d'une langue africaine et analphabète en français, est en contact avec cette dernière langue. Le travail où le cadre s'adresse en français à des manœuvres, l'information où les communicateurs utilisent cette langue, l'enseignement où l'instituteur utilise la même langue en milieu rural, sont des contextes où le récepteur du message, analphabète, acquiert le français populaire.

2. L'utilisation du français

À l'heure actuelle, en l'absence de statistiques précises, on peut estimer que les Africains qui comprennent le français constituent au plus 20 pour cent de la population urbaine et 10 pour cent de la population rurale. L'utilisation de la langue a donc lieu dans ces franges de la population. Elle peut être libre et résulter de la propre initiative de l'individu, ou aménagée et imposée par un texte ou une coutume quelconque.

2.1 L'utilisation libre de la langue

Si les trois variétés de français présentées font l'objet d'une utilisation libre, elles sont cependant rarement utilisées librement comme l'est une langue maternelle. Plutôt que de l'utiliser, on a recours au français. L'emploi de la langue est en général motivé : il est souvent une solution à un problème de communication.

2.1.1 Le français académique est d'abord utilisé dans les rares familles africaines de la haute société, entièrement acquises à la langue et à la culture françaises et dont les membres ont le français pour seule langue de communication. On observe alors l'utilisation d'une langue soutenue, alors qu'il est légitime dans un tel contexte d'attendre seulement un français correct. Il ne faut pas perdre de vue que, dans ces milieux, il y a aujourd'hui de nombreux enfants qui ont le français pour langue maternelle.

La même variété de français est aussi utilisée dans les contextes où la langue s'impose, car elle rehausse pour ceux qui la cultivent et surtout ceux qui ne la maîtrisent pas le niveau du discours, et dans ceux où les interlocuteurs sont censés parler un français de tenue honorable. Ces contextes sont loin d'être nombreux, en raison du nombre réduit des locuteurs de la langue. Les conférences et les réunions publiques, politiques ou intellectuelles, où les intervenants exhibent généralement leur connaissance de la langue, en sont.

Signalons que, dans de tels contextes, la présence d'un francophone non africain ou, mieux, d'un Français, maniant bien la langue de Voltaire, de surcroît de niveau social respectable, constituera non seulement un motif supplémentaire en faveur de l'utilisation du français académique, mais aussi un stimulant pour le maintien de cette utilisation.

2.1.2 Le français local est le français par excellence de l'Africain ayant fait des études universitaires et de l'intellectuel africain en particulier. Ceux-ci auront tendance à utiliser la langue dans les processus quotidiens de communication. Cependant, il s'agit d'une langue seconde, la première étant une langue africaine. De ce fait, on peut distinguer ici deux principaux contextes d'utilisation.

Dans les pays dont la situation linguistique est caractérisée par la dissémination, comme le Cameroun, et plus particulièrement dans les zones marquées par un fort plurilinguisme, comme c'est le cas dans certaines capitales, Abidjan en est un exemple, cette langue sera largement utilisée. Les raisons de cette grande utilisation sont nombreuses. On retiendra la diversité des ethnies (qui demande le choix d'une langue commune), le niveau intellectuel des locuteurs (qui permet l'usage de cette variété de français), la pratique quotidienne de la langue (qui encourage l'usage), les contenus des conversations (qui demandent une langue apte à assumer la communication), etc.

Par contre, dans les pays marqués par la conglomération ou par la couverture linguistique, la langue dominante fera une sérieuse concurrence à ce français. Dans tous les domaines où cette langue peut prendre en charge la communication, elle s'imposera au détriment du français. Celui-ci sera alors utilisé dans les seuls domaines dont le caractère technique échappe à la langue dominante.

En ce qui concerne ces derniers pays, il n'est pas inutile de signaler un cas particulier de l'utilisation des langues caractérisé par l'alternance. En effet, on observe souvent l'usage alternatif du français local et de la langue dominante. Dans un seul et même acte de communication, le locuteur qui utilise l'une de ces langues l'abandonnera au profit de l'autre quand le sens à exprimer relève plutôt du domaine culturel de cette dernière langue. L'association des deux langues permet ainsi de véhiculer la totalité des sens qui doivent l'être.

2.1.3 Enfin, le français populaire est la variété du français attestée chez l'analphabète africain de la ville, les manutentionnaires et manœuvres, employés de maison, petits ouvriers, enfants de la rue, etc. Cependant, c'est aussi une langue disponible pour quiconque, y compris les lettrés et quel que soit leur niveau. Par exemple, le français populaire est utilisé par nombre de ceux-ci pour s'adresser à un interlocuteur de condition modeste.

Dans les grandes villes, la rue est un contexte privilégié d'utilisation du français populaire. Dès lors que l'un des interlocuteurs est de condition modeste, la langue est utilisée, bien sûr avec plus ou moins de bonheur, par l'autre interlocuteur, quelle que soit la condition de ce dernier. Le travail en milieu ouvrier, mettant en présence des praticiens des métiers de base, est un autre contexte où cette variété de la langue est toujours attestée. Enfin, dernier exemple retenu, la concession, ensemble de petits logements donnant sur une cour intérieure, est un contexte où le français populaire est largement utilisé.

2.2 L'utilisation aménagée de la langue

L'utilisation aménagée du français découle directement du statut dont jouit cette langue dans les législations des pays ici concernés. Notons que la loi ne précise pas la variété de français dont il s'agit, mais la coutume permet de se prononcer et d'admettre que les textes renvoient à une langue qui inclut, sans les distinguer, les variétés académique et locale.

2.2.1 Le français est aujourd'hui, ou l'a été dans le passé, la langue officielle de tous les pays ici concernés. Il est la seule langue officielle dans de nombreux pays d'Afrique de l'ouest et d'Afrique centrale. Tel est le cas en Côte d'Ivoire, au Gabon et au Mali. Dans d'autres pays, il partage ce statut avec une langue étrangère, l'anglais au Cameroun, ou avec une langue nationale, le sango au Centrafrique, le kinyarwanda au Rwanda et l'arabe au Tchad. En Mauritanie, l'arabe lui a été associé dans ce statut en 1968, statut duquel il a ensuite été écarté en 1991, laissant l'arabe seule langue officielle.

L'adoption du français comme langue officielle par les jeunes États africains, alors qu'il s'agit là d'une langue étrangère, connaît de nombreuses raisons. On retiendra la multiplicité des langues en présence, l'insuffisance de la connaissance linguistique et la conception erronée des capacités des langues africaines, qui militaient contre le choix d'une langue nationale. On retiendra aussi l'option de l'unification nationale, le souhait d'ouverture sur le monde et la nécessité d'une langue commune aux pays francophones, qui orientaient vers le choix du français.

L'association d'une autre langue à cette dernière langue dans le statut de langue officielle s'explique aussi. Au Cameroun, en raison de l'existence d'une zone anglophone dans le pays, le choix de l'anglais était une condition indispensable de l'unification nationale. Au Centrafrique et au Rwanda, la langue nationale associée est une langue parlée, sinon comprise, par la quasi-totalité de la population. Enfin, en Mauritanie et au Tchad, la même langue est aussi une langue largement parlée et surtout une langue internationale.

Enfin, l'exclusion du français du statut de langue officielle en Mauritanie peut être interprétée comme la contrepartie accordée par le pays à son adhésion à la jeune Union du Maghreb arabe, dont les pays membres ont tous l'arabe comme seule langue officielle, et aussi à l'aide dont il bénéficie de la part des pays arabes en général et de l'Arabie, de l'Irak et du Koweit en particulier. Cette exclusion a pu aussi résulter d'une défaillance de la politique étrangère de la France.

2.2.2 Les textes qui stipulent l'utilisation d'une langue dans tel contexte ou tel autre ne sont pas légion dans les pays ici en question. Ces textes ne semblent exister que dans le domaine de l'enseignement, en raison des réformes de l'éducation qui ont vu le jour au lendemain des indépendances dans ces pays.

Il n'y a pas, pour ainsi dire, une tradition de l'aménagement juridique de l'utilisation de la langue. L'emploi du français apparaît plus comme une coutume héritée de l'ère coloniale que comme une pratique impliquée par l'existence d'une loi. Il fallait utiliser une langue, et le français était là, à la fois langue disponible, langue des textes officiels et langue d'enseignement.

En ce qui concerne l'administration, dans tous les pays où le français est langue officielle, les textes officiels sont rédigés dans cette langue. En général, la langue retenue est le français académique, surtout quand il s'agit de textes de loi. Cependant, le français local peut aussi apparaître, par exemple dans les discours, les programmes ou les déclarations de politique générale.

Dans les pays où une autre langue est associée au français dans ce même statut, l'usage de cette langue dans la rédaction des textes officiels est fonction de son développement et de ses capacités. En effet, tous les textes sont rédigés en anglais au Cameroun. Seuls les principaux le sont en kinyarwanda au Rwanda et en arabe au Tchad. Enfin, rares sont ceux qui le sont en sango au Centrafrique.

Enfin, bien que l'arabe soit aujourd'hui la seule langue officielle de la Mauritanie, le français, qui y était langue officielle jusqu'en 1991, y est largement utilisé.

Dans tous les pays ici concernés, le domaine de la justice est dominé par le français. Les textes émanant des différentes cours, en particulier les procès-verbaux et les décisions, sont toujours rédigés dans cette langue. C'est le français académique qui est utilisé, mais sous sa forme juridique, le français des hommes de loi. Cette variété est aussi largement présente à l'oral, cependant on a également recours au français local.

Le contexte du procès étant pris pour exemple, plus l'enjeu est important, plus le français académique est employé, et moins il l'est, plus le français local l'est. De manière générale, la langue du juge et de l'avocat est plutôt le français académique ; celle de l'accusé, du témoin ou du juré est, selon le niveau d'instruction de l'homme, le français local ou le français populaire.

En ce qui a trait aux pays qui reconnaissent une autre langue associée au français dans le statut de langue officielle, ici aussi le degré de l'utilisation de cette langue est fonction de son développement et de ses capacités. Si, dans ces pays, le français est concurrencé, il n'est pas pour autant menacé. Il pourrait l'être en Mauritanie, en raison du statut accordé à l'arabe, seule langue officielle aujourd'hui.

L'enseignement est le milieu par excellence de l'utilisation du français. Compte tenu de la qualité du contexte sur le plan intellectuel, on s'attend ici plutôt au français académique. Cette variété est attestée, mais elle l'est surtout à l'écrit et rarement à l'oral, quasiment dominé par le français local.

Si l'on considère le contexte de la salle de classe, on remarque que, en général, et selon le niveau considéré, la langue de l'enseignant est soit le français académique, soit le français local, alors que celle de l'étudiant est plutôt le français local ; enfin, celle de l'élève est soit cette variété, soit le français populaire.

Il est des pays, le Burundi, la Mauritanie et le Zaïre par exemple, qui pratiquent ou expérimentent un enseignement primaire en langue nationale. Mis à part ce cadre, le français est langue d'enseignement dans tous les pays ici considérés. Dans les pays où il est la seule langue officielle, il est aussi la seule langue à être utilisée dans l'enseignement, quel qu'en soit le niveau. Au Cameroun, qui est constitué d'une zone anglophone, le français laisse la place à l'anglais dans cette dernière zone.

Bien qu'une place de plus en plus importante soit accordée aux langues nationales dans l'information, ce domaine est dominé par le français dans la majorité des pays. Si des pays comme la Mauritanie ou le Rwanda, qui ont une langue nationale comme langue officielle, montrent une longue tradition de l'utilisation de cette langue dans la presse, en raison de son importance sociolinguistique nationale ou du prestige international dont elle jouit, il n'en est pas de même dans les autres pays.

Là, le français, académique parfois mais surtout local, domine la presse écrite, le français local et les langues nationales se partagent la presse orale et audiovisuelle. Le français s'impose toujours dans les domaines techniques quelle que soit la presse. Il est aussi la langue qui est largement utilisée par les présentateurs d'émissions de radio ou de télévision. Enfin, bien que les informations soient données dans cette langue et dans les langues nationales, le français y occupe la part du lion.

Enfin, concernant le domaine du commerce, à part les écrits émanant de néo-alphabètes et qui ne sont que quantité négligeable, la langue écrite y est le français. Dans le commerce d'importation et d'exportation et le commerce de gros, il s'agit du français académique, d'un français commercial. Cependant, cette langue peut aussi révéler des formulations appartenant au français local. Aux autres niveaux de l'activité commerciale, c'est cette dernière langue qui est toujours utilisée.

À l'oral, les variétés employées sont le français local, mais aussi le français populaire, quel que soit le niveau considéré de l'activité commerciale. En effet, l'économie en général et le commerce en particulier n'ont pas suivi la même évolution que la scolarisation et l'alphabétisation. Il est aujourd'hui des commerçants africains qui occupent une place de premier plan dans l'économie nationale, alors qu'ils sont analphabètes. Il va de soi que le français qu'ils utilisent est un français populaire.

3. L'évolution des langues

Afin de faire ressortir l'évolution de l'utilisation du français, on doit observer cette langue dans le cadre général de l'évolution des langues dont elle fait partie. Cette évolution est caractérisée par l'expansion des langues nationales dominantes, le développement du français populaire et la régression des autres langues.

3.1 L'expansion des langues dominantes

L'expansion des langues de l'Afrique noire, et celle des langues dominantes qui nous intéressent ici, a bénéficié d'un certain nombre de travaux. Les conditions dans lesquelles ces langues évoluent aujourd'hui sont, à peu de choses près, identiques à celles qui prévalaient lors de la rédaction des travaux mentionnés. Mieux, deux facteurs, d'importance non négligeables dans l'évolution des langues, contribuent aujourd'hui fortement au développement de ces langues dominantes. Il s'agit de la tendance à l'urbanisation des sociétés africaines et de l'amplification des communications entre ces sociétés.

Pour de multiples raisons — démographie galopante, catastrophes naturelles, changements climatiques, productivité agricole insuffisante, etc. —, on observe depuis de nombreuses années un exode rural dans les pays ici en question. Les sociétés africaines, plutôt rurales, tendent de ce fait à devenir aujourd'hui des sociétés semi-urbaines. Le nombre des habitants de la ville devient ainsi de plus en plus important. Quand c'est une langue dominante utilisée dans la ville, ce qui est très souvent le cas, elle est nécessairement adoptée par les nouveaux venus, ne serait-ce que pour satisfaire leurs besoins de communication avec les citadins. Il y a là un facteur de développement de l'utilisation de la langue dominante. Le moore se développe de cette manière à Ouagadougou, tout comme le wolof à Dakar.

Compte tenu du plurilinguisme qui caractérise les sociétés africaines, l'amplification des communications entre elles entraîne de manière corrélative une amplification des contacts de langues. Dans une situation de communication, schématiquement, on utilise soit sa langue, soit la langue de l'autre, soit enfin une langue tierce. La véhiculaire, utilisée de surcroît par de nombreux statuts, entraînera un choix de la langue véhiculaire pour assumer la communication. L'utilisation du sango s'est généralisée de la sorte au Centrafrique. Celle du jùlakan se développe de la même manière aujourd'hui en Côte d'Ivoire.

3.2 Le développement du français populaire

À l'heure où ces lignes sont écrites, le développement du français populaire dans les pays ici concernés paraît garanti, les facteurs qui assurent sa production, mais aussi et surtout son expansion, se portant très bien.

3.2.1 La langue française, qui est généralement une langue étrangère pour l'élève, est toujours langue d'enseignement dans les classes de l'enseignement primaire. Une telle situation est à l'origine des difficultés que rencontrent les élèves dans les premières classes. Elle est ainsi une cause première de l'abandon et de l'échec dans ces classes. Les enfants qui quittent l'école à cet âge deviennent de mauvais locuteurs du français, mais de bons locuteurs de la variété populaire.

Durant les années soixante, au terme des premières campagnes du Programme expérimental mondial d'alphabétisation, de nombreux pays ont revu leur politique en matière de langue d'alphabétisation. Cependant, certains pays, comme la Côte d'Ivoire, la Guinée et le Tchad, maintiennent encore le français, en zone urbaine mais aussi en zone rurale, dans son statut de langue de l'alphabétisation initiale. Cette alphabétisation ne connaissant pas, dans la majorité des cas, de suite dans une postalphabétisation, le néo-alphabète retourne progressivement à l'analphabétisme. Ce faisant, il conserve quelques bribes de la connaissance du français, qu'il utilisera en milieu urbain et glissera de ce fait inéluctablement vers l'emploi du français populaire.

À l'alphabétisation, il faut associer la formation des adultes en milieu rural, principalement dans les différents domaines de l'agriculture et de l'élevage. La langue qui véhicule la connaissance dans ce type de formation était, et est encore dans de nombreux pays, le français. Les intéressés, c'est-à-dire les paysans, sont dans leur grande majorité des analphabètes qui ne parlent pas cette langue et qui, au mieux, la comprennent mal. Le contact ainsi institué avec le français est aussi une source de production du français populaire.

Enfin, les médias des pays ici concernés, surtout la radio et la télévision, ayant le français comme principale langue d'émission et les deux tiers des habitants de ces pays étant analphabètes, l'acquisition sauvage de la langue française, à travers des mots et des phrases glanés çà et là et utilisés selon la compréhension qu'en a l'analphabète dans le milieu qui est le sien, a plus que jamais cours. La variété de la langue qui résulte d'un tel mode d'acquisition du français est, bien sûr, le français populaire.

3.2.2 À ces facteurs qui assurent la production de la langue, il faut associer ceux qui en assurent l'expansion. Sitôt les indépendances acquises, les pays d'Afrique se sont dotés de politiques de développement dans lesquelles l'éducation était largement privilégiée. Les facteurs de production de la variété populaire du français ont été progressivement consolidés dans les actions de développement. En effet, le taux de scolarisation, le nombre des centres d'alphabétisation, la quantité des actions de formation en milieu rural et celle des émissions de radio et de télévision ont connu une croissance remarquable. Une telle situation ne pouvait qu'amplifier le pourcentage des citoyens locuteurs du français populaire.

L'exode rural et la tendance à l'urbanisation, dont on a fait mention plus haut, constituent eux aussi des facteurs d'expansion de cette langue. Il ne faut pas oublier que le français populaire est d'abord un phénomène urbain, un français des villes, un français des grandes villes que sont les capitales. Le plurilinguisme des pays et le brassage des populations dans les grandes agglomérations font de celles-ci des zones plurilingues où le français populaire peut naturellement s'imposer comme langue de communication quand la ville ne connaît pas de langue dominante ou, dans le cas contraire, se trouver en conflit avec celle-ci.

Il faut enfin traiter de la finalité du développement du français populaire. L'évolution actuelle montre que cette variété deviendra, à plus ou moins long terme, selon le pays considéré, une langue à part entière. Il n'est pas sûr, à ce stade, que cette langue puisse encore être classée parmi les parlers français. Le cas du français populaire de Côte d'Ivoire autorise à dire qu'une telle langue ne sera pas comprise par les autres francophones. Langue parlée par la majorité de la population, elle pourra un jour, avec toutes les conséquences que cela implique non seulement pour le pays mais aussi pour la francophonie, devenir la langue nationale, d'origine étrangère mais reconnue et adoptée par les citoyens, et évincer de ce fait les variétés du français encore en présence.

3.3 La régression des autres langues

Qu'en est-il des autres langues ? Si, dans les pays ici concernés, l'action sur les langues demeure ce qu'elle a toujours été jusqu'à ce jour, l'expansion des langues dominantes et le développement continuel du français populaire devraient entraîner corrélativement un rétrécissement progressif des champs d'utilisation des autres langues. Dans les pays ou les régions qui montrent la présence de langues dominantes, ce sont ces langues qui seront les premières à être choisies, car elles sont les plus parlées, sinon les plus comprises, par les locuteurs. Dans les autres, pour les mêmes raisons, c'est le français populaire qui s'imposera à partir des grandes villes.

Sous l'effet de l'évolution des langues dominantes et du français populaire, les autres langues nationales devraient progressivement devenir des langues à usage familial, dans les familles non acculturées, et des langues de terroir, puisqu'elles sont utilisées sur leur territoire naturel par des individus les ayant pour langue maternelle. Au Centrafrique, les langues que couvre le sango sur le territoire national sont déjà dans ce cas. Au Mali, celles que conglomère le bambara le sont aussi. Enfin, dans des villes comme Abidjan ou Yaoundé, où le français populaire est largement utilisé, les langues nationales sont menacées jusque dans les familles.

Dans une telle évolution, les utilisateurs du français académique devraient à la longue constituer un bastion de l'utilisation de la langue. En effet, compte tenu des moyens qui sont les leurs, cette pratique est régulièrement alimentée et défendue par les contacts des locuteurs avec les francophones du Nord. Quant au français local, il devrait connaître un champ d'utilisation progressivement réduit aux seuls domaines et milieux où son emploi s'impose, en raison soit de l'existence de textes allant dans ce sens, soit de thèmes ou de contextes qui interdisent l'usage de tout autre langue et guident naturellement vers lui.

Une telle évolution ne se peut sans entraîner une détérioration parallèle des structures de toute langue en présence, autre que les langues dominantes et le français populaire. Quel que soit l'état observé de la langue, on retrouvera toujours les différents effets de l'agression de celles-ci sur celles-là. Il y a là un danger réel pour les langues et les cultures. Le français local, langue la plus utilisée dans l'enseignement, s'en ressentira largement. Les langues nationales et les cultures africaines subiront une acculturation d'origine interne, ce qui, assurément, est un préalable à leur disparition.

Conclusion

Au terme d'une telle présentation, on doit se prononcer sur l'aménagement de la langue française qui semble aujourd'hui s'imposer. Celui-ci est caractérisé par les traits suivants. Il incombe non seulement aux pays du Sud qui sont le théâtre des faits présentés, mais aussi aux pays francophones du Nord qui veulent défendre la langue française et la francophonie. Il procède d'une conception qui associe toujours le français et les langues nationales dans les mêmes actions. Enfin, ici, il n'est pas un aménagement linguistique intégral et ne retient que les actions qui semblent être les plus importantes.

L'aménagement de la recherche sur les variétés de la langue française est une première action qui s'impose. On dispose aujourd'hui de nombreuses études sur le français d'Afrique noire. En revanche, on n'en dispose pas suffisamment sur les variétés, et il n'est aucun pays qui peut se targuer de connaître avec précision les différentes variétés de la langue attestée sur son territoire. On doit connaître ces variétés avant d'engager tout aménagement linguistique d'envergure nationale. Il s'agit là d'une connaissance indispensable à toute entreprise de ce type.

Une autre action essentielle est l'aménagement législatif des langues. Les législations actuelles se limitent à la désignation de la langue officielle et des langues nationales. Imprécis, les textes ne montrent pas toujours des rapports clairs avec les réalités nationales. Celles-ci doivent, autant que faire se peut, être prises en compte. Les langues doivent, chacune, bénéficier d'un statut qui stipule les grandes lignes de l'action qu'on souhaite entreprendre sur elles et/ou à l'aide d'elles. Quant au français, un standard national devrait pouvoir être retenu dans les textes.

L'aménagement de l'utilisation des langues est, elle aussi, une action nécessaire. Les langues utilisées aujourd'hui pour véhiculer la connaissance ne sont pas toujours celles qui devraient le faire. L'aménagement doit donc opérer au niveau du choix de la langue à utiliser. Le principe à défendre ici est celui d'un choix guidé par le critère de la compréhension de la langue par ceux à qui est destinée la connaissance. Compte tenu du contexte plurilingue et des niveaux de la communication, la complémentarité entre les langues doit nécessairement être exploitée.

Enfin, dernière action ici retenue, l'aménagement de l'enseignement, écarté sinon occulté par de nombreux théoriciens, constitue le meilleur investissement pour l'avenir. Les langues étant en contact, les enseignements qui les concernent ne sauraient être dissociés. L'objectif étant la maîtrise de la langue, le principe ici est de prendre en compte, dans l'enseignement d'une langue donnée, y compris dans l'élaboration des manuels et dans la formation des enseignants, les effets de toute autre langue, afin que l'élève puisse faire la part des choses, connaître les faiblesses de la langue enseignée et éviter, de ce fait, d'être influencé par les autres langues.

Bibliographie

ABOU, Sélim et HADDAD, Katia (dir.) (1994), *Une francophonie différentielle*, Paris : L'Harmattan.

CAPRILE, Jean-Pierre (dir.) (1982), *L'expansion des langues africaines : peul, sango, kikongo, ciluba, kiswahili*, Paris : Selaf.

CLAS, André et OUOBA, Benoît (dir.) (1990), *Visages du français. Variétés lexicales de l'espace francophone*, Paris : John Libbey Eurotext.

CONFEMEN (1986), *Promotion et intégration des langues nationales dans les systèmes éducatifs. Bilan et inventaire*, Paris : Honoré Champion.

DUMONT, Pierre (1990), *Le français langue africaine*, Paris : L'Harmattan.

GUEUNIER, Nicole (1992), « Le français langue d'Afrique », *Présence francophone*, 40.

HALAOUI, Nazam (coord.) (1992), Dossier : Langues et francophonie, *Universités*, 13-2.

HALAOUI, Nazam (coord.) (1994), Dossier : La langue, la loi et la francophonie, *Universités*, 15-2.

HALAOUI, Nazam (coord.) (à paraître), *L'aménagement linguistique dans la francophonie*, Actes des séminaires de perfectionnement, Talence 12-30 octobre 1992 et Montréal-Québec 11-29 octobre 1993, Talence, ACCT-DGEF-EIB, 1994.

HATTIGER, Jean-Louis (1983), *Le français populaire d'Abidjan : un cas de pidginisation*, Abidjan : ILA.

HOUIS, Maurice (1971), *Anthropologie linguistique de l'Afrique noire*, Paris : PUF.

KRIEF, H. et GBENIME-SENDAGBIA, F. (1989), « État de la langue française en Afrique Centrale », Actes du Colloque international, Bangui 23-25 janvier 1989, *Espace francophone, Revue de langue et de littérature*, 2.

MANESSY, Gabriel (1978), « Le français d'Afrique noire, français créole ou créole français ? », *Langue française*, 37.

MANESSY, Gabriel (1979), « Créolisation et français régionaux », WALD, P. et MANESSY, G., *Plurilinguisme, normes, situations et stratégies*, Paris : L'Harmattan, 15-24.

MANESSY, Gabriel et WALD, Paul (1984), *Le français en Afrique noire tel qu'on le parle, tel qu'on le dit*, Paris : L'Harmattan.

MANESSY, Gabriel (1988), « Langues de grande communication et français en Afrique noire », *La solidarité entre le français et les langues du Tiers-Monde pour le développement*, Paris : CILF.

VALDMAN, Albert (1979), *Le français hors de France*, Paris : Honoré Champion.

Le maintien du français « langue minoritaire » à l'aide de la technologie : le cas de la langue écrite

Fatima-Zahra Belyazid
Université Laval

Introduction

Parmi les obstacles rencontrés dans l'enseignement des langues, les apprenants ainsi que les enseignants reconnaissent unanimement que celui de l'acquisition du processus de l'écrit en est un de taille. En effet, l'écrit est, d'une part, essentiel à la maîtrise d'une langue (L1 ou L2) et, d'autre part, assez exigeant. Les études dans ce domaine se multiplient afin de venir en aide à l'apprenant et à l'enseignant.

1. Les difficultés du processus de l'écrit

Bon nombre de chercheurs affirment qu'écrire est fastidieux et que bien écrire l'est encore davantage. Nous nous appuyons sur les avis d'un certain nombre d'entre eux pour insister sur la difficulté de l'écrit. Oller (1981) admet la complexité du processus de l'écrit en disant que, dans son cas, l'écriture n'a jamais été facile ; elle a toujours exigé des efforts. De leur côté, Fortin et Ouellet (1986) ont raison de dire qu'un texte écrit dans un bon français, facile à comprendre, est un texte difficile à écrire et qu'il est souvent le fruit de plusieurs réécritures.

Le processus de l'écrit implique diverses difficultés que les apprenants, les enseignants et les chercheurs doivent prévenir. En effet, le processus de l'écrit exige des règles bien déterminées que l'apprenant doit respecter. Les règles de l'écrit, à savoir les règles de la grammaire et de l'orthographe, constituent un véritable obstacle pour les scripteurs et, surtout, pour les débutants.

L'apprenant d'une langue est doté d'un bagage linguistique qui peut lui servir dans son écrit. Par contre, le transfert des règles qu'on lui inculque n'est pas toujours évident. Nous sommes d'accord avec Rosenbaum (1985 : 358) quand elle affirme que les étudiants, la plupart du temps, ne transfèrent pas dans leurs écrits les règles de grammaire, de ponctuation et d'usage qu'ils étudient depuis des années. Bisaillon, pour sa part, croit au manque de transfert des règles apprises en situation d'exercices.

> Il semble que le problème de la faiblesse des productions écrites ne puisse être résolu par la multiplication des exercices puisque la maîtrise de règles en situation d'exercice ne conduit pas forcément à l'application automatique de ces règles en situation libre d'écriture. (1991b : 2)

En plus de la complexité des règles de l'écrit, l'apprenant éprouve des blocages qui trouvent leur source dans un manque de compétence dans le processus de l'écrit lui-même. L'apprenant ne prend pas le temps de planifier. Autrement dit, il ne s'exerce pas à revoir afin de détecter les erreurs, de les identifier et de les corriger.

Il faut donc aider l'apprenant à dépasser ces blocages avant d'exiger de lui des textes bien structurés sans erreur aucune et avant d'évaluer sa performance écrite. Il est primordial de le guider dans ce processus de l'écrit. À cette fin, il faut revoir tout le processus rédactionnel pour comprendre le point qui pose problème à l'apprenant, à part les règles grammaticales et le vocabulaire acquis, mais dont l'apprenant ne sait pas se servir, ni le mettre à contribution dans sa rédaction. En principe, quand les professeurs évaluent les progrès des étudiants à l'écrit, ils devraient mettre l'accent sur le processus de l'écrit employé par les étudiants, plutôt que sur le produit final. Pour appuyer cette idée, nous pouvons évoquer l'opinion de Tompkins (1990 : 72), qui affirme que, dans l'approche du processus de l'écrit, les étudiants apprennent une variété de stratégies d'écriture et que l'enseignant, lui, devrait être amené à créer un environnement solidaire afin de les aider à contrôler ces stratégies. Dans le même esprit que Tompkins, Rosenbaum (1985) signale que l'apprenant a besoin de stratégies à suivre pendant et après la rédaction, que ce soit dans une situation formelle[1] ou dans une situation informelle[2] de l'écrit. Par ailleurs, Bisaillon (1991b) confirme que les apprenants ont besoin d'apprendre des stratégies qui leur facilitent l'utilisation de ces habiletés intellectuelles lorsqu'ils rédigent un texte. Ainsi, les apprenants pourront maîtriser l'écrit.

2. L'écrit en L1 ou L2

Le fait d'être exposé à l'étude de leur langue maternelle ou d'une langue seconde entraîne des obstacles qui découragent parfois les apprenants, les laissent sans réponse aux questions qu'ils se posent sur la langue en question. Évidemment, le but de tout apprenant est d'atteindre une certaine maîtrise de l'écrit dans la langue cible, ce qui veut dire que, d'une part, son message soit bien décodé et compréhensible et, d'autre part, que son texte soit bien présenté, avec le minimum d'erreurs. Les chercheurs, tels que Krashen (1984), avancent qu'il y a des ressemblances dans l'apprentissage d'une L1 et d'une L2, comme il y a des différences. D'autres soutiennent que les problèmes rencontrés pendant l'apprentissage de la L1 sont sensiblement les mêmes rencontrés pendant l'apprentissage de la L2 (Bisaillon 1992).

Bisaillon (1991a) fait remarquer que les chercheurs qui ont traité les performances écrites des étudiants en langue maternelle nous révèlent le désastre[3] de la langue écrite. Certains parlent même de « handicapés », après avoir consulté des « brouillons » rédigés par des étudiants qui ne font pas d'efforts pour réviser leurs textes[4].

Nous ne pouvons pas nier cette réalité qui est aussi un facteur dans l'apprentissage de L2. À cet égard, Oller (1981) affirme que « ma tâche aurait été beaucoup plus difficile si, toutefois, j'avais à écrire dans une langue autre que l'anglais »[5]. En effet, la maîtrise de l'écrit en L2 n'est pas facile. Au contraire, elle implique diverses difficultés linguistiques, ainsi que des difficultés reliées au processus d'apprentissage. Selon Bisaillon (1994) le manque de compétence linguistique ne constitue pas souvent une difficulté pour l'apprenant en L2. Cependant, le manque de compétence à l'écrit est la difficulté majeure pour un tel apprenant.

3. La révision dans le processus rédactionnel

Un des points problématiques de l'ensemble des activités menées dans l'enseignement de l'écrit concerne la *révision* de textes. Si le mot révision laisse sous-entendre pour la plupart des étudiants « lire un brouillon pour s'assurer qu'il ne contient plus d'erreurs, puis le copier sur une feuille propre », la révision est en fait un processus à la fois complexe et des plus importants dans le processus rédactionnel. C'est en ce sens que Hirsch (1977) écrit qu'« enseigner à écrire, c'est enseigner à réviser ». La révision est un processus récursif qui se passe à la fois au niveau de la phrase, du paragraphe et même du mot. Le scripteur a donc l'occasion de modifier et d'améliorer, simultanément, la structure et le contenu de son texte. De plus, il travaille et améliore le processus même de révision, nécessaire à la fois en L1 et en L2. D'ailleurs, Bisaillon (1994) suggère qu'un seul système pour la révision soit valable lors des deux situations d'apprentissage.

Il faut avouer que le processus de révision ne peut pas se faire avec succès sans l'apprentissage des stratégies de révision et sans l'incitation à l'emploi de ces stratégies. C'est du moins ce que signale Bisaillon (1991b), dont la recherche est centrée sur l'enseignement d'une stratégie de révision pour la correction et l'amélioration des textes. La chercheure encourage l'apprentissage de la révision au même titre que les autres matières (grammaire, etc.). Toutefois, bon nombre d'étudiants ne révisent pas leurs textes parce qu'ils trouvent cette tâche fastidieuse. C'est ainsi que les enseignants se retrouvent avec des textes bourrés de fautes.

Remontons un peu plus loin en 1985 avec Daiute et Kruidenier : ces auteurs soutiennent que les écrivants débutants révisent peu parce qu'ils ne lisent pas leurs propres rédactions. Cette réalité est relevée par plusieurs chercheurs, notamment Krashen (1984) qui établit une distinction entre le scripteur « riche » et le scripteur « pauvre ». Selon Krashen, le premier révise plus que le deuxième. Pour réduire la distance entre les deux types de scripteurs, nous croyons que la stratégie d'autoquestionnement incite les jeunes écrivants à se relire ; ils deviennent ainsi des réviseurs plus actifs.

La plupart des étudiants savent comment repérer des erreurs d'orthographe, mais ils ignorent comment employer les caractéristiques textuelles pour identifier les aspects syntaxiques, organisationnels ou rhétoriques du texte qui peuvent se révéler problématiques pour les lecteurs. Même si l'étudiant réussit à identifier le problème, il peut ignorer comment le corriger (Daiute et Kruidenier 1985).

Malgré la pertinence de la révision dans le processus rédactionnel et son efficacité dans l'amélioration des textes d'apprenants, elle est très peu considérée dans le système pédagogique et, par conséquent, dans les cours de rédaction, tant en L1 qu'en L2. Cela se confirme, car le processus de révision est négligé aussi bien par les scripteurs que par les enseignants en L2. Ces derniers ne s'intéressent pas au processus de révision : d'un côté, ils mettent plutôt l'accent sur la langue, car ils s'estiment d'abord et avant tout « des enseignants de langue ». De l'autre côté, ils n'ont pas de modèle de révision qui leur permettrait de se pencher sur la question (Bisaillon 1994).

4. Le rôle de l'ordinateur dans le processus rédactionnel

Nous nous demandons s'il est possible de développer cette capacité de réviser chez les scripteurs en utilisant des moyens efficaces, notamment la technologie. Peut-être que l'écrit sera-t-il perçu par l'apprenant d'une langue (L1/L2) comme un exercice qu'il faut accomplir avec le moins d'effort possible pour qu'il ne devienne pas une tâche désagréable. Nous partageons ici le point de vue de Fortin et Ouellet (1986 : 10) qui entrevoient l'arrivée d'une situation où :

> la réécriture n'est plus une corvée, mais une expérience positive (...) où l'étudiant conserve toujours son droit à l'auto-évaluation et à la réévaluation continue de son texte comme dans sa pratique de l'oral.

La recherche de Balajthy et *al.* (1987) traite de l'emploi de micro-ordinateurs visant l'amélioration des stratégies de révision. Comme beaucoup d'autres chercheurs, ils signalent l'attitude négative des étudiants envers la révision et croient que la cause réside dans la réécriture à la main et dans l'impression que la révision constitue une sorte de punition.

Il faut savoir que l'ordinateur n'est plus un **objet** mais un environnement d'apprentissage qui réunit un **ensemble** d'outils, tels que les logiciels de traitement, de correction et d'analyse de textes (Fortin et Ouellet 1986).

Pour notre recherche, nous avons choisi le logiciel Hugo à cause de la démarche pédagogique utilisée pour traiter les erreurs. D'une part, il facilite la consultation des règles grammaticales et offre la consultation des conjugueurs et des dictionnaires ; d'autre part, il peut analyser une phrase et informer l'utilisateur sur les constituants de cette même phrase.

Il faut dire que la publicité faite pour ce logiciel de correction nous a amenée à réfléchir sur la véracité des propos du fabricant et sur son efficacité réelle. À la page 10 du guide, on lit « qu'Hugo 7 se prête tout aussi bien que les versions précédentes à l'intense production écrite de l'environnement moderne ».

4.1 Aperçu sur le fonctionnement d'Hugo 7.1

Nous avons travaillé avec la dernière version de la génération 7 (automne 1993), mise en marché à l'hiver 1994. Notons que le démarrage d'Hugo n'est pas compliqué, ce qui est un avantage pour les utilisateurs non habitués à l'outil informatique. Conçu par la société « Logidisque », le logiciel est apparu, dans sa première version, en 1988. À partir de cette date, on l'a modifié et amélioré : en 1990, l'analyse de la phrase fut introduite. En 1991, la sixième génération, puis, en 1993, la septième génération ont été marquées par l'enrichissement de la vérification. Contrairement aux générations précédentes, cette dernière est maintenant bilingue (français / anglais).

Selon ses auteurs, Hugo 7.1 vérifie plusieurs types d'erreurs. Il apporte en plus une aide inestimable à la révision du texte grâce à la pertinence de ses suggestions, à la facilité d'édition, à l'accès rapide aux dictionnaires et aux conjugueurs et enfin à la possibilité de consultation des règles de grammaire. En plus des dictionnaires principaux (un dictionnaire de la langue française qui comprend 31 500 mots et un dictionnaire de la langue anglaise 50 000 mots), les auteurs d'Hugo certifient que l'usager peut utiliser à la fois jusqu'à neuf dictionnaires spécialisés ou personnalisés. Parmi les dictionnaires spécialisés, on compte un dictionnaire des noms géographiques et un dictionnaire de prénoms. Aux fins de cette étude, nous n'avons consulté que le dictionnaire de la langue française, à cause de certaines difficultés techniques du logiciel. Au moment de l'analyse, le logiciel affichait un message disant qu'il fallait fermer un dictionnaire à cause du manque d'espace, et ce message ne s'effaçait pas même si nous n'avions laissé qu'un seul dictionnaire ouvert (celui de la langue française). Il faut admettre que ce message interrompt l'analyse et qu'on ne peut pas la reprendre immédiatement après. Nous avons installé Hugo dans un autre ordinateur pour chercher la cause de ce message, mais en vain. Il s'agit là d'une faiblesse d'Hugo que nous avons remarquée dès le début. En effet, comme tout logiciel, Hugo a des faiblesses et, de l'aveu même de ses concepteurs, des limites, sans compter celles qu'on découvre en cours d'utilisation.

Nous avons analysé le fonctionnement du logiciel choisi sur des copies d'étudiants apprenant le français comme langue seconde à l'Université Laval. Cela doit nous permettre de vérifier si le logiciel atteint un niveau de performance qui rend son utilisation efficace lors de la révision. Notre but ultime est de vérifier si le correcteur amène l'apprenant scripteur à se poser des questions sur son texte.

4.2 Fonctionnement d'Hugo dans le cas des erreurs d'orthographe

4.2.1 Fonctionnement en théorie

Selon les auteurs, pour trouver un mot mal orthographié, l'algorithme de suggestion orthographique d'Hugo utilise trois méthodes plutôt qu'une seule. Il présuppose que l'erreur est due à une **faute de frappe**, à l'**écriture au son** ou encore à une **confusion homonymique**.

De plus, dans la documentation accompagnant le correcteur, les auteurs du logiciel Hugo affirment que, pendant l'analyse des mots, Hugo signale comme **mot inconnu** les mots incorrects qu'il peut corriger, ainsi que ceux qu'il ne reconnaît pas et qui ne se trouvent pas dans ses dictionnaires, à savoir un dictionnaire de la langue française et un dictionnaire de la langue anglaise, outre les dictionnaires spécialisés (anglicismes, toponymes, etc.).

Aux fins de cette communication, nous avons choisi de présenter une seule catégorie d'erreurs, la catégorie d'erreurs d'orthographe corrigées par Hugo 7.1. Dans les corrections effectuées par Hugo, plusieurs mots étaient signalés comme **mot inconnu**. Nous allons présenter quelques exemples que nous jugeons pertinents pour illustrer l'analyse faite d'Hugo. Nous avons classé les erreurs détectées et signalées comme mots inconnus, en quatre catégories :

Mots accentués

Mots mal orthographiés

Fautes de frappe

Élisions

4.2.2 Fonctionnement en pratique

a - Mots accentués :

Nous avons passé en revue différents cas illustrant la réaction d'Hugo devant les accents. De façon générale, Hugo a pris la bonne décision, mis à part le cas des participes présents. En effet, les cas non réussis, ce sont des participes présents ; cette constatation nous a poussée à réfléchir sur ce point. Nous avons donc essayé d'analyser, en premier lieu, des participes présents qui n'appartenaient pas à notre corpus, afin de voir si cette faiblesse se généralisait. Nous avons modifié la place de l'accent, et l'avons même supprimé dans certains cas. Les participes présents choisis pour le test sont les suivants : **méfiant / mêlant / généralisant / prêtant / empêchant / enchâssant / démêlant / gîtant**. Par la suite, nous avons effectuées les modifications suivantes : **mefiant / melant / genèralisant / pretant / empechant / enchassant / démelant / gitant**. Nous avons remarqué que les corrections étaient justes, sauf dans le cas de **genèralisant** où Hugo n'a pas présenté le mot correct. En deuxième lieu, nous avons analysé des mots dont l'accent circonflexe se trouve sur le u : û. Le corpus varié que nous avons choisi est le suivant : **flûte / sûreté / croûtons / sûrement / bûcher / voûter / goûter**. L'analyse de ce corpus s'est effectuée après la suppression de l'accent circonflexe de chaque mot. Hugo a signalé les mots incorrects, ce qui n'est pas surprenant, sauf que la liste des mots donnée à la demande de l'utilisateur pour remplacer les mots erronés nous a étonnée. Nous avons remarqué que le mot juste, pour chaque mot incorrect, ne se trouve pas sur la liste. Par exemple, nous présentons la liste des mots correspondant au nom **flûte** et la liste des mots correspondant au verbe **goûter**. Il faut noter que Hugo fournit ces deux listes. Ce sont deux mots (un nom et un verbe) courants qu'on peut trouver facilement dans n'importe quel dictionnaire.

flûte : lute / flue / fluet / blute / faute / foute / fluée.

goûter : bouter / douter / jouter / router / gourer / goutter.

Hugo a détecté 61 erreurs d'accents dont deux seulement n'étaient pas bien corrigées : **brulant** et **dégoutant**. En outre, il a refusé de donner une suggestion concernant l'erreur dans **reponda**. Le pourcentage des erreurs d'accent (29,61 pour cent) est assez élevé par rapport au total des erreurs d'orthographe (206). Nous avons aussi calculé le pourcentage des erreurs d'accents, soit 7,21 pour cent par rapport au total de l'ensemble des erreurs (846).

b - Mots mal orthographiés :

Il y a eu certaines réussites dans cette catégorie, mais les échecs que nous avons vus donnent à réfléchir sur l'algorithme de détection de telles erreurs. Le nombre d'erreurs de ce genre est de 126, dont 13 correspondent à un refus de donner des suggestions et dont 2 ont été mal corrigées. Contrairement aux erreurs d'accent, le pourcentage des erreurs dans cette catégorie est le plus élevé par rapport au total des erreurs d'orthographe.

c - Fautes de frappe :

Nous avons appelé erreurs de frappe les erreurs inhabituelles à l'écrit et celles causées par le rapprochement des touches du clavier. Hugo est performant dans cette catégorie, comme en témoigne la réussite des corrections faites pour les erreurs relevées. Nous avons rencontré 11 erreurs de frappe sur 206 erreurs d'orthographe et sur 846 de l'ensemble des erreurs détectées. Ainsi, l'apprenant sera satisfait dans ce domaine ; il aura de bonnes corrections et de bonnes références.

d - Élisions :

Plusieurs exemples illustrent les corrections d'Hugo face à des cas d'élision. Nous avons relevé peu de cas de réussite par rapport à un nombre important d'échecs. Évidemment, la plupart des erreurs sont de fausses erreurs. Nous avons détecté 10 erreurs, dont 7 sont signalées fausses par Hugo. Parmi les cas de réussite, 2 concernent le son **h**. Dans un premier temps, nous avons un **h** muet qui, ordinairement, demande une élision. Dans un deuxième temps, nous avons un **h** aspiré, comme dans **le héros** qui n'exige pas d'élision. On se demande pourquoi la règle de l'algorithme, qui traite les élisions, ne tient pas compte du **h** aspiré dans le mot ? Enfin, dans les autres exemples où la correction est fausse, Hugo a eu recours à l'élision dans le cas de deux voyelles qui se suivent.

Au cours de l'analyse des textes, nous avons constaté que certains cas de correction peuvent enrichir les connaissances de l'étudiant et l'inciter à continuer sa révision avec enthousiasme.

D'autres, par contre, peuvent facilement le faire dévier et le décourager car, à la suite de sa correction, il aura un texte incompréhensible comportant encore plus d'erreurs.

Conclusion

Nous avons donné une vue panoramique des corrections effectuées par Hugo dans la catégorie des erreurs d'orthographe. L'exactitude des corrections est presque à cent pour cent concernant cette catégorie. Grâce à cette vue, nous sommes au courant des suggestions données par le correcteur dans chaque situation qui s'est présentée. Autrement dit, cette analyse nous donne l'occasion de nous familiariser avec les règles adoptées par l'algorithme de détection. Ainsi, on comprend plus la logique du logiciel devant certains obstacles.

Nous avons vu, préalablement, certaines corrections qui peuvent satisfaire et sécuriser l'apprenant. Par contre, d'autres ne font que le dévier ou le mêler ; c'est pourquoi nous avons demandé des améliorations dans certains cas, et même des changements radicaux dans d'autres cas (dans la catégorie de l'impératif, par exemple). Nous espérons, ainsi, avoir cerné le sujet pour venir en aide à l'apprenant qui souhaite obtenir les réponses à ces questions lorsqu'il utilise le correcteur automatique.

Notes

1. Ce que nous appelons situation formelle est la situation d'exercice ou sujet imposé.

2. Ce que nous appelons situation informelle est l'écriture - personnelle ou autre.

3. Mot utilisé par Bisaillon (1991a).

4. Ceci est tiré d'un projet appelé « l'écriture in-finie » par Marcel Fortin et Marie Ouellet (1986). Ce projet est né des enquêtes sur la situation du français écrit au collégial. Les résultats de ces enquêtes montrent qu'il est presque impossible de développer chez l'étudiant la volonté de mieux écrire.

5. Notre traduction.

Bibliographie

BALAJTHY, E., McKEVENY, R. et LACITIGNOLA, L. (1987), « Microcomputers and the Improvement of Revision Skills », The Computing Teacher, p. 3-5, in BOONE, R. (1991), Teaching Process Writing With Computer, Oregon.

BISAILLON, J. (1991a), « Le plaisir d'écrire en langue seconde par un enseignement axé sur la révision », Revue québécoise de linguistique, volume 21, no 1, Montréal : Université du Québec à Montréal.

BISAILLON, J. (1991b), Enseigner une stratégie de révision de textes à des étudiants en langue seconde, faibles à l'écrit : un moyen d'améliorer les productions écrites, Thèse de doctorat, publication B-182, Centre international d'aménagement linguistique, Québec : Université Laval.

BISAILLON, J. (1992), « La révision de textes : un processus à enseigner pour l'amélioration des productions écrites », La revue canadienne des langues vivantes, 58, 2.

BISAILLON, J. (1994), « L'apprentissage de l'écrit en langue seconde », ABOU, S. et HADDAD, K. (dirs), Une francophonie différentielle, Agence francophone pour l'enseignement supérieur et la recherche, Université Saint-Joseph, Paris : Édition l'Harmattan, 83-106.

DAIUTE, C. et KRUIDENIER, J. (1985), « A Self-Questionning Strategy to Increase Young Writers' Revising Processes », Applied Psycholinguistics, 6 (3) : 307-318.

FORTIN, M. et OUELLET, M. (1986), L'écriture in-finie : essai d'écriture assistée par ordinateur, Sherbrooke : Collège de Sherbrooke.

HIRSCH, E.S. JR. (1977), The Philosophy of Composing, Chicago : University of Chicago Press.

KRASHEN, D.S. (1984), Writing : Research, Theory and Applications, Pergamon Institute of English, Oxford.

OLLER, W. J. R. (1981), *Research in Language Testing*, Rowley, Mass : Newbury House.

ROSENBAUM, N.J. (1985), « Issues and Problems with Research Involving Word Processing : A Teacher's Experience », *Collegiate Microcomputer*, 3 (4) : 357-363.

TOMPKINS, G. E. (1990), *Teaching Writing : Balancing Process and Product*, Merrill Publishing Company, OHIO.

Existe-t-il une place pour le français en LSP ?
Le cas de l'orthodontie

Souad Belyazid
Université Laval

Introduction

« Terminologie » est un mot polysémique admettant deux acceptions différentes. Il peut désigner d'une part « (...) l'ensemble de termes particuliers à un auteur, à un groupe » (Robert Historique 1994 : 2104), sens qui se réfère au vocabulaire ou au jargon employé soit par un auteur comme Victor Hugo, soit par un groupe de chercheurs tels les fonctionnalistes en linguistique. Cette acception existe depuis 1872 et c'est la plus répandue de nos jours. D'autre part, grâce en partie aux Russes, ce sens s'est étendu depuis le début du siècle, pour désigner « étude des systèmes de notions et de leurs désignations par des termes. » (Robert Historique 1994 : 2104). Cette acception renvoie plus précisément à la discipline qui s'intéresse au vocabulaire des langues de spécialité. Des deux sens présentés ci-dessus, nous privilégions le second qui est le point autour duquel gravite notre communication.

La terminologie est une discipline qui a plusieurs objectifs, notamment répertorier les vocabulaires des langues de spécialité[1], rétablir les sens des termes dont elle précise aussi l'emploi, créer de nouveaux termes, implanter et diffuser les termes dans le milieu socioprofessionnel concerné, normaliser. Cette discipline est applicable à un domaine scientifique ou technique donné, ou plus spécifiquement à une LSP dotée d'un support linguistique choisi selon le milieu de travail. En ce qui concerne le domaine de l'orthodontie, l'objet de cette étude, le support linguistique est la langue française au Québec.

Le domaine de l'orthodontie est considéré par l'Office de la langue française comme un domaine lacunaire qui appelle une étude terminologique. Une analyse de la documentation dans ce domaine a révélé que, effectivement, le vocabulaire bilingue de l'orthodontie est très intéressant et nécessite qu'on l'approfondisse davantage.

L'interférence de deux langues, que ce soit dans la langue générale ou dans une langue de spécialité, suscite toujours des questions sur les phénomènes linguistiques qui en découlent. Dans le domaine de l'orthodontie, il existe un rapport de force entre l'anglais et le français. En effet, selon les influences subies, les groupes professionnels vont soit favoriser la terminologie française en faisant des efforts pour traduire des termes de l'anglais vers le français, soit ignorer la terminologie française en privilégiant la terminologie anglo-américaine.

Ces deux tendances ne sont pas étrangères à un grand nombre de LSP qui adoptent les terminologies anglo-américaines en même temps qu'elles importent les nouvelles technologies et les nouveaux savoir-faire des États-Unis.

Tout ce qui précède nous mène à examiner la situation du français comme langue générale. Cette situation est à l'origine des problèmes du français comme support linguistique de l'orthodontie.

1. L'ère de gloire de la langue française

Depuis avant même le XVIIIe siècle, le français en France a été la langue de l'élite à Paris, alors que le patois était la langue du peuple en province, comme l'atteste Jean Batiste (1754-1760) dans ses mémoires sur la langue celtique, cités par J.-P. Caput : « Certaines provinces du royaume ont des jargons fort différents du langage commun. Les habitants de ces contrées, outre leur patois auquel ils sont accoutumés, entendent le français... » (1975 : 47). Caput ajoute que, à cette époque, « le français serait ainsi un langage de civilisation, tandis que le patois resterait en usage dans la pratique courante » (1975 : 47). À partir du XVIIIe siècle, la langue française a joui d'un statut presque universel en Europe. C'était la langue des savants et des courtisans, de la littérature et de la diplomatie, celle que tout homme d'honneur était censé parler. D'ailleurs on trouve des témoignages comme celui de Trévoux dans la préface de son dictionnaire qui date de 1771 : « Depuis que la langue française a reçu du siècle dernier et du notre l'éclat que lui ont donné leurs ouvrages on la parle dans toute l'Europe et son usage est devenu presqu'universel. » (Caput 1975 : 62)

L'universalité de la langue française est le résultat de tout un processus politique, social et économique enclenché avant, et surtout pendant, l'époque de Louis XIV, époque où la France brillait dans tous les domaines, à l'intérieur comme à l'extérieur de ses frontières. Ajoutons à cela le fait que ni l'allemand, dont le pays était instable, ni l'espagnol, ni l'italien qui avaient eu leur heure de gloire avec celle du latin, n'ont pu s'imposer en Europe à cette époque.

Finalement le français était à cette période la langue de l'intelligentsia européenne qui considérait l'anglais comme une mosaïque de plusieurs langues. Cette opinion n'était pas sans fondement puisque le vieil anglais était un mélange du celte, de l'anglo-saxon, du latin et enfin des langues des pays nordiques représentés par les Vikings.

À cause de sa réputation de langue composée, l'anglais n'était pas très populaire à cette époque. D'ailleurs, on trouve dans certains écrits de l'époque des références à cet égard. Nous avons retenu les propos du roi Frédéric II qui, dans ses mémoires, évoque les raisons de la notoriété de la langue française et de l'isolement de la langue anglaise en Europe : « (...) c'est la langue [française] des savants, politiques, courtisans, des femmes et en un mot elle est étendue partout. Mais les anglais qui ont des auteurs aussi célèbres (que les auteurs français) – d'où vient que leur langue n'a pas eu les mêmes succès ? Je réponds à cette objection que l'anglais est une dialecte[2] qui s'est formée de presque toutes les autres langues... » (Caput 1975 : 74). Les mémoires du monarque ont été rédigés en français dans le but d'être diffusés à l'échelle européenne.

2. Les conséquences historiques sur le français d'aujourd'hui

De cette esquisse historique sur la notoriété du français dans le monde au XVIIIe et au XIXe siècle ressort l'idée que l'histoire se répète mais à des époques et dans des milieux différents. Comme le latin, l'espagnol et l'italien, le français a eu son heure de gloire qu'il partage maintenant avec l'anglais. Par ailleurs, de la même façon qu'on a parlé jadis de gallomanie, on parlera plus tard d'anglomanie, surtout avec l'expansion de l'anglais grâce au progrès technique. Ce néologisme des temps modernes, selon Caput (1975 : 262) « atteste à la fois l'existence du franglais, malgré le caractère rassurant des statistiques (3 pour cent de mots étrangers dans la langue française), et témoigne qu'il s'agit d'une mode dans une certaine mesure ».

Mais peut-on parler vraiment de mode ou de snobisme ? Nous ne pensons pas qu'il en soit ainsi, car « le vocabulaire, dans son évolution, suit celle de la civilisation » (Guiraud cité par Caput 1975 : 262). D'ailleurs, l'importation des technologies, des sciences et du progrès engendre automatiquement celle des mots. Par ailleurs, l'américanisation est devenue une tendance privilégiée partout dans le monde moderne.

La peur d'être envahi par l'anglo-américain est devenue obsessive, que ce soit pour les Québécois défavorisés par leur histoire et par leur situation géographique particulière, ou pour les Français qui viennent de sonner l'alarme pour leur « laisser dire », né d'un laisser-aller linguistique général. Le contact entre le français et l'anglais engendre une situation de « contamination »[3] qui est plus forte de l'anglais vers le français.

Il résulte de cette situation deux points de vue totalement divergents. D'une part, il y a les puristes qui sont contre les emprunts aux langues étrangères quels qu'ils soient et qui défendent le principe de la pureté de la langue. D'autre part, il y a les non-puristes qui, eux, considèrent que l'échange entre les langues est un phénomène naturel, inévitable et permanent dans la vie des langues.

Le problème de l'implantation des mots anglo-américains en français a deux causes essentielles. La première raison revient au fait que les marchés des pays francophones sont ouverts aux produits américains. Cependant, l'écoulement de la marchandise américaine s'accompagne de l'écoulement[4] des mots qui sont, parfois, intraduisibles, comme c'est la cas du mot *design*.

La deuxième raison est la diffusion médiatique et publicitaire. Par l'entremise de l'industrie cinématographique et de la publicité, la langue anglo-américaine marque les milieux non-anglophones qui sont fascinés par le modèle américain, d'où l'impact de la langue et même de la culture du *hot dog*.

3. Langue française de spécialité, support linguistique de l'orthodontie

Les langues de spécialité font partie intégrante de la langue générale. On appelle langue de spécialité, selon le *Vocabulaire systématique de la terminologie*, le « sous-système linguistique qui comprend l'ensemble des moyens linguistiques propres à un champ d'expérience particulier (discipline, science, technique, profession, etc...) » (Boutin-Quesnel 1985 : 21). Cette définition atteste de l'appartenance de la langue de spécialité à l'ensemble de la langue générale, malgré les contestations de certains linguistes. Nous ne tiendrons pas compte de ces considérations mais nous nous appliquerons à donner des arguments pour prouver cette appartenance. Avant de nous lancer dans l'argumentation, nous allons éclaircir un point important qui concerne l'emploi du singulier ou du pluriel pour la dénomination « langue de spécialité ». Dans ce qui suit, nous privilégions l'emploi du singulier « langue de spécialité », terme que nous considérons comme le générique qui regroupe toutes les langues de toutes les spécialités.

Ces dernières années, les linguistes et les terminologues ont beaucoup débattu la légitimité de reconnaître une sous-langue comme langue de spécialité. Dans notre optique, cette légitimité doit être vérifiée en tenant compte de la fonction de communication, étant donné qu'elle est la principale fonction de la langue générale. Ainsi, Kocourek (1991 : 19) considère la composante communicative du sous-système de la langue générale comme la fonction la plus importante, puisqu'elle est dénuée d'ambiguïtés et de sous-entendus. Nous allons survoler rapidement les fonctions traitées par cet auteur :

a. **La fonction cognitive** (référentielle) est plus importante que pour les autres sous-langues (langue littéraire) puisqu'elle tient compte des procédés cognitifs tels que la description, la définition, la classification, l'énumération, le calcul et la tendance au numérique, le raisonnement inductif et déductif et, enfin, l'argumentation.

b. **La fonction monologique et dialogique :** alors que la première prédomine dans les écrits (articles, ouvrages), la seconde est plus présente dans les discussions, mais cachée tout de même dans les écrits monologiques dans lesquels on trouve la référence implicite ou explicite aux autres chercheurs.

c. **La fonction d'émotivité** se réalise sous forme de critique constructive (admiration) ou destructive (ironie, mépris), malgré la recherche de l'objectivité et de l'impersonnalité dans les textes et dans la communication orale.

d. **La fonction conative** (appellative) qui se réalise entre l'auteur et l'auditeur ou le lecteur dans le processus de la transmission de messages, notamment par argumentation, par persuasion.

Toutes ces fonctions s'appliquent autant à la langue générale qu'à la langue de spécialité, puisque cette dernière utilise les mêmes composantes impliquées dans le processus de la communication, à savoir l'émetteur, le récepteur, le canal, le code et le message.

À l'instar de la langue générale, la langue de spécialité subira les mêmes changements en ce qui a trait aux termes ou aux mots avec les changements spatio-temporels. Ainsi, sur le plan diachronique, la langue de spécialité évolue avec les sciences et les techniques. Aussi, trouverons-nous des termes vieillis et des termes nouveaux, soit des archaïsmes et des néologismes. Sur le plan synchronique, la langue de spécialité admet des niveaux de langue selon la hiérarchie professionnelle, la situation géographique ou encore selon l'utilisation du code oral ou du code écrit.

Dans notre recherche, nous nous pencherons sur le français considéré comme langue de spécialité de l'orthodontie, que nous appelons aussi « le français spécialisé de l'orthodontie ». L'orthodontie, dont l'histoire explique la situation linguistique actuelle, nous offre un champ vierge de recherche. Le domaine est bilingue, puisque deux langues y coexistent, à savoir le français et l'anglo-américain. La coexistence de ces deux langues est conflictuelle dans la mesure où l'anglais est présent dans la communication spécialisée, alors que le français est présent surtout dans la communication générale. La place qu'occupe le français dans ce conflit en est une de statut minoré. Cette situation est observée dans d'autres domaines, comme l'a relevé Corbeil (1980 : 30) « Les vocabulaires semi-techniques et techniques[5] se sont implantés en anglais au sein de la population québécoise, non pas parce que la langue française était incapable d'exprimer les différentes réalités qu'ils recouvrent, mais tout simplement parce qu'elle n'a jamais été utilisée dans ces mêmes domaines... ».

Le statut de la langue française est resté minoré d'une part à cause de la position géographique du Québec, qui n'est pas loin des

États-Unis, pays exportateur de techniques, d'instrumentation et de terminologies. D'autre part, la majorité des spécialistes sont formés et se perfectionnent aux États-Unis, donc en anglais, la langue de spécialité qu'ils adopteront dans leur pratique de tous les jours. Le résultat de cette situation est une terminologie anglaise prédominante et une terminologie française imprégnée d'emprunts, de calques et de termes hybrides.

En somme, le français spécialisé de l'orthodontie est une mosaïque de tous ces phénomènes linguistiques qu'il importe d'identifier et, surtout, de corriger. C'est l'un des objectifs de notre étude terminologique basée sur deux analyses, à savoir une analyse terminologique et une analyse socioterminologique.

L'analyse terminologique est basée sur un corpus formé de quatre catalogues[6] d'instruments orthodontiques, d'où nous avons tiré deux nomenclatures : une nomenclature[7] anglophone et une francophone. Vu que le dépouillement s'était fait en premier lieu dans les catalogues bilingues, la constitution des deux nomenclatures était simultanée. Les sources bilingues de dépouillement étaient beaucoup plus riches en termes anglais qu'en termes français. La terminologie anglaise des instruments orthodontiques comprend deux types de termes : les termes anglais qui avaient des équivalents français et les termes qui n'avaient pas du tout d'équivalents français. Notre choix était orienté plutôt vers les termes qui avaient des équivalents français dans le but de voir, plus tard, le degré d'utilisation de ces termes par les orthodontistes. L'opération de tri de ces termes était délicate dans la mesure où il fallait s'assurer de l'existence de ces termes dans les quatre catalogues qui provenaient de quatre laboratoires différents, voire de deux pays différents (France, Québec). La nomenclature 2, qui n'a d'existence que grâce à la nomenclature 1 (laquelle assurait l'illustration et la référence), était même prédominante.

Dans le cadre de l'analyse socioterminologique, nous avons considéré la nomenclature 2 comme le corpus d'analyse et la nomenclature 1 comme le corpus de référence. Les termes constituant la nomenclature 2 sont des termes imprégnés des phénomènes linguistiques tels :

le calque : Ciment verre ionomer/*Glass ionomer cement*, regagneur d'espace/*space regainer,*

l'emprunt : *light wire / light wire, Bracket / Bracket,*

les termes hybrides[8] **:** Cleat lingual à souder/*lingual cleat weldable.*

Somme toute, la terminologie française admet un statut de terminologie minorée à l'écrit (catalogues). Cependant, il est important de vérifier son usage et sa place par rapport à la terminologie anglaise dans les milieux socioprofessionnels. Pour ce faire, nous avons élaboré des mini-questionnaires que nous avons administrés personnellement à neuf spécialistes, dont trois enseignants, trois chargés de cours qui étaient aussi des praticiens privés et trois étudiants en orthodontie. Le résultat de la mini-enquête démontre un grand écart entre la terminologie écrite et la terminologie orale dans ce domaine. Nous avons observé trois cas d'utilisation de la terminologie dans le domaine. Dans le premier cas de l'usage, les spécialistes ont tendance à désigner les instruments par leur numéro de série (p. ex., la pince 139). Cette occurrence n'existe pas dans la typologie établie par P. Auger dans la constitution des syntagmes terminologiques. Dans le deuxième cas d'usage, il y a une prédominance de l'utilisation de la terminologie anglaise (*bird beak*) par rapport à la terminologie française. Le troisième cas d'usage est la vulgarisation de certains termes, comme le remplacement de la dénomination « poseur d'élastique » par la dénomination « fourchette ».

Conclusion

En guise de conclusion nous pourrons dire que notre étude terminologique et socioterminologique du français spécialisé de l'orthodontie a répondu à la question-titre. Les résultats de la première partie, l'analyse terminologique, montrent bien que le français est bien plus minoritaire en nombre de termes dans cette terminologie, à l'écrit. Les résultats de la deuxième partie, l'analyse socioterminologique, montrent que le français est minoré, c.-à-d. que ce sont les professionnels importateurs de techniques et d'instruments qui perpétuent la domination de la terminologie anglo-américaine. L'autre point important à soulever est le fait que l'étude effectuée est limitée dans un seul sous-domaine de tout le domaine de l'orthodontie.

Notes

1. Désormais LSP.

2. Le genre de ce mot est au féminin, comme le voulait l'usage français jusqu'au XVIIIe siècle.

3. Le mot est employé sans tenir compte de la connotation péjorative.

4. Dans cette occurrence, écoulement est synonyme de flux.

5. Cette citation est valable aussi pour l'orthodontie.

6. Corpus formé de quatre catalogues, dont deux bilingues et deux monolingues français de France et du Québec.

7. La nomenclature anglaise sera reprise par nomenclature 1. La nomenclature française sera reprise par nomenclature 2.

8. Nous désignons par ce terme les syntagmes terminologiques constitués d'éléments appartenant à deux langues différentes, l'anglais et le français.

Bibliographie

BOUTIN-QUESNEL, Rachel (1985), *Vocabulaire systématique de la terminologie*, Québec : Publications du Québec.

CAPUT, Jean-Pol (1975), *La langue française : Histoire d'une institution*, Tome II, 1715-1974, Paris : Librairie Larousse, 287 p.

CORBEIL, Jean-Claude (1980), *L'aménagement linguistique du Québec*, Montréal : Collection langue et société, 154 p.

HAGÈGE, C. (1987), *Le français et les siècles*, Paris : Éditions Odile Jacob, 314 p.

KOCOUREK, R. (1991), *La langue française de la technique et de la science*, Wiesbaden : Brandstetter, 2ᵉ édition, 259 p.